D1873415

BASTEI
LÜBBE

Jonathan Scott

Chui, die Leopardin

Das aufregende Leben
einer Raubtiermutter und ihrer beiden
Jungen in der Wildnis
Kenias

**Aus dem Englischen übersetzt
von Bringfried Schröder**

BASTEI
LÜBBE

BASTEI-LÜBBE-TASCHENBUCH
Band 63 217

Deutsche Erstveröffentlichung
Die Originalausgabe erschien unter dem Titel
THE LEOPARD'S TALE im Verlag Elm Tree Books, London
© 1985 by Jonathan Scott
© für die deutsche Ausgabe: Gustav Lübbe Verlag GmbH,
Bergisch Gladbach
Printed in Germany, März 1991
Einbandgestaltung: Adolf Bachmann
Titelbild: Silvestris, Kastl
Satz: Fotosatz Schell, Bad Iburg
Druck und Bindung: Clausen & Bosse, Leck
ISBN 3-404-63217-6

Der Preis dieses Bandes versteht sich einschließlich
der gesetzlichen Mehrwertsteuer.

»Du bist aber wirklich *eine Schönheit!« sagte der Äthiopier. »Du kannst hier auf der Erden herumliegen und siehst aus wie ein Haufen Steine. Du kannst auf den blanken Felsen liegen und siehst dann aus wie ein Stück Puddingstein. Du kannst auf einem belaubten Ast sitzen und siehst dann aus wie die Sonnenstrahlen, die durch die Blätter dringen; du kannst sogar mitten auf dem Weg liegen, ohne aufzufallen. Denk daran und schnurre!«*

Rudyard Kipling: Wie der Leopard zu seinen Flecken kam.

Inhaltsverzeichnis

Einleitung

Schon bevor ich vor zehn Jahren zum erstenmal Afrikas Boden betrat, wußte ich, welches der wilden Tiere ich am liebsten kennenlernen wollte. Es war der Leopard, der meiner Vorstellung von Afrika am ehesten entsprach, ein Tier von äußerster Grazie und Beweglichkeit, ein Jäger im Dunkeln, der sich in einem gefleckten Fell verbirgt.

Als kleines Kind lebte ich auf einem Bauernhof in Berkshire, und der jährliche Besuch des Regent-Park-Zoos war für mich der Höhepunkt des Jahres. Ich erinnere mich noch, wie ich gebannt vor einem der ansonsten langweiligen Gehege gestanden habe, in dem ein männlicher Leopard hin und her trottete. Ab und zu machte er eine Pause und starrte mich aus blaßgrünen Augen an, bevor er seine nicht endende Wanderung fortsetzte. Das war sicher ›Die Katze, die von selber laufen konnte‹, dachte ich und war fest davon überzeugt, daß Rudyard Kipling tatsächlich das Geheimnis, ›wie der Leopard zu seinen Flecken kam‹, kannte. Aber wenn ich mehr über den Leoparden erfahren wollte, würde ich nach Afrika reisen müssen, das war mir damals schon klar.

Meinen ersten wilden Leoparden bekam ich 1975 in Tansanias herrlichem Serengeti-Nationalpark zu Gesicht. Vier Monate später suchte ich immer noch verzweifelt nach einer Gelegenheit, mehr von Afrikas Schönheit und vor allem vom spektakulären Leben der wilden Tiere sehen zu können. Meine Schiffspassage von Kapstadt nach Australien war nebensächlich geworden. Ich hatte alle Pläne über den Haufen geworfen, mich interessierte nur noch das Leben im Busch. Ich fragte mich, wie es überhaupt möglich war, daß ich so lange gebraucht hatte, Afrika zu entdecken!

Nach zwei Jahren bei den Tieren von Botswana kehrte ich nach Ostafrika zurück. Als ich die Grenze von Tansania überschritt und das staatliche Massai-Mara-Reservat in Kenia betrat, gelang es mir in der Serengeti wieder einmal, einen kurzen Blick auf den scheuen Leoparden zu werfen.

Die Mara ist ein Juwel unter Kenias Naturparks und Reservaten, ein Paradies für Raubtiere und wegen ihrer prächtigen Löwen berühmt. Es gab sogar eine Zeit, in der sie von sich sagen konnte, die am häufigsten zu sehende Leopardenpopulation in ganz Kenia zu besitzen. Aber als ich mich 1977 für einige Zeit ins Mara-River-Camp begab, um Material für meine Tierillustrationen zu sammeln, hatte sich die Zahl der Leoparden drastisch verringert. Und wenn sich endlich einmal ein Leopard blicken ließ, verschwand er sofort wieder im hohen Gras, wo man ihn wegen seines gefleckten Fells nicht mehr sehen konnte. Und das nicht ohne Grund. Sie wurden sowohl innerhalb als außerhalb der Reservate vergiftet, in Fallen gefangen und erschossen: Den Wilderern ging es um das Geld, das sie für das Fell bekamen. Die professionellen Jäger töteten sie wegen der Trophäen, und die Massai-Hirten legten vergiftetes Fleisch aus, um die Umgebung der *bomas* ihrer Rinder von Raubtieren freizuhalten und neuerdings auch wegen der finanziellen Vorteile, die diese Form der Wilderei bot. Es war eigenartig, je seltener die Leoparden wurden, um so größer wurde die Zahl der Besucher, die sie unbedingt sehen wollten. Der Leopard ist zweifellos eins der schönsten Tiere, aber er ist gleichzeitig auch der scheueste Fleischfresser Afrikas. Deshalb kam dem Leoparden sehr bald die Bedeutung der Rosinen im Napfkuchen der Safaris zu. Er war sehr schwer aufzuspüren und wurde zum meistgesuchten Wildtier unter den ›Großen Fünf‹ Afrikas. Die anderen vier Mitglieder dieses illustren Clubs, der Elefant, das Rhinozerus, der Büffel und der Löwe können dem Safaritouristen in der Massai Mara garantiert werden, doch sobald das Wort Leopard fällt, bringen sich alle Fahrer und Touristenführer in Sicherheit.

Die Massai Mara ist der einzige der kenianischen Parks und Reservate, in dem man die Straßen verlassen darf und sich bei den Streifzügen nach Belieben einen Weg durch den Busch suchen kann. Aber dieses Privileg hat seinen Preis. Wenn es trocken ist, ist die Mara eine hübsche Hügellandschaft, in der man ohne Schwierigkeiten herumfahren kann. Doch ein einziger schwerer Wolkenbruch reicht aus, die ausgefahrenen Straßen in einen Alptraum aus glitschiger schwarzer Watte zu verwandeln, die an den Reifen haften bleibt und selbst die stärksten Profile verklebt. Bei länger anhaltendem Regen werden große Teile des Reservates unpassierbar. Tiefer liegende Gebiete verwandeln sich in flache Seen, und periodisch auftretende Wasserläufe, auch Lugga genannt, steigen mit den Wasserfluten und machen lange Umwege erforderlich. Das ganze Land besteht dann aus einem Irrgarten von Fahrspuren, die sich von Jahr zu Jahr verändern.

Unglücklicherweise brachten mich die Begeisterung, mit der ich an die Erforschung dieser neuen Welt ging, und das naive Vertrauen in den Allradantrieb meines Wagens ständig in Schwierigkeiten. Ich war viele Stunden damit beschäftigt, die Unterseite von Jack Andersens Auto zu erkunden. Immer wieder versuchte ich vergeblich, mich selbst aus dem Sumpf oder aus der Lugga zu ziehen, verfluchte mein schlechtes Urteilsvermögen und bereitete mich dann resigniert auf die unvermeidliche Peinlichkeit vor, so hoffnungslos gestrandet angetroffen zu werden.

Zum Glück hatte man mich der Obhut von Joseph Rotich, einem außergewöhnlich weisen und liebenswürdigen Führer vom Stamm der Kipsigis anvertraut, der mehr über die Wege in der Mara wußte als sonst jemand. Er spürte mich unweigerlich immer wieder auf, obwohl ich es fertigbrachte, mich an den unmöglichsten Stellen zu verirren. In der Regel tauchte er dann irgendwann mit einem ironischen Grinsen auf seinem hübschen Gesicht auf, drohte mir mit dem Finger und schüttelte ungläubig den Kopf über mein jüngstes Mißgeschick. Aber er war viel zu höflich, um mich wegen meiner Dummheit zu tadeln.

Nach vielen Mißgeschicken dieser Art und erheblichen Schäden an lebenswichtigen Teilen des Autos lernte ich allmählich, wo und wann man diesen speziellen Teil der schwarzen Watte sicher überqueren oder eine Furt durch die glitschige Lugga finden konnte. Aber wenn man nicht aufpaßt, kann man in der Mara auch heute noch unliebsame Überraschungen erleben.

Ich hatte bald herausgefunden, daß Joseph nicht nur wußte, wie man eine glitschige Morastsstrecke umfahren konnte, denn ich erfuhr schnell, daß er von den anderen Fahrern ›Bwana Chui‹, Mister Leopard genannt wurde.

Für mich war Joseph allerdings inzwischen der ›Bwana für und über alles‹. Er war offensichtlich in der Lage, die Beute von Löwen, Geparden und Rhinozerossen nach Belieben aufzuspüren. Die Fahrer der anderen Camps nahmen oft Umwege in Kauf, nur um Joseph zu finden und ihn zu fragen, ob er etwas Ungewöhnliches gesehen habe – und er hatte stets etwas gesehen.

Doch Josephs eigentliche Spezialität waren die Leoparden. Wenn ich das gefürchtete Wort erwähnte, lächelte er immer. »Leoparden sind sehr schwierig«, sagte er dann. »Das Wichtigste sind Erfahrung und Kenntnis der Lebensweise eines Tieres, und Sie haben weder das eine noch das andere, Sie müssen Geduld haben.«

Die Leoparden hinterlassen glücklicherweise unabsichtlich Hinweise auf ihren Aufenthalt: geschlagene Beute, die in den obersten Ästen eines Baumes hängt, Krallenspuren in der Rinde, und wenn man sehr viel Glück hat, kann man unter Umständen im Laub einen gefleckten Schwanz erkennen. Aber nach Josephs weisem Rat brauchte man vor allem Erfahrung, um Leoparden finden und beobachten zu können, deshalb hatte ich in den ersten Monaten bei meiner Suche auch wenig Glück.

Dann führte mich Joseph eines Tages zur Leopardenschlucht. Ich hatte gehört, wie sich Tourenfahrer über diese Stelle unterhielten, und als ich Joseph danach fragte, versprach er, mir den Weg dorthin zu zeigen. Er sagte mir, daß er dorthin immer die Besucher führen würde, die unbedingt Leoparden sehen wollten. Allein der Gedanke, daß es eine spezielle

Stelle gab, die nach den Leoparden benannt war, weil man wußte, daß sie häufig dorthin kamen, fachte meine Begeisterung erneut an. Joseph berichtete mir, daß er noch bis 1973 in der Schlucht sehr oft Leoparden angetroffen habe. In den letzten Jahren seien sie jedoch sehr selten geworden. Er suche die Schlucht aber immer noch regelmäßig auf, weil sie der ideale Platz für einen Leoparden sei, erklärte er mir. Wenn er das den Touristen erzählte, fühlten sie sich offenbar sofort viel besser, auch wenn sie noch keinen einzigen Leoparden gesehen hatten!

Nachdem ich den Weg zur Schlucht einmal kannte, war ich fast jeden Tag dort. Aber so sehr ich mich auch abmühte, gelang es mir doch nie, die Fährte eines Leoparden zu entdecken oder wenigstens eines der langen oder kurzen weißen Schnurrhaare zu finden oder eine frisch geschlagene Beute, ganz zu schweigen von einem richtigen lebendigen Leoparden.

Widerwillig mußte ich zugeben, daß das Ansitzen auf Leoparden in der Tat keine sehr dankbare Aufgabe war. Inzwischen ließen sich im Norden der Mara nur noch sehr selten einzelne Leoparden blicken. Die wenigen, die überlebt hatten, waren dazu übergegangen, nur noch nachts zu jagen, und hatten gelernt, sich vor neugierigen Augen zu verbergen. In jener Zeit wurde der Leopard ein Lebewesen, das Glück brachte, ›Shauri ya Mungu‹, wie Joseph sagen würde, ein Gottesgeschenk.

Als Tansania im Februar 1977 beschloß, seine Grenzen zu Kenia zu schließen, reagierte dessen Touristikbranche darauf mit einem lachenden und einem weinenden Auge. In Nairobi stationierte Safari-Veranstalter durften ihre Kunden nicht mehr auf direktem Land- oder

Luftweg in Tansanias berühmte Parks und Reservate schicken, zu denen der Lake Manyara, der Ngorongoro-Krater und die Serengeti gehören. Statt dessen wurde Kenia gezwungen, seine eigenen Wildbestände zu pflegen.

Die Massai Mara in Kenia und die Serengeti in Tansania sind ein und dasselbe: Sie gehören zu einem riesigen Ökosystem, das sich über ein Gebiet von 25 000 Quadratkilometern erstreckt und in dem die größten Herden grasender Säugetiere leben, die es auf der Welt gibt. Bevor die Grenzen geschlossen wurden, war die Mara für die Touristen, die von der Serengeti nach Kenia zurückkehrten, kaum mehr gewesen als eine Übernachtungsmöglichkeit. Ich dachte 1975 darüber nicht anders. Aber als Tansania Kenias Touristikindustrie einen Riegel vorschob, fiel der Mara eine Bedeutung zu, wie man sie vorher kaum für möglich gehalten hätte.

Es war jedesmal ein großes Schauspiel, wenn die Gnus und Zebras aus der Serengeti im August und September den Mara-Fluß in beiden Richtungen überquerten. Die prächtigen schwarzmähnigen Löwen und die vielen anderen Raubtiere trugen dazu bei, daß der Massai Mara endlich die Anerkennung zuteil wurde, die sie verdient: Das 1800 Quadratkilometer große Gebiet ist das schönste Wildtierreservat in ganz Kenia.

Im Mai 1977 erließ die Regierung von Kenia ein landesweites Verbot, demzufolge die Jagd auf Wildtiere aller Art unter Strafe gestellt wurde. Damit wurde einem Tun ein Ende gesetzt, das sich selbst in Verruf gebracht hatte. Das Sportjagen und die Wilderei waren zu diesem Zeitpunkt völlig außer Kontrolle geraten.

Ende des Jahres traf die Regierung eine weitere historische Entscheidung, als sie den Verkauf von Wildtierprodukten in Kuriositätenläden untersagte und den Besitzern drei Monate Zeit gab, den noch vorhandenen Vorrat zu veräußern. Für so manchen Leoparden, der in der Mara lebte, kam diese Entscheidung gerade noch rechtzeitig.

Um den Strom der Touristen bewältigen zu können, die nun nicht mehr nach Tansania konnten, wurden die Safaricamps im Norden des Reservats ausgebaut, die früher die Kunden der professionellen Jäger beherbergt hatten. Der Ausbau der Zeltlager auf dem Gebiet der Massai am Rand des Reservates und die Vergrößerung des Governor's Camps im Landesinnern führten dazu, daß immer mehr Fahrzeuge kreuz und quer durch das Gebiet fuhren, deren Insassen wilde Tiere sehen wollten. Die enge Passage durch die Leopardenschlucht, die früher einmal ein Fußweg gewesen war, über den die Massai ihre Rinder getrieben hatten und über den Wildtiere gewechselt waren, war inzwischen unter den Reifenspuren der allradgetriebenen Geländewagen verschwunden.

Eines Morgens im Juli 1978 saß ich in meinem Auto und fotografierte die Löwen des Marschgebietes. Plötzlich sah ich einen anderen Wagen, der seine Scheinwerfer mehrmals aufblendete. Das war ein sicheres Zeichen dafür, daß der Fahrer entweder steckengeblieben war oder etwas Besonderes gesehen hatte, das er mir mitteilen wollte. Es stellte sich heraus, daß es Joseph war, der mir berichten wollte, daß im Gebiet der Leopardenschlucht eine Leopardin mit zwei Jungen gesichtet worden sei. Vor freudigem Schreck setzte fast mein Herz aus, und Joseph lächelte breit und genoß die sichtliche Freude, die er mir mit der guten Nachricht bereitet hatte.

Die Leopardin war offenbar sehr scheu, und es war deshalb fast unmöglich, sie zu beobachten. Sobald sie ein Auto auch nur von weitem sah oder hörte, ergriff sie die Flucht. Aber ihre Jungen waren etwas mutiger, man konnte sie manchmal am Eingang einer der vielen Felshöhlen sehen, die sich in der Schlucht befinden. Tagelang beobachtete ich das Gebiet mit meinem Fernglas und suchte jeden Baum und jeden Felsvorsprung ab, bis ich sie eines Abends entdeckte. Als ich auf einen großen Baum im Süden der Schlucht zufuhr – es war ein *Eleaodendron buchananii* –, sah ich aus den Augenwinkeln plötzlich eine Bewegung in den Blättern. Bevor ich mein Auto anhalten konnte, ließ sich eine dunkelgefleckte Gestalt von den Ästen des Baums fallen und verschwand am Rand der Leopardenschlucht.

Das war endlich das Weibchen. Mein Herz schlug wild, ich fuhr ganz vorsichtig weiter und hoffte, noch einen Blick auf sie erhaschen zu können, doch sie blieb verschwunden. Als ich mich dem Baum näherte, entdeckte ich den Kadaver eines sechs Monate alten Gnukalbs, der im Gras lag. Und über dem toten Tier kauerten die beiden Leopardenjungen mit weit aufgerissenen Augen und blutverschmierten Gesichtern.

Ich saß gebannt in meinem Wagen. Der Anblick der kleinen Leoparden, die ich jetzt zum erstenmal sah, hatte mich verzaubert. Wir starrten einander einen langen Augenblick an. Dann versuchte ich dummerweise, meine Kamera zu erreichen. So vorsichtig meine Bewegung auch war, für die wachsamen Jungen war sie zu abrupt: Wie der Blitz flohen sie hinter den Felsen.

Ich wartete ein paar Minuten, bevor ich das Auto startete und in die Schlucht fuhr. Obwohl ich das Gebiet sehr sorgfältig absuchte, konnte ich keine weiteren Spuren von der Mutter und ihren Jungen finden. Sie blieben verschwunden, doch ich wußte, daß sie sich in der Nähe aufhielten. Es gab hier so viele schattige, kühle Höhlen, in denen sie sich verstecken konnten. Sie waren mit Sicherheit nicht weit.

Im Laufe des nächsten Jahres berichteten mir Fahrer und Freunde, daß sie die Jungen gesehen hätten. Ich selbst hatte nur ein paarmal das Glück, sie zu entdekken. Ihre Mutter blieb geheimnisumwittert, sie war scheu und konnte Autos nicht leiden. Den Berichten zufolge handelte es sich bei den Jungen um ein Männchen und ein Weibchen. Das junge Männchen lernte ich nicht kennen, und ich bekam auch erst weitere Berichte über seinen Aufenthaltsort, als es schon achtzehn Monate alt war.

Das weibliche Junge, oder Chui, wie der Leopard in der Sprache der Suaheli heißt, wuchs zu einem prächtigen Tier heran. Manchmal schien sie monatelang wie vom Erdboden verschluckt zu sein. Dann kehrte sie plötzlich wie durch ein Wunder aus ihrer geheimnisvollen Welt zurück: Sei es, daß die Marschlandlöwen sie in der tiefer gelegenen Leoparden-Lugga auf einen Baum gejagt hatten, oder die Hyänen des Hügelklans ihr die Beute abgejagt hatten, oder daß sie sich gerade auf einem bequemen Felsvorsprung ausruhte.

Nachdem sich herausgestellt hatte, daß Chui in der Lage war, genügend Beute für sich zu schlagen, brach der Kontakt zur Mutter praktisch völlig ab. Der Wunsch, sich selbst zu ernähren und das Leben eines Einzelgängers zu führen, schien ihr mehr zu bedeuten als die Vorteile, die das Leben mit ihrer Mutter gehabt hätte. Als Chui sich gegen Ende des Jahres 1979 von ihrer Mutter getrennt hatte, war sie fast achtzehn Monate alt. Sie hatte sich die Leopardenschlucht und deren Umgebung als Revier ausgesucht, das heißt, ihr Revier überschnitt sich mit dem der Mutter.

Kurz vor Weihnachten 1980 brachte Joseph wieder eine gute Nachricht. Eine Leopardin mit zwei sehr kleinen Jungen war am Eingang einer Höhle gesichtet worden, die sich hoch oben zwischen den großen Felsvorsprüngen am Ostende der Leopardenschlucht befand. Es war Chui, inzwischen drei Jahre alt, mit ihrem ersten Wurf. Ganz vorsichtig schlichen Joseph und ich um die Schlucht herum, wir wollten kein Aufsehen erregen, denn sonst hätte sich sofort eine Flut von Autos in die Schlucht ergossen. Die Nachricht, daß irgendwo Leoparden entdeckt worden waren, würde sich in der Mara wie ein Lauffeuer verbreiten und das ganze Gebiet schnell in ein Tollhaus verwandeln. Dann wäre Chui mit ihren Jungen sofort verschwunden.

Aber all unsere Bemühungen, die Entdeckung geheimzuhalten, waren umsonst. Dafür sorgte schon das Löwenrudel in der Schlucht. Zwei Wochen nachdem ich die Jungen zum ersten Mal gesehen hatte, wimmelte es in ihrem Felsenversteck von Löwen. Das Schluchtrudel hatte in den letzten paar Tagen in dem Gebiet gejagt, und Chui war die lebensbedrohende Anwesenheit der Löwen nicht entgangen. Von den Leoparden fehlte jede Spur, und eine Zeitlang befürchtete ich, daß ich die Jungen nie mehr wiedersehen würde.

Danach sah ich Chuis Junge noch einmal auf dem

Wipfel eines kleinen Euclea-Baums im Norden der Leoparden-Lugga. Sie waren inzwischen sechs Monate alt und anscheinend auf dem besten Weg, erwachsen zu werden.

Aber es sollte nicht sein. Einige Wochen später wurde eins der Jungen im dichten Gebüsch an der Leoparden-Lugga von einer Löwin des Schluchtrudels gefangen und getötet. Chui und ihr anderes Junges konnten das Ganze nur noch von einem nahegelegenen Baum aus beobachten. Das übriggebliebene Junge tauchte hin und wieder auf und wurde zuletzt 1982 in Chuis Begleitung gesehen.

Dann berichtete man mir, daß eine Leopardin, möglicherweise Chui, später in demselben Jahr in der Leopardenschlucht einen Wurf Junge zur Welt gebracht hätte. Ich habe sie selbst nie gesehen, und bis Ende 1982 fand sich auch keine Spur von der Mutter oder von den Jungen. Theoretisch kann ein Leopardenweibchen seine Jungen bis zur Selbständigkeit aufziehen und in Abständen von zwei Jahren einen neuen Wurf zur Welt bringen. Es könnte also tatsächlich Chui gewesen sein. Aber es könnte sogar Chuis Mutter gewesen sein.

Es ergab sich, daß ich 1983 sechs Monate wegen einer Rückenverletzung in England verbringen mußte. Freunde schrieben mir, daß zwei junge weibliche Leoparden innerhalb von sechs Monaten nur sechs Kilometer voneinander entfernt Junge zur Welt gebracht hätten, ein seltenes Schauspiel für die Besucher. Jetzt konnte man in der nördlichen Mara Leoparden besichtigen, was zehn Jahre lang nicht möglich gewesen war. Dadurch wurden selbst die Möglichkeiten, die früher die Serengeti geboten hatte, in den Schatten gestellt.

Als ich im September 1983 in die Mara zurückkehrte, waren einer der Leoparden, das Mara-Büffel-Weibchen, und ihre zwei acht Monate alten Jungen an einem Felsvorsprung fünf Kilometer nördlich von der Leopardenschlucht gesichtet worden. Obwohl ich die Gegend gut kannte, hatte ich dieses Weibchen noch nie gesehen. Zu meiner großen Freude stellte sich heraus, daß das zweite gesichtete Tier Chui mit ihren gerade zwei Monate alten Jungen war, die bis jetzt kaum jemand zu Gesicht bekommen hatte.

Die Geburt der Jungen

In der nördlichen Mara liegt versteckt hinter dichten Dornbüschen die sogenannte Leopardenschlucht. Das steile Felsrelief hebt sich deutlich von der sanft gewellten Ebene und den verstreut wachsenden Akazienbüschen ab, die für das Massailand charakteristisch sind.

Wenn man draußen in der Ebene ist, bekommt man ein Gefühl für die gewaltige Ausdehnung Afrikas. Das offene Land dehnt sich bis zum Horizont, und kaum ein Baum oder Strauch behindert den Blick. Aber die Leopardenschlucht ist anders. Wenn in der Ebene alles schon in sanftes wärmendes Morgenlicht getaucht ist, lassen ihre steilen Wände an manchen Stellen das Licht nicht durch.

Manchmal kann die Schlucht einem kalte Schauer über den Rücken jagen: Wenn man hier zu Fuß einem mürrischen alten Büffelbullen begegnet, meint man, in einem Alptraum gefangen zu sein. Sobald es dunkel wird, hallt das unheimliche Heulen und Kichern der dort lebenden Hyänenklans von den Felswänden wider und wetteifert mit dem donnernden Brüllen der Löwen des Schluchtrudels, die manchmal bei ihrer nächtlichen Wanderung hier durchziehen.

Doch eigentlich ist dieses Gebiet hauptsächlich Leopardenland. Mit ihren wuchtigen Feigenbäumen, in denen sie bequem liegen können, den kühlen und sicheren Höhlen, in denen sie sich verstecken können, und allen möglichen Arten von Beutetieren besitzt die Schlucht alles, was Leoparden brauchen.

Mitte der siebziger Jahre hatte ein riesiger männlicher Leopard ein Gebiet in Besitz genommen, von dem die Leopardenschlucht nur einen kleinen Teil darstellte. Man sah ihn gelegentlich auf einem der riesigen Feigenbäume am Eingang der Schlucht liegen. Von dort aus konnte er die ganze Umgebung überblicken. Aber er scheute Autos und verließ dann sehr schnell seinen luftigen Ausguck, um im Labyrinth der Felsblöcke zu verschwinden.

Das Männchen war groß für einen Leoparden. Es hatte die Größe einer halberwachsenen Löwin und wog mindestens hundertdreißig Pfund. Von der Nase bis zur Schwanzspitze war er etwa zwei Meter lang, wobei sein wunderschön gezeichneter Schwanz mehr als ein Drittel der Länge ausmachte. Sein kurzhaariges Fell hatte auf dem Rücken und innerhalb der Rosetten die Farbe von gebeiztem Holz. Wenn er stehenblieb und einen Blick über seine muskulösen Schultern warf oder hinter einem Felsen hervorlugte, senkte er den breiten Kopf mit dem zerfledderten und schorfbedeckten linken Ohr und prüfte wachsam die Gegend. Erst dann bemerkte man die Trübung in seinem vergrößerten linken Auge, die ihm einen Ausdruck von Wildheit verlieh, den man so schnell nicht wieder vergessen konnte. Sie rührte möglicherweise von einer Schrotkugel, von Dornen oder von einer unliebsamen Begegnung mit einem Stachelschwein her oder war womöglich die Folge einer Krankheit.

Irgendwie hatte dieses alte Männchen die siebziger Jahre überlebt. Es verschwand schließlich 1980 aus dem Gebiet, hatte sich aber vorher noch mit Chuis Mutter gepaart und wahrscheinlich die beiden Jungen gezeugt, die ich an jenem Nachmittag im Juli 1978 zum erstenmal gesehen hatte. Chui war die erste aus einer neuen Generation von Leoparden, deren Eltern aufgrund ihres natürlichen Mißtrauens und der Fähigkeit, unentdeckt in der Nähe der Menschen zu leben, Wilderern und professionellen Jägern entkommen waren.

Inzwischen schrieben wir das Jahr 1983. Chui stand auf einem Ast unter dem schützenden Laubdach eines riesigen Feigenbaums am westlichen Eingang der Schlucht und konnte von dort aus die ganze Ebene überblicken. Die mit Felsblöcken und Akazienbüschen bedeckten Seitenwände der Schlucht werden im Norden und Süden von seichten Luggas begrenzt. Die größere von beiden heißt Leoparden-Lugga und ist eine von Bäumen umsäumte Wasserrinne, die – wenn es einmal regnet – als Wasserreservoir dient. Diese Lugga führt quer über den Zugangspfad zum westlichen Teil der Leopardenschlucht und schlängelt sich dann in nördlicher Richtung direkt am neuen Zufahrtstor vorbei, durch das man in das beliebte Musiara-Marschland im Mara-Reservat gelangt.

Die Wagenspuren, die am westlichen Ende der Schlucht auftauchen, überqueren die Leoparden-Lugga und führen dann weiter durch die verstreut wachsenden Akazienbüsche zu einem Gebiet, das Feigenbaum-Hügelkamm genannt wird. Er ist mit Felsbrocken übersät, und auf seiner Kuppe stehen mehrere riesige Feigenbäume. Die Hügelkette erstreckt sich etwa zwei Kilometer nach Westen und grenzt dann an Kampi ya Chui an, ein immer schmäler werdendes Waldstück, das professionellen Safariveranstaltern als privater Lagerplatz dient. Im Süden liegt ein weiteres Flußbett, das hin und wieder Wasser führt, die sogenannte Dikdik-Lugga. Das Gebiet nördlich, südlich und westlich des Feigenbaum-Hügelkamms ist mit einem ausgedehnten Akaziendickicht bedeckt. Dazwischen ragen felsige Hügel aus dem offenen Grasland, ein ideales Gebiet für einen Leoparden und das Zentrum von Chuis Revier.

Viele andere Tiere teilten dieses Gebiet mit Chui, jedes von ihnen so an die Umweltbedingungen angepaßt, daß es auf seine Weise von dem Reichtum und der Vielfalt des Nahrungsangebots profitieren konnte. Die Giraffen fraßen von den Dornbüschen und den höheren Bäumen am Lugga-Ufer, die Zebras nagten die Köpfe und Stiele des roten Hafergrases ab, das in dieser Gegend dominierte, während die Gnus sich von grünen Blättern ernährten. Kongonis, Topis und Gazellen suchten sich jeweils ihre eigenen Pflanzen. Horden von Olivenpavianen machten sich auf dem Boden auf die Suche nach eßbaren Pflanzen und Insekten und erbeuteten dabei gelegentlich sogar ein Gazellen- oder Antilopenkitz, das still im Gras lag und hoffte, nicht entdeckt zu werden. Warzenschweinfamilien fraßen das süße junge Gras nahe am Boden und wühlten auf den Knien in der Erde nach Knollen und anderer unterirdischer Nahrung. Das Gebiet war voll von Lebewesen, die ihrerseits Nahrung für die immer wachsamen Raubtiere darstellten, die die Mara berühmt gemacht hatten: Tiere, die selbst keinen direkten Zugang zu der primären Nahrung haben, die von den grünen Pflanzen durch das Wunder der Fotosynthese aus anorganischer Materie gewonnen wird. Wenn sie überleben wollen, müssen die Raubtiere deshalb Pflanzenfresser oder sogar andere Fleischfresser töten.

Pflanzenfresser können ohne Probleme mit anderen Pflanzenfressern zusammenleben, weil sie so angepaßt sind, daß sie sich von jeweils verschiedenen Teilen der Vegetation ernähren. Die Fleischfresser haben das Problem des Konkurrenzkampfs nur teilweise gelöst, indem sie entweder tagsüber oder nachts jagen, Einzelgänger oder Herdentiere sind, oder weil sie groß oder klein sind. Die Löwen töten ein Warzenschwein und müssen dann manchmal mit dem örtlichen Hyänenklan um seinen Besitz kämpfen. Der Leopard pirscht sich erfolgreich an eine Thomsongazelle an, nur um sie anschließend an den kräftigeren Löwen zu verlieren. Ein Schakal schnappt sich ein Dikdik und wird dann selbst getötet und von einem Leoparden gefressen, der bereits auf der Lauer gelegen hat. Trotzdem sind alle Raubtiere und Aasfresser, ganz gleich wie sie töten und wie sie aussehen, ein wichtiger und lebensnotwendiger Bestandteil des Ökosystems.

Aus diesem Grund hängt dieser Reichtum an Tieren, seien es Pflanzenfresser, Fleischfresser oder Allesfresser, von der Fähigkeit der Mara ab, immerwährend genug pflanzliche Materie hervorzubringen – wozu natürlich eine entsprechende Versorgung mit Feuchtigkeit nötig ist. Seit der Dürreperiode von 1976 war in dem Gebiet außergewöhnlich viel Regen gefallen. Doch 1983 blieben die langen und kurzen Regenzeiten wieder aus. Allmählich wurden die bewaldeten Zonen und Dickichte kahl, das Gras und die jungen Pflanzen waren niedergetreten worden und kahlgefressen. Nach der alljährlichen Wanderung der Gnus und Zebras in die Serengeti war nur noch wenig von der Vegetation übrig. Nun war die günstigste Zeit für die Leoparden-beobachtung angebrochen, denn viele ihrer bevorzugten Verstecke lagen jetzt offen.

Mit Ausnahme der Paarungszeit und wenn das Weibchen Junge hat, sind die Leoparden offenbar am liebsten allein. Das Aufspüren und Jagen verhältnismäßig kleiner und in weitem Umkreis verstreut lebender Beutetiere ist eine zeitraubende Angelegenheit. Wenn mehrere Leoparden gemeinsam jagen würden, gäbe es einen solchen Aufruhr, daß die Beutetiere vergrämt würden. Deshalb ist es für Leoparden bedeutend sinnvoller, allein zu jagen und allein zu fressen.

Jeder erwachsene Leopard hat sein eigenes Revier. Innerhalb dieses Reviers findet er alles, was er zum Leben braucht: Nahrung, Wasser, eine Bleibe und einen Partner für die Paarung. Den größten Teil des Jahres lebte Chui in einem Revier, das etwa 26 bis 39 Quadratkilometer groß war, obwohl es Zeiten gab, in denen sie bei ihren Ausflügen ein noch größeres Gebiet durchstreifte.

Die Größe des Reviers kann sich hin und wieder beziehungsweise von Jahreszeit zu Jahreszeit verändern und hängt von den Mindesterfordernissen des Tieres in Notzeiten ab. Sie variiert von einem Gebiet zum anderen und mit der Art und Qualität des Lebensraums, vor allem im Hinblick auf das Nahrungsangebot und das Vorkommen anderer großer Raubtiere wie zum Beispiel Löwen oder Hyänen. Ein Revier ist daher keine Konstante, die man exakt auf einer Karte markieren könnte. Die Grenzen sind fließend, und innerhalb eines solchen Reviers kann es Gebiete geben, die unwirtlich sind und praktisch nie benutzt werden. So hat Chui beispielsweise ihre Aktivitäten mehrfach längere Zeit auf ein Gebiet konzentriert, das nur ein paar Quadratkilometer groß war.

Das Revier eines männlichen Leoparden ist beträchtlich weitläufiger als das eines Weibchens und wird großzügig mit den Weibchen geteilt, gewöhnlich aber nicht mit anderen ausgewachsenen Männchen. Für ein einzelnes Tier ist es unmöglich, ein derart großes Gebiet jederzeit unter Kontrolle zu halten. Um Eindringlinge fernzuhalten, muß die aktive Verteidigung des Reviers durch indirekte Maßnahmen ergänzt werden wie zum Beispiel durch Duftmarken und durch den für diese Tiere typischen heiseren Ruf.

Der große Vorteil der chemischen Signale für diese weit umherstreunenden Nachttiere liegt in der Beständigkeit der Duftmarken. Im Gegensatz zu den akustischen Signalen oder der physischen Präsenz des Tieres sind sie mehrere Tage unter bestimmten Bedingungen sogar wochenlang wirksam. Die Duftmarken verströmen den strengen Geruch der Sekrete von den zwei Analdrüsen, die sich unter der Schwanzwurzel des Leoparden befinden. Dieser Geruch gibt den anderen Leoparden Informationen über das Geschlecht, das Alter und den Sexualstatus, ja sogar über die Identität des Tieres, das die Duftmarke gesetzt hat. Solche Kommunikationsmethoden über große Entfernungen hinweg sind außerordentlich ökonomisch, weil die Markierung des Reviers keine Mühe macht – und die Wahrscheinlichkeit einer feindseligen Begegnung mit Tieren der eigenen Art dadurch außerordentlich verringert wird. Trotzdem kommt es gelegentlich vor, daß ausgewachsene Männchen miteinander kämpfen.

Obwohl Leoparden in der Regel nicht miteinander auskommen, können sich die Reviere eines weiblichen Leoparden teilweise oder ganz mit dem eines anderen

Weibchens überschneiden. Dennoch sind gewalttätige Auseinandersetzungen sehr selten, und die meisten Weibchen, die ich gesehen habe, haben aus diesem Grund auch auffallend wenig Narben. die Mechanismen, die sowohl bei den Männchen als auch bei den Weibchen dafür verantwortlich sind, daß man sich aus dem Weg geht, scheinen sich zu einem außerordentlich wirksamen Mittel entwickelt zu haben, wodurch Schaden verhütet wird. Die Leoparden werden auf größere Räume verteilt, wodurch der Konkurrenzkampf um die Nahrung weitgehend vermieden wird. Leoparden, die ein Revier nur durchqueren wollen oder ein Revier suchen, umgehen von vornherein dichtbevölkerte Gebiete und warten nicht erst, bis sie durch das aggressive Verhalten der Bewohner gewarnt werden.

Die Reviere männlicher und weiblicher Leoparden bilden voneinander getrennte Mosaike. Da das Revier eines Männchens bedeutend größer ist als das eines Weibchens, kann es sein, daß es das gesamte Revier des Weibchens und sogar noch einen Teil des Reviers eines anderen Weibchens umfaßt. Es kann vorkommen, daß ein Männchen das Glück hat, daß sein Revier die Reviere verschiedener Weibchen einschließt. Genauso kann ein Weibchen ein Revier besitzen, das Revierteile von zwei oder sogar drei Männchen umfaßt.

Obwohl ausgewachsene Leoparden direkten Kontakt miteinander meiden, müssen sie zu bestimmten Zeiten ihr Einzelgängertum aufgeben, um sich zu paaren. Aber wahrscheinlich akzeptiert das Leopardenweibchen die Gesellschaft eines Männchens nur in der sechs, sieben Tage dauernden Brunstzeit. Und das ist wahrscheinlich auch die einzige Zeit, in der sie selbst diese Gesellschaft sucht. Deshalb sind solche Begegnungen nur kurz und selten.

Wenn ein Leopardenweibchen in die Brunst kommt, was etwa alle zwanzig bis fünfzig Tage der Fall ist, verändert sich die hormonelle Zusammensetzung ihres Urins. Wahrscheinlich verschiebt sich gleichzeitig auch der flüchtige Anteil der Analdrüsensekretion. So teilt sie dem Männchen durch ihre Duftmarken unmißverständlich mit, in welchem Zustand sie sich befindet. Wenn die Leopardin brünstig ist, gibt sie spezielle Laute von sich, macht weite Streifzüge und erhöht so die Wahrscheinlichkeit, ein Männchen für die Paarung zu finden. Da die Leopardenmännchen ständig ihr eigenes Revier gründlich kontrollieren, nehmen sie die Signale des brünstigen Weibchens, dessen Revier innerhalb ihres eigenen Reviers liegt, sehr schnell wahr.

Man hat nur sehr selten Leoparden in der freien Wildbahn bei der Paarung beobachten können. Sie verhalten sich dabei wie die meisten anderen Großkatzen. Die eigentliche Kopulation ist kurz und wird im Laufe von ein paar Tagen mehrmals wiederholt. Anschließend kehren die Leoparden dann wieder zu ihrem Einzelgängertum zurück.

Sowohl die Männchen als auch die Weibchen sind im Hinblick auf ihre sexuellen Aktivitäten polygam. Die Männchen paaren sich nach Möglichkeit mit jedem brünstigen Weibchen in ihrem Revier. Ähnlich ist es bei den Weibchen. Sie paaren sich sowohl mit den ansässigen Männchen als auch mit denen aus benachbarten Revieren, unter Umständen sogar mit einem durchreisenden Männchen, dem es gelungen ist, durch das Netz der verschiedenen Territorien zu schlüpfen. Das heißt, daß die Jungen einer Leopardin von Wurf zu Wurf von einem anderen Männchen stammen können. Die Männchen ihrerseits nehmen ihre Vaterrolle nicht wahr, sondern bürden allein dem Weibchen die Last der Aufzucht der Jungen auf.

Eines Tages, im Juli 1983 suchte Chui die Schlucht sorgfältig von einem Ende zum anderen ab. Sie ging behutsam mit gebeugtem Kopf und blieb alle paar Meter stehen und schnupperte, ob womöglich andere Tiere hier gewesen waren. Während sie den Pfad entlanglief, nahm sie die frische Witterung des Schluchtrudels auf, zu dem die Löwen gehörten, die 1981 ein Junges aus ihrem ersten Wurf getötet hatten.

Plötzlich blieb Chui wie angewurzelt stehen und blickte mit gespitzten Ohren starr nach vorn. Die Witterung einer bestimmten Löwin war besonders frisch, sie unterschied sich deutlich von der eines Geparden oder eines anderen Leoparden. Sie führte zu einem Felsvorsprung, der von dichtem, überhängendem Gestrüpp und den leuchtend grünen Blättern einiger Tecleabüsche bedeckt war, die am Rand der Schlucht wuchsen. Chui hatte selbst schon oft dort gelegen, denn hinter der bequemen Felsplatte befand sich ein tiefer Schacht, der gerade breit genug war, daß ein Leopard darin schlafen oder sich verstecken konnte.

Chui zögerte. Ihre Erfahrung sagte ihr, daß Löwen sehr gefährlich waren. Wenn es zu einem Kampf mit der Löwin käme, die dreimal soviel wog wie die etwa achtzig Pfund schwere Chui, hätte sie keine Überlebenschance. Die Löwin würde sie mit Sicherheit töten, wenn sie ihr die Gelegenheit dazu geben würde.

Chui hatte schon oft ein paar unbequeme Stunden auf einem Baum verbringen müssen, wenn sie vom Schluchtrudel überrascht worden war. Mit flach angelegten Ohren, gesträubten Schnurrhaaren, drohend geöffnetem Maul und gebleckten Eckzähnen hatte Chui die Löwen von oben angefaucht und angeknurrt. Löwen können zwar auch auf Bäume klettern, aber zu Chuis Glück sind sie dabei nicht so geschickt und sicher wie der gelenkige Leopard. Deshalb geben sie auch meistens auf, wenn sie ihr Opfer auf einen Baum gejagt haben, obwohl es einmal auch vorgekommen ist, daß zwei heranwachsende Löwinnen tatsächlich versucht haben, hinter einem von Panik erfaßten Leoparden herzuklettern. Aber die Löwen können dem Leoparden das Leben auch so ganz schön schwer machen, indem sie sich den Rest des Tages unter den Baum in den Schatten legen.

Chui lief deshalb nicht weiter auf den Felsabsatz zu, sondern kehrte zum Rand der Schlucht zurück, bevor sie dann in nördlicher Richtung weitertrottete. Sie blickte kurz hinter einem Baumstamm hervor. Von hier aus konnte sie die Löwin sehen, die hundert Meter von ihr entfernt lag und sie noch nicht gewittert hatte. Dann verschwand sie mit gleitenden Bewegungen, wobei sie darauf achtete, immer im Schutz des Akaziendickichts an der Westseite zu bleiben. Wegen ihres gefleckten Fells war sie im Schatten der Feigenbäume oder zwischen den mit Flechten bewachsenen Felsen in der Schlucht nicht auszumachen, im offenen Feld war sie dagegen tagsüber leicht zu erkennen. Da es kein hohes Gras mehr gab, in dem sie sich hätte verbergen können, mußte Chui sich ganz auf ihre katzenhafte Geschicklichkeit verlassen, als sie sich zum Feigenbaum-Hügelkamm pirschte. In ein paar Tagen würde ihr neuer Wurf auf die Welt kommen, diesmal allerdings nicht in der Leopardenschlucht.

In der Nähe des östlichen Endes des Feigenbaum-Hügelkamms steht ein riesiger, fast zwölf Meter hoher Feigenbaum, der größer ist als alle anderen, die am Rand der Leopardenschlucht wachsen. Chui hatte schon oft unter den ausladenden Zweigen dieses Baumes gelegen. Vor dem Stamm des Baums bildete eine große flache Felsplatte, die Top Rock genannt wurde, das Dach über dem senkrechten Eingang zu einer großen Höhle. Die Höhle selbst war kühl und dunkel und führte wie ein Tunnel tief unter die Felsen, ein idealer Platz für eine trächtige Leopardin. Im Umkreis von knapp dreißig Metern befanden sich noch ein halbes Dutzend anderer Höhlen in verschiedenen Größen und Formen, in die sich ein Leopardenjunges flüchten konnte. Diese Felspartie wurde Cub Caves, Höhlen der Jungen, genannt.

Die Schwangerschaft eines Leopardenweibchens dauert etwa neunzig bis hundert Tage. Das ist für ein so großes Tier eine verhältnismäßig kurze Zeit. Da das Raubtier aber viel Zeit für die Jagd nach Beute benötigt, ist das ein Vorteil.

Man nimmt an, daß Chui Anfang Juli 1983 in einer der Cub Caves unter dem Feigenbaum zwei männliche Jungen zur Welt gebracht hat. In der Mara besteht ein Leopardenwurf in der Regel aus zwei bis drei Tieren. Da man Leopardenjunge jedoch kaum zu Gesicht bekommt, bevor sie mindestens zwei Monate alt sind, ist es allerdings auch möglich, daß größere Würfe geboren werden, von denen nicht alle Jungen überleben.

In der Mara ist die Sterblichkeit unter den Leopardenjungen mit Sicherheit sehr hoch, denn es kommt schon selten genug vor, daß ein Leopard es schafft, zwei Junge bis zur Selbständigkeit aufzuziehen. Ich habe noch nie drei größere Junge aus einem Wurf gesehen. Da das Weibchen keine Unterstützung vom jeweiligen Vater erhält, muß sie die Jungen allein ernähren und beschützen, eine schwierige Aufgabe für eine Alleinerziehende. Wahrscheinlich hat die Evolution diesem Einzelgängertum Rechnung getragen und für kleinere Würfe gesorgt.

Bei der Geburt wiegen die kleinen Leoparden ein bis anderthalb Pfund. Die ersten sechs bis zehn Tage bleiben ihre Augen geschlossen. Während dieser Zeit spielt ihr eigener Geruch und der der Mutter eine entscheidende Rolle bei der Orientierung. In den ersten Tagen verbringt die Leopardenmutter viel Zeit bei ihren Jungen. Sie hilft ihnen, die Zitzen zu finden, indem sie sich auf die Seite legt und eine günstige Position für das Säugen einnimmt. Sie leckt die Dammgegend der Jungen, um die Ausscheidungsfunktionen anzuregen. Sie putzt und wärmt die Kleinen und schafft so ein enges Band zwischen Mutter und Jungen.

Es ist möglich, daß Chuis Junge schon Tage nach ihrer Geburt eine Rangordnung beim Saugen eingeführt haben, so wie es auch bei jungen Hauskatzen geschieht. Die persönliche Duftmarke, die das einzelne Kätzchen an der Zitze hinterläßt, gestattet es ihnen, auch mit geschlossenen Augen immer die richtige Position wiederzufinden. Die Fixierung auf eine bestimmte Zitze fördert die Effizienz des Säugens, da eine solche Ordnung viel Zeit und Mühe erspart. So war es auch bei Chuis Jungen. Zeitraubende Streitereien zwischen den kleinen Leoparden hätten womöglich obendrein dazu geführt, daß Chuis Zitzen verletzt worden wären.

An einem Nachmittag Anfang September ruhte Chui sich auf dem Top Rock aus. Sie putzte sich sanft das lange, schneeweiße Haar auf ihrem Bauch. Doch plötzlich verschwand sie in einer der nahegelegenen Höhlen und erschien wenig später mit einem Jungen wieder, das teilnahmslos und schlaff zwischen ihren Kiefern hing. Sie legte das Junge einfach auf die Felsplatte, und bevor es sich von der Stelle bewegen konnte, war sie mit dem zweiten da. Dann ließ auch sie sich nieder und drehte sich auf die Seite, so daß die beiden Jungen in dem schützenden Raum zwischen ihren Beinen lagen.

Die Flecken und Rosetten im Fell der kleinen Leoparden lagen so dicht beieinander, daß nur wenig von der hellen Grundfarbe durchscheinen konnte und das Fell einen Grauton annahm. Ihre Augen schimmerten, wie bei allen jungen Katzen, bläulich.

Auch wenn Chui sich manchmal lang ausstreckte und ihr Kinn auf den glatten Fels gelegt hatte, blieb sie doch immer wachsam und achtete auf jedes Anzeichen einer drohenden Gefahr. Ihre empfindlichen Ohren waren ständig in Bewegung und registrierten die kleinste Veränderung in der Tonhöhe oder der Lautstärke der mannigfachen Geräusche, die sie umgaben, Geräusche, die das Nahen eines Löwen, einer Hyäne oder eines Pavians ankündigten, lange bevor sie eine Bedrohung für sie oder ihre verletzlichen Jungen werden konnten.

Die Jungen lernten schnell, sich an dem Ort zurechtzufinden, den Chui als Versteck gewählt hatte, indem sie den vertrauten Gerüchen folgten. Dieses Versteck war für sie ein Ort der Geborgenheit, und wenn die Mutter auf die Jagd ging, hielten die kleinen Leoparden sich stets in der Nähe der Höhlen, wo sie sich sicher fühlten. Wenn Chui gezwungen war, sie allein zu lassen und auf Beutefang zu gehen, blieben sie geduldig in ihrem Versteck. Auch wenn ihr Magen knurrte und sie sich nach Milch sehnten, riefen sie nicht nach der Mutter. Denn hätten sie das getan, wäre möglicherweise ein anderes Raubtier gekommen und hätte sie für immer zum Schweigen gebracht.

Erst als die Jungen sehen konnten, wurde ihr Forscherdrang wach. Da sie aber noch nicht mit ihrer Umgebung vertraut waren, stellte diese Periode, in der sie das sichere Versteck verließen, in dem sie zur Welt gekommen waren, eine kritische Zeit dar. Sie waren noch ziemlich klein und schwach, und es drohte ständig die Gefahr, daß ein anderes Raubtier sie angreifen würde.

In den ersten acht Wochen verbrachten die Jungen die meiste Zeit in den Höhlen oder lagen getarnt im Schutz der Felsen regungslos im Schatten. Chui kam häufig im Dunkeln zu ihnen zurück, ohne daß ein Mensch oder Tier sie bemerkte. Manchmal war die Mutter ganz in ihrer Nähe, ohne daß die Jungen es wußten. Sie ruhte sich dann auf dem riesigen Feigenbaum bei den Höhlen der Jungen aus. Aber alle paar Stunden kletterte Chui herunter und säugte ihre Jungen.

Schon im Alter von knapp acht Wochen hatten die kleinen Leoparden zum erstenmal Fleisch probiert, denn Chui brachte hin und wieder ein kleines Beutetier mit nach Hause. Zuerst waren sie verwirrt, wenn die Mutter ihnen diese seltsam riechenden Objekte anbot, aber nach einer gewissen Zeit fingen sie an, mit den Kadavern zu spielen, stritten sich um deren Besitz und veranstalteten dabei Ringkämpfe. Ihre Zähne waren spitz wie Nadeln, und obwohl das Fleisch in ihrem Alter noch wenig zu ihrer Ernährung beitrug, hatte damit doch bereits die Vorbereitung auf das Leben eines Fleischfressers begonnen.

Als ich die Jungen zum erstenmal sah, konnte man sie schon gut voneinander unterscheiden. Eins der beiden war heller gefärbt und hatte weißliche Wangen. Es war das nervösere Tier und zog sich schon beim kleinsten Anzeichen von Gefahr sofort zurück. Das dunklere Junge hatte ein schmales Lausbubengesicht und schielte ein kleines bißchen. Ich taufte die beiden Hell und Dunkel.

Dort wo die Jungen immer mit ihren Pfoten herumkratzten und an den Zitzen saugten, war die Haut an Chuis Bauch braun und aufgerissen und das Fell verklebt und fleckig. Hell lag beim Saugen immer näher am Kopf der Mutter und bekam deshalb auch mehr Zuwendung von Chui, denn wenn sie ihren Kopf nach hinten drehte, konnte sie ihn besser erreichen und putzen als Dunkel, der weiter entfernt war. Saugte nur ein Junges und wollte das andere sich zu ihm gesellen, gab es sehr oft eine kleine Balgerei. Es war dann schwer festzustellen, ob es daran lag, daß ein Junges das Territorium des anderen verletzte, oder ob es einfach nur damit zusammenhing, daß der Neuankömmling sich an seinen Platz quetschte.

Manchmal hielt Chui den Körperkontakt mit ihren Jungen anscheinend nur mit ihrem langen Schwanz aufrecht. Dann gab sie leise *aaouu*-Laute von sich und forderte die Kleinen, die dann übereinanderpurzelten, dadurch auf, ihn zu fangen. Jedesmal wenn ein Junges den Schwanz der Mutter zwischen den Pfoten oder im Maul hatte, zog Chui ihn blitzschnell wieder zurück. Aber sie fauchte und knurrte dabei nicht zornig oder schlug mit dem Schwanz, wie sie es tat, wenn sie in Ruhe gelassen werden wollte, sondern streckte ihn anschließend sofort erneut in Reichweite der Jungen, berührte sie damit und streichelte sie mit ihm, als sei er ein behaartes Reptil. Das hatte den gleichen Effekt, als ließe man eine Schnur vor ihren Köpfen baumeln; ich glaube, für die kleinen Leoparden war das ein geradezu ekstatisches Vergnügen. Schließlich beendete Chui das Spiel, indem sie die Jungen ins Maul nahm und sie spielerisch biß, während sie versuchten, sich aus ihren Pfoten zu befreien.

Wenn Chui die Jungen zuviel wurden, stand sie einfach auf und sprang mit einem eleganten Satz auf den Feigenbaum; dorthin konnten die Jungen ihr noch nicht folgen. Von oben überblickte sie die gesamte Leoparden-Lugga, die sich nach Süden durch das Akaziendickicht hindurch bis zu den Ebenen dahinter schlängelte. Im Osten sah sie den Eingang zur Leopardenschlucht und die Felsen zu beiden Seiten. Die Schlucht war von Bäumen, Dornbüschen und Felsen umgeben: ein idealer Platz für Leoparden.

Jetzt, als die Jungen schon etwas größer waren, gaben sie ein hohes Miauen von sich, wenn Chui plötzlich im Feigenbaum verschwand, vor allem Hell miaute kläglich. Doch es dauerte nicht lange, und einer von beiden begann ein neues Spiel. Da war die Mutter schnell vergessen, und beide balgten sich wieder mit Begeisterung zwischen den Felsen. Aber manchmal saßen sie auch wie verzaubert da und staunten über das, was alles um sie herum zu sehen und zu hören war: das Summen der Insekten, der dumpfe Morgengruß des Nashornvogels, das belfernde Geräusch der Zebras, die in nur zwölf Meter Entfernung an den Jungen vorbeizogen, so daß sie ihr

Spiel vorübergehend unterbrachen. Dann spitzten sie die Ohren und beobachteten die seltsamen gestreiften Objekte und zitterten dabei vor Aufregung.

Hin und wieder kam ein Wagen aus einem der Zeltlager, der den ausgefahrenen Reifenspuren oberhalb oder unterhalb der Höhlen der Jungen folgte. Der obere Pfad führte am Rand des Hügelkamms entlang, nur zehn Meter von dem riesigen Feigenbaum entfernt, auf dem Chui häufig lag. Der untere folgte dem Hügelkamm etwa fünfzehn Meter unterhalb des Verstecks der Jungen.

Zuerst verschwanden Hell und Dunkel blitzschnell, sobald sie einen Wagen hörten, und flüchteten sich in eine der Höhlen, deren dicke Felswände die Geräusche dieser fremdartigen Objekte dämpften. Die Jungen fühlten sich ganz offensichtlich durch diese großen, lauten Vehikel mit ihren schwatzenden Insassen bedroht. Chui ging es ähnlich, obwohl sie in den sechs Jahren ihres Lebens schon viele Autos gesehen hatte. Aber da sie zur Zeit Junge hatte, senkte sie den Kopf und fauchte warnend, bis die beiden von der Bildfläche verschwunden waren. Dann zog sie sich ebenfalls an einen ruhigeren Platz in den Felsen oder ganz oben auf dem Feigenbaum zurück. Aber im Augenblick war das andere Weibchen mit seinen Jungen in den Mara-Büffel-Felsen die Attraktion der Touristen, deshalb wurden Chui, Hell und Dunkel verhältnismäßig selten gestört.

Als die Sonne hinter einer grauen Wolkenwand verschwand, hallte der unverwechselbare Ruf einer weißbäuchigen Trappe durch die Stille. Antilopenmännchen stießen ihre nasalen Kampfrufe aus, während sie die Weibchen in ihrem Revier zusammentrieben oder männliche Rivalen in die Flucht schlugen. Chui beobachtete alles von ihrem Feigenbaum aus.

Hell und Dunkel lagen ruhig vor dem Eingang ihrer Höhle. Sie hatten sich eng aneinandergeschmiegt und dösten. Um sie herum wurde es immer dunkler, und ihr geflecktes Fell nahm die Farbe der Felsen in der Umgebung an, so daß man Hell und Dunkel nicht mehr voneinander unterscheiden konnte.

Chui richtete sich auf und gähnte. Dann reckte sie sich, mit weit nach hinten gestreckten Hinterläufen und hoch erhobenem Schwanz, bevor sie vorsichtig an dem dicken Stamm des Feigenbaums hinabkletterte. Sie landete mit einem Satz auf dem Boden und setzte dabei so weich auf wie eine Schneeflocke. Die dicken Sohlen ihrer Pfoten und ihr geschmeidiger Körper fingen den Aufprall perfekt ab. Die Jungen rührten sich nicht, als ihre Mutter in der Dunkelheit verschwand, ein einsamer Jäger in seiner ureigenen Welt.

Noch bevor die Sonne am nächsten Morgen aufging, glitt ein kurzbeiniger, schlanker Schatten vorsichtig auf den Schlafplatz der Jungen zu. Die kleinen Leoparden lagen Seite an Seite, ihre Bäuche waren voll und warm, denn Chui war in der Nacht zurückgekehrt und hatte sie gesäugt, bevor sie die Jagd fortgesetzt hatte.

Die Nasen der Jungen kräuselten sich prüfend, als der schlanke Mungo sich ihnen näherte und sein spitzes Gesicht mit den glühenden Augen in ihre Höhle steckte. Hell und Dunkel wachten erschreckt auf und reagierten mit höchst beeindruckenden Lauten auf den Eindringling. Der neugierige Mungo zog sich mit hocherhobenem Schwanz, der eine auffallend schwarze Spitze hatte, blitzschnell zurück.

Dieser spezielle Mungo trieb sich oft in der Nähe

der Höhlen der Jungen herum, da sie zu seinem Revier gehörten. Er verbrachte täglich viele Stunden mit der Nahrungssuche: Insekten, kleine Säugetiere, kleine Vögel, Eier und Reptilien. Es kam sogar vor, daß er geschickt und mit großer Geschwindigkeit auf einen Baum kletterte und sich an einer unbewachten Leopardenbeute gütlich tat. Wie der Leopard war auch er ein einsamer Jäger, nur jagte er tagsüber oder in der Abenddämmerung und schlief nachts im Dikkicht, in Felsspalten oder in einem Bau, den er von einem anderen Tier übernommen hatte. Er hatte früher oft in derselben Höhle geschlafen, in der jetzt Hell und Dunkel lagen.

Eine Stunde nach Sonnenaufgang tauchte Chui im Norden auf und bewegte sich vorsichtig auf den Feigenbaum zu. Sie sah nicht nach den Jungen und rief sie auch nicht zu sich. Statt dessen schlich sie geräuschlos über die Felsen, die östlich von den Höhlen der Jungen lagen, bis sie an einen Felsblock kam, der den Namen Half-Way Rock trug; das war derselbe Felsen, unter dem der Mungo jetzt saß. Die beiden Raubtiere waren nur anderthalb Meter voneinander entfernt, aber wenn eines der beiden Tiere die Anwesenheit des anderen gewittert hatte, ließ es sich das nicht anmerken – obwohl Chui nichts dagegen gehabt hätte, einen Mungo zu töten und zu fressen, wenn sich ihr auch nur die leiseste Chance geboten hätte.

Chui machte einen angespannten Eindruck. Sie richtete sich auf und reckte sich, bevor sie zum Eingang der Höhle ging, in der die Jungen sich versteckt hatten. Dann blieb sie stehen und stieß einen eigenartigen schnaufenden Laut aus, indem sie zwei- oder dreimal heftig durch die Nasenlöcher ausatmete –

pfff, pfff. Sie wiederholte diese kurzen, heftigen Schnauflaute, während sie vor dem Höhleneingang auf und ab schritt. Ich hatte dieses Geräusch zum erstenmal bei Chui gehört, als sie ihren ersten Wurf in der Leopardenschlucht hatte.

Das fragliche Geräusch wird ›Prusten‹ oder im Englischen ›Chuffling‹ genannt und ist die akustische Begrüßung einiger Großkatzen, allerdings mit Ausnahme der Löwen und Geparden. Tiger geben ähnliche Geräusche von sich, und Schneeleoparden verwenden angeblich eine besonders leise und ruhige Form. Die eine Katze hebt beim ›Prusten‹ den Kopf leicht an und blickt ihrem Gegenüber dabei in die Augen. Offensichtlich soll das bedeuten: ›Alles in Ordnung, ich bin dir freundlich gesinnt.‹

Diese Art der Begrüßung stellt ein sehr wirksames Kommunikationsmittel zwischen der Leopardenmutter und ihren Jungen dar. Ich bin überzeugt, daß Hell und Dunkel das Geräusch erkannten, denn sie erschienen daraufhin immer sofort am Höhleneingang. Und genau so war es auch bei Chuis erstem Wurf gewesen. Die Jungen selbst konnten allerdings dieses Geräusch in ihrem Alter noch nicht nachahmen.

Später sollte ich noch Zeuge werden, wie das weibliche Junge der Mara-Büffel-Leopardin aufgeregt ›prustete‹, als es sah und hörte, wie die Mutter aus einer Höhle unterhalb des Baums auftauchte, auf dem das Junge lag. Aber zu der Zeit war das junge Leopardenweibchen bereits fünfzehn Monate alt. In diesem Fall hatte das ›Prusten‹ einfach die Bedeutung einer freundlichen Begrüßung. Chui benützte es zunächst, um ihre Jungen aufzuspüren und zu sich zu rufen. Sie lenkte mit diesen Lauten und anderen Geräuschen außerdem die Aufmerksamkeit der Jungen auf sich, vor allem wenn sie sich zu weit herausgewagt hatten oder sie ihr folgen sollten.

Die Leoparden haben als Einzelgänger an sich kein besonders großes Repertoire an Lautäußerungen. Aber Chui verfügte im Umgang mit ihren Jungen doch über eine gewisse Anzahl von Rufen. Diese Rufe waren oft nicht sehr laut und nur für die hellhörigen Ohren der Leoparden gedacht. Manchmal jedoch, wenn es ganz still war und Chui mich bis in Hörweite menschlicher Ohren an sie heranließ, konnte ich von meinem Platz aus zuhören und die Feinheiten der Leopardensprache erleben.

Hell und Dunkel begrüßten Chui und waren dabei ganz aufgeregt. Sie legten die Köpfe unter ihr Kinn, hoben ihre Schwänze und drückten sich an Chuis Flanken, Kehle und Vorderläufe. Die Mutter leckte die Jungen mit ihrer langen rosa Zunge und führte sie über den Top Rock zu einem riesengroßen Felsblock, der das östliche Ende der senkrechten Höhle bildete. Er hieß Suckling Rock West und war für Chuis Zwecke ideal, da er sich gut geschützt hoch oben auf dem Hügelkamm befand und man von dort einen guten Ausblick hatte. Außerdem war er auch nicht weit von den Höhlen entfernt, in die sich die Jungen im Falle einer Gefahr flüchten konnten.

Obwohl die Jungen meistens in ihrem Versteck blieben und sich nicht blicken ließen, solange Chui auf der Jagd war, spielten sie wie die Wilden miteinander, wenn sie wieder bei ihnen war. Anfangs hatten sie sich nicht weiter als ein paar Schritte von den Höhlen entfernt, um zunächst einmal die nähere Umgebung kennenzulernen. Allmählich weiteten sie den Radius aus.

Es dauerte nicht lange, da hatten ihre kleinen Pfoten schon sichtbare Spuren rund um den Felsen hinterlassen, der an ihren Schlafplatz grenzte. Ihr Erfahrungsschatz wurde täglich größer. Sie hatten inzwischen schon alle möglichen Objekte genauestens untersucht, vor allem wenn sich ein solches Objekt bewegte. Alles wurde beschnuppert, mit den Pfoten betatscht, gebissen, geschüttelt und angenagt.

Ein kleiner toter Baum, der in der Nähe des Feigenbaums stand, diente Hell und Dunkel als ideales Klettergerüst, auf dem sie ihre jungen Muskeln stärken und ihre Kletterkünste ausbilden konnten. Immer wenn die beiden kleinen Leoparden miteinander spielten, lief früher oder später einer von ihnen zu diesem Baum und zog sich mühselig an den Klauen nach oben. Es dauerte dann nicht lange, bis sein Bruder ihm folgte. Sie konnten schon bis in die Spitze klettern, die etwa drei Meter über dem Boden auslief. Dort klammerten sie sich mit ihren scharfen Klauen fest, um nicht herunterzufallen. Ihnen war überhaupt nicht schwindelig, ganz gleich, ob sie sich auf einem Baum befanden oder am Rand eines hohen Felsens entlangliefen und neugierig zwölf Meter tief nach unten blickten. Manchmal balgten sie sich gefährlich nahe an einem Abgrund, verloren dabei aber nie das Gleichgewicht, sondern fühlten sich ganz sicher. In den Monaten, die vor ihnen lagen, waren derartige natürliche, angeborene Fähigkeiten für ihr Überleben unbedingt erforderlich.

Nicht weit von der Stelle, an der die Jungen spielten, machten sich die Paviane der Feigenbaumhorde auf den Weg zum östlichen Ende des Hügelkamms. Sie waren schon seit dem Morgen fast ununterbrochen auf

Nahrungssuche gewesen und hatten nur hin und wieder während der Mittagshitze eine kurze Rast im Schatten eines Akazienbuschs gemacht.

Paviane leben in einem Revier, das von einer Generation auf die nächste übergeht und mehrere Quadratkilometer groß ist. Die Feigenbaumhorde verbrachte den größten Teil des Tages damit, in der Gegend um den Hügelkamm herum, in der sie sich genauso gut auskannten wie Chui, nach Nahrung und Wasser zu suchen. Aber ihr Tag begann und endete immer an einem ihrer verschiedenen Schlafplätze. Das waren besondere Stellen, an denen geeignete Bäume standen, auf denen sie sich vor anderen Raubtieren, wie etwa vor den Leoparden, in Sicherheit bringen konnten. Als ein Schlafplatz dienten drei große Feigenbäume, die etwa hundert Meter östlich von den Höhlen der Jungen standen. Dorthin war die Feigenbaumhorde unterwegs.

Gegen sechs Uhr näherten sich die Paviane den Felsen, die um die Höhlen der Jungen herumlagen. Chui hatte schon früher am Nachmittag auf den Luxus ihres Feigenbaum verzichtet und sich auf den Weg zur Leopardenschlucht gemacht. Ihre Jungen hatte sie auf dem Suckling Rock West allein gelassen, wo sie ein Nickerchen hielten. Aber schon lange bevor die Paviane kamen, lagen Hell und Dunkel in ihrem Versteck in einer der Höhlen. Das Grunzen und die Schreie der geräuschvollen Primaten hatten sie rechtzeitig gewarnt.

Die Paviane wußten bereits über Chui und ihre Jungen Bescheid, denn Chui hatte sich in der Nähe eines ihrer Lieblingsschlafplätze niedergelassen, und so hatten sie die kleine Familie schon mehrmals gesehen. Einige der Paviane waren älter als Chui und hatten damals in den Jahren, in denen sie in einem Teil dieses Reviers gelebt hatten, schon gelernt, wie man am besten mit ihrer Mutter und dem halbblinden Männchen umging. Jetzt zogen ein paar Mitglieder der Horde um die Hügel in der Umgebung der Höhlen der Jungen herum und vollführten dabei hin und wieder nervöse Sprünge zur Seite, so als fürchteten sie eine Art Vergeltung. Als es dunkler wurde, schwand ihr Selbstbewußtsein, und schließlich zog auch der letzte der Horde weiter am Hügelkamm entlang zu den Bäumen, auf denen sie in der Nacht schlafen wollten.

Kurz nach Anbruch der Nacht tötete Chui ein junges Antilopenkitz und brachte es schnell auf einem kleinen Baum etwa achthundert Meter von den Höhlen der Jungen in Sicherheit. Nachdem sie einen Teil des Kadavers gefressen hatte, kehrte sie kurz vor Sonnenaufgang zu ihren Jungen zurück, die sie bereits erwarteten. Die kleinen Leoparden waren hungrig, und sie säugte sie, bevor sie sich wieder auf ihren Feigenbaum zurückzog. Hell und Dunkel verbrachten die Zeit damit, so wild in ihrem Kletterbaum herumzutollen, daß jedes Löwenjunge gleichen Alters neidisch geworden wäre. Aber es ging nicht immer alles so glatt.

Hell verlor plötzlich den Halt und konnte sich gerade noch an dem dünnen Ast festhalten, auf dem er gestanden hatte. Mit aller Kraft und mit seinen scharfen Krallen gelang es ihm, seine Hinterläufe wieder um den Ast zu legen. So hing er da wie ein Faultier und versuchte verzweifelt, ein zweites Mal nach oben zu kommen. Aber es war hoffnungslos. Allmählich verließen ihn die Kräfte, so daß er schließlich nur noch an einer Pfote hing. Er miaute erbärmlich, als Dunkel ihn von oben auch noch mit der Pfote betatschte. Doch als er schließlich hinunterfiel, drehte er sich im Fallen so, daß er in echter Katzenart auf allen vieren landete. Er war kaum unten angekommen, da raste er auch schon wieder auf den Baum, um seinen Bruder zu ärgern.

In der nächsten Stunde besuchte Chui ihre Jungen zweimal. Jedesmal säugte sie die beiden und anschließend spielten die Kleinen mit der Mutter. Am Mittag stand Chui plötzlich auf und ließ die beiden Jungen an den Felsen zurück. Sie lief schnell weg, und weder Hell noch Dunkel versuchten, ihr zu folgen oder wenigstens zu erkunden, wohin sie ging.

Unglücklicherweise wimmelte es in den Büschen, die Chui Schatten spendeten und die sie vor Entdeckung schützten, von Tsetsefliegen. Wie winzige Jagdflugzeuge schwärmten sie aus und griffen Chui erbarmungslos an. Sie konnte sich nur verteidigen, indem sie mit dem Schwanz peitschte, mit dem Fell zuckte, die Pfoten schüttelte und nach den wilden Insekten schnappte. Hin und wieder ließ sie sich zu Boden fallen und wälzte sich höchst ungraziös auf dem Rücken, um sich Linderung zu verschaffen. Dann richtete sie sich einen Augenblick lang auf, so als müssen sie überlegen, was als nächstes zu tun sei, und leckte sich anschließend die wunden Stellen, wo die Fliegen sie gebissen hatten.

Chui fiel in einen schnellen Trab, doch das nützte wenig, denn die Insekten folgten ihr. Nach acht langen Minuten hatte sie ihren Bestimmungsort erreicht.

In dem dichten Krotongebüsch am Fuß des Hügelkamms stand ein schlanker Baum. Darunter lag zwischen zwei riesigen Felsblöcken eine enge Höhle: ein kühler Zufluchtsort, der gewöhnlich von einer oder zwei Hyänen bewohnt war, die zum sogenannten Feigenbaumklan gehörten. Chui kroch in die Höhle und ließ sich auf die Seite fallen. Endlich war sie die Tsetsefliegen los und konnte sich erholen.

Die Krone des Baums, unter dem Chui lag, war nur noch spärlich belaubt, da viele Blätter in der letzten Zeit abgefallen waren, sie konnte deshalb einem Leoparden tagsüber nur wenig Schatten spenden. Doch genau dort hingen, eingeklemmt in eine Astgabel, die Überrest der Antilope, die sie getötet hatte. Wie üblich waren der Inhalt der Bauchhöhle und der Rumpf als erste dem Fraß zum Opfer gefallen.

Eine Stunde lang blieb Chui an ihrem kühlen Zufluchtsort. Erst kurz nach vier Uhr, als die Hitze nachließ, schlich sie sich aus der Höhle. Etwa eine Dreiviertelstunde lang nagte und zerrte sie an dem Kadaver. Mit ihren kräftigen Kiefern knackte sie den Schädel der jungen Antilope, und schon bald war nur noch wenig Eßbares übrig. Chui mußte sich jetzt nur noch das blutige Gesicht und die Pfoten putzen, was sie mit großer Sorgfalt tat.

Zur gleichen Zeit, als Chui anfing zu fressen, kamen Hell und Dunkel aus ihrer Höhle heraus. Sie hatten den ganzen Nachmittag über mit Unterbrechungen geschlafen, wobei sie sich wohlig gegenseitig mit den Pfoten umarmt hatten. Sie sahen noch ziemlich verschlafen aus, reckten sich, gähnten und fingen dann an, sich zu putzen.

Im Schutz des Laubs eines Baums, der in der Nähe stand, beobachtete ein Kampfadler sehr interessiert die Bewegungen der Jungen. Der größte Adler Afrikas ist durchaus in der Lage, ein Tier von der Größe eines drei Monate alten Leopardenjungen zu töten und zu fressen. Ich habe beobachtet, wie der gleiche Vogel ein Gazellenkitz angegriffen hat und dann erfolgreich die verzweifelten Rettungsversuche der erwachsenen Gazellen abgewehrt hat, die dem Jungen zur Hilfe geeilt waren. Aber ihre Mühe war umsonst gewesen, der Adler hatte die junge Gazelle schon totgedrückt. Seine Klauen sind so lang und kräftig, daß er einem Menschen damit leicht eine Hand abreißen kann.

Als Dunkel sich auf den Gipfel des Hügelkamms schlich, umklammerte der riesige Adler den Zweig noch fester, und seine gelben Augen funkelten in der untergehenden Sonne. Aber als er sich gerade mit geräuschlosem Flügelschlag in die Luft erheben wollte, bemerkte er eine andere Bewegung, diesmal in den Dornbüschen ganz in seiner Nähe. Es war Chui, die von der Jagd zurückkehrte. Die Anwesenheit eines ausgewachsenen Leoparden verunsicherte den Riesenvogel, und der Augenblick, auf den er so geduldig gewartet hatte, ging ungenutzt vorbei.

Das Königreich der Raubtiere

Nicht weit von den Höhlen der Jungen blickte eine Giraffe ängstlich gespannt über die Dornbüsche hinweg. Das neugeborene Kalb, das wie ein unordentlicher Haufen zu ihren Füßen lag, erschien neben ihr winzig. Die Mutter spreizte ungelenk die langen Beine, die wie Zeltstangen aussahen, um das Junge zu lecken. Ihre fünfundvierzig Zentimeter lange Zunge glitt über das Kalb und reinigte sein feuchtes, faltiges Fell.

Die Giraffe ist das größte Tier Afrikas; sie überragt alle anderen Tiere, mit denen sie das Revier teilt. Ein ausgewachsenes Männchen kann über 5,40 Meter groß werden und mehr als eine Tonne wiegen. Die alten Griechen fanden diese Tiere so ungewöhnlich, daß sie glaubten, sie seien eine Kreuzung zwischen einem weiblichen Kamel und einem männlichen Leoparden. Bis zum heutigen Tag trägt die Giraffe deshalb den zoologischen Namen *camelopardalis.*

Eine ausgewachsene Giraffe hat Füße so groß wie Suppenteller. Mit ihnen kann sie so kräftige Tritte austeilen, daß sie die Kiefer oder den Schädel eines unvorsichtigen Räubers zerschmettern kann. Gelegentlich hat ein Löwenrudel den Mut, eine Giraffe anzugreifen, aber das kommt in der Mara nur in der kargen Zeit vor – zwischen den kurzen und den langen Regenzeiten –, wenn leichtere Beute knapp ist.

Die Giraffe hatte ihr Junges aufrecht stehend geboren, und während dieser Zeit waren sie und ihr Kalb besonders gefährdet. Sie schaute sich deshalb ständig nervös um. Nicht weit von ihr stürmte eine Herde ausgelassener Schwarzfersenantilopen durch das Dikkicht, und von weitem hörte man das Kichern der Hyänen. Das Kalb blieb auf den Knien hocken und nahm die Gefahren, die es in seiner neuen Welt bedrohten, überhaupt noch nicht wahr. Bald hatte es außer der Mutter weitere Bundesgenossen. Nach ein paar Minuten kamen drei Madenhacker mit ihren gelben Schnäbeln und setzten sich auf den schwankenden Hals des Giraffenkalbs. Die scharfen, gekrümmten Krallen der Vögel stachen und kitzelten die Haut der jungen Giraffe, so daß sie unwillkürlich zusammenzuckte.

Madenhacker ernähren sich in der Regel von blutsaugenden Zecken und Fliegen, die sich auf der Haut der Tiere niederlassen und für sie eine Plage sind. Aber auch eine offene Wunde oder die Reste der Nachgeburt sind eine willkommene Nahrung. Die Giraffe wiederum liefert den Vögeln nicht nur eine kostenlose Mahlzeit, sondern bietet ihnen außerdem einen sicheren Platz, an dem sie in der Sonne sitzen, sich ausruhen oder sich sogar paaren können. Und die Haare der Giraffe sind ideal, um das Nest eines Madenhackers damit auszupolstern. Als Ausgleich für diese Dienste hat das Wirtstier wachsame Aufpasser, die sich kreischend in die Luft erheben, sobald sie auch nur die leiseste Gefahr wittern.

Die Störung, die die Antilopen veranlaßt hatte zu flüchten, schien auch die Giraffenmutter zu beunruhigen. Sie ging ein paar Schritte zur Seite, um die Aufmerksamkeit von ihrem Jungen weg auf sich zu lenken, oder um das Kalb zu ermutigen, sich auf die Beine zu stellen und ihr zu folgen. Die Giraffe hatte inzwischen jedenfalls eine wirkliche Gefahr entdeckt: zwei Hyänen, die zum Hügelkamm gehörten, und durch die Geräusche anderer Mitglieder des Klans, die unten in der Ebene Nahrung suchten, angezogen worden waren.

Hyänen leben von ihren scharfen Sinnen und einem natürlichen Forscherdrang, der sie in die Lage versetzt, selbst aus dem Nichts noch eine Mahlzeit zu zaubern. Als sie auf einer Höhe mit der Giraffe waren, blieben sie stehen. Die größere der beiden Hyänen, ein Weibchen, ging vorsichtig weiter, ihr Kopf bewegte sich dabei auf und ab, und ihre empfindliche Nase schnupperte in der Morgenluft, um irgendwelche interessanten oder vielversprechenden Gerüche aufzunehmen. Sobald die Hyäne die Ursache für die Besorgnis der Giraffe entdeckt hatte, griff sie das hilflose Kalb an. Die Madenhacker erhoben sich kreischend in den Morgenhimmel. Mit einem drohenden Grunzen setzte sich die sonst so schweigsame Giraffe in Bewegung und schleuderte dem angreifenden Raubtier ihre langen Beine entgegen. Der Anblick dieses wild entschlossen anstürmenden riesigen Tiers war zuviel für die Hyäne. Sie drehte sich um, ergriff die Flucht und rannte hinter ihrem Klangenossen her, der schon weitergelaufen war.

Die Giraffe beugte sich wieder herab und leckte ihr Junges. Hin und wieder stieß sie es mit ihrem langen Bein an, ging dann ein paar Schritte zur Seite und ermutigte so das Kalb, sich auf die Beine zu stellen. Das Junge beugte sich nach vorn, hob die Hinterbeine und richtete sich dann unsicher auf. Es schwankte kurz, bevor es der Länge nach hinfiel. Aber schon nach ein paar Minuten war es wieder auf den Beinen.

Die Giraffenmutter drückte das Kalb mit ihrem graziösen Hals zärtlich an ihre Seite und verschaffte auf diese Weise dem wackligen Kleinen einen Halt, während sie es gleichzeitig leckte und ihre Schnauze an ihm rieb. Das Kalb sucht vergeblich zwischen ihren Vorderbeinen nach Milch, indessen seine Mutter sich an einem Akazienbusch gütlich tat. Anderthalb Stunden nach der Geburt machte sich die Giraffe auf den Weg, und das Kalb trottete hinter ihr her.

Chui hatte sie die ganze Zeit von ihrem Feigenbaum aus beobachtet. Von ihrem Standort dort oben hatte sie einen ähnlich guten Überblick wie die Giraffe und konnte alles, was im Umkreis von hundert Metern geschah, verfolgen. Chui war in der Nacht noch einmal kurz zu ihrem Antilopenkadaver zurückgekehrt und hatte dann die restlichen Hautstücke und Knochen den Hyänen des Ridge Klans überlassen. Jetzt hatte der Anblick des Kalbs, das sich nur mit Mühe auf den Beinen halten konnte, Chui veranlaßt, sich aufzurichten. Sie beugte sich vor und verfolgte aufmerksam jede Bewegung der Giraffe. Ihre Schwanzspitze zuckte dabei vor Erregung hin und her. Obwohl ein Giraffenkalb bei seiner Geburt schon über anderthalb Meter groß ist und etwa hundertdreißig Pfund wiegt, war Chui durchaus in der Lage, es zu töten.

Während der ersten Wochen verläßt eine Giraffenmutter häufig ihr Kalb und entfernt sich bei der Futtersuche oft bis zu anderthalb Kilometer weit. Wenn das Kalb dann etwas älter ist, bildet es zusammen mit Gleichaltrigen im Dornbuschland eine Art Kinderhort, während die meisten Weibchen auf Nahrungssuche gehen. Chuis Vater, das Männchen mit dem Hornhautfleck, hatte ein unbewachtes Kalb im Norden der Leoparden-Lugga geschlagen. Nachdem er von dem Kadaver gefressen hatte, hatte er den Rest in der Astgabel eines schlanken Olivenbaums, in etwa fünf Meter Höhe, abgelegt. Noch Monate später baumelten die langen Beinknochen der Giraffe im Wind und gaben Zeugnis von der legendären Stärke des Leoparden.

Aber es war nicht die Größe des Kalbs, die Chui daran hinderte anzugreifen: Es war die Anwesenheit der Mutter, die ihr Respekt einflößte. Chui hatte die Hyänen beobachtet und gesehen, wie die Giraffe mit ihren Hufen um sich geschlagen hatte. Chui hatte daraufhin den Gedanken an diese Mahlzeit fallengelassen. Wäre sie ein Herdentier gewesen, das mit anderen zusammenlebt und jagt, hätte sie sich anders verhalten. Aber sie war ein einsamer Jäger und konnte nur überleben, wenn sie ständig auf der Hut war. Wer würde für ihre beiden Jungen sorgen, die friedlich unten in der Höhle schliefen, wenn sie sich verletzen würde?

So schwand Chuis Interesse an dem Neugeborenen in den Dornbüschen. Statt dessen schaute sie über die dürre Ebene, in der inzwischen nichts Grünes mehr zu sehen war. Gnus zogen in Kolonnen nach Süden und ließen dabei eine große Staubwolke hinter sich. Das Land dürstete nach Regen.

Kurz nachdem die Giraffe ihr Kalb geboren hatte, tauchte eine Warzenschweinfamilie vor ihrem Bau auf, der ungefähr hundertfünfzig Meter östlich der Höhlen der Jungen, am Fuß der Hügelkette lag. Sie bestand aus einem erwachsenen Weibchen, zwei halberwachsenen Weibchen aus einem älteren Wurf und drei kleinen Ferkeln, die erst vor ein paar Wochen zur Welt gekommen waren – fünfeinhalb Monate, nachdem das Weibchen im Mai empfangen hatte. Ein ausgewachsenes Männchen, das gelegentlich in einem nahegelegenen Bau lebte, begleitete das Rudel hin und wieder, aber immer nur für kurze Zeit.

Die Warzenschweine in der Mara werfen gewöhnlich in der ersten Phase der kurzen Regenzeit, also Oktober/November, weil das die beste Zeit für die stillenden Muttertiere und ihre Jungen ist, da es dann genügend frisches Gras gibt. In ihrem warmen, mit Gras ausgepolsterten Bau wirft eine Sau zwei bis vier Ferkel, und sobald die winzigen Jungen gerade eine Woche alt sind, stecken sie zum erstenmal die Nase aus dem Bau, riskieren einen Blick auf das Leben über der Erde und beginnen zu grasen. Auch wenn manche von ihnen bis zum fünften Lebensmonat gesäugt werden, stellt die Muttermilch nach dem zweiten Monat nur noch eine Zufütterung dar.

Im Gegensatz zu den meisten Angehörigen der Schweinefamilie fressen Warzenschweine sowohl Gras als auch Wurzeln, am liebsten mögen sie aber frisches, grünes Gras. Man kann sie häufig beobachten, wie sie auf ihren schwieligen, dichtbehaarten Knien liegend herumwühlen, um ihren kurzen Hals auszugleichen. Jetzt, wo sich die Trockenheit schier endlos hinzuziehen schien, waren die Warzenschweine gezwungen, sich immer weiter von ihren sicheren Höhlen zu entfernen. Sie schwärmten aus und suchten den Boden nach Wurzelstöcken, Riedgras, Kräutern, Sträuchern und wilden Früchten ab – nach allem, was eßbar war, und dazu gehörte auch Aas.

An diesem Morgen bewegten sich die Warzenschweine allmählich auf eine offene Ebene am Rand eines Akaziendickichts zu. Sie konzentrierten sich auf die dickeren Grasbüschel und benützten dabei ihre lederartigen, wie eine Scheibe geformten Schnauzen, um damit an die saftige Basis der Grashalme zu kommen. In kurzen Abständen blickte eins der Warzenschweine hoch, hielt die Nase in den Wind und versicherte sich, daß keins der allgegenwärtigen Raubtiere sie bedrohte, um sich dann wieder der Futtersuche zu widmen. Die Ferkel, perfekte graue Miniaturausgaben ihrer Eltern, lagen auch schon auf den Knien und wühlten im Boden herum. Hin und wieder ruhten sie sich neben den Erwachsenen aus oder tollten umher, wobei sie sich gegenseitig beschnüffelten und spielerisch anrempelten. Wenn sie an einer der vier langen Zitzen der Mutter saugen wollten, mußten sie sich gegen ihre beiden älteren Schwestern durchsetzen. Obwohl die Mutter diese beiden älteren Jungen kurz vor der Geburt des letzten Wurfs weggejagt hatte, waren sie wieder zu ihr zurückgekehrt. Unter diesen harten Lebensbedingungen waren sie offenbar fest entschlossen, ihren Anteil an der Versorgung mit der nahrhaften Milch zu fordern.

Das Geräusch eines herankommenden Wagens ließ die Mutter aufblicken. Die Touristen waren immer begeistert von den Warzenschweinen und wollten sie unbedingt fotografieren. Die komischen Gesichter und den flotten Gang der Schweine zu beobachten, war immer wieder ein Erlebnis. Aber am meisten faszinierte die Leute der Schwanz, mit dem die erwachsenen Warzenschweine es den kleinen Ferkeln möglich machten, stets in Sichtkontakt mit ihren erwachsenen Verwandten zu bleiben.

Der Wagen fuhr mit hoher Geschwindigkeit auf die

Schweine zu, die sofort die Flucht ergriffen und zum Feigenbaumhügel liefen. Vor dem Eingang ihres Baus blieb die Muttersau einen Augenblick lang stehen, während die drei kleinsten Ferkel unter der Erde verschwanden, dann erst lief sie weiter. Aber schon nach wenigen Schritten kamen die Ferkel wie Erbsen aus der Schote wieder an die Oberfläche geschossen und liefen hinter der Mutter her. Der Wagen fuhr weiter, doch andere Ereignisse warfen bereits ihre Schatten voraus.

Chui hatte die Warzenschweine entdeckt, als sie das Interesse an dem Giraffenkalb verloren und den Blick nach Süden gerichtet hatte. Sie hatte sich dieser willkommenen Futterquelle bereits ein paar Tage zuvor bedient, als zur Familie noch vier Ferkel zählten. Wieder spitzte die Leopardin die Ohren und bekam einen angespannten Zug ums Maul.

Im gleichen Augenblick, in dem die Ferkel wieder aus dem Bau herausrannten, sprang Chui vom Baum herunter und lief mit hoch erhobenem Kopf locker trabend los und folgte den Ferkeln. Da Chui von ihrem erhöhten Standort auf dem Hügelkamm einen besseren Überblick hatte, mußte sie sich in dieser Phase nicht zu verstecken oder anzupirschen. Aber als sie einen kleinen Akazienbusch erreicht hatte, blieb sie mit vorgeschobenem Kinn und flach angelegten Ohren stehen. Dann duckte sie sich und schmiegte den Körper dicht an den Boden, wobei ihr geflecktes Fell sich der schattigen Vegetation unter dem Dornbusch perfekt anpaßte. Sie wartete geduldig, ihr Atmen wurde langsamer und war kaum noch wahrzunehmen.

Die Stelle, an der die Warzenschweine den Hügelkamm überqueren wollten, lag tiefer. Dort waren nur noch wenige große Felsbrocken, so daß sie leicht zu den höhergelegenen Futterplätzen gelangen konnten. Die Warzenschweine bewegten sich vorsichtig weiter, blieben aber immer wieder stehen und lauschten auf die Geräusche in ihrer Umgebung. Der schrille Schrei des grauen Lärmvogels mit dem nackten Gesicht und der wimmernde Schrei eines jungen Uhus vermischten sich und schallten von dem nahegelegenen Feigenbaum herüber, auf dem die Paviane nachts schliefen.

Chui spannte die kraftvollen Muskeln ihrer Hinterläufe unter dem scheckigen Fell an und wartete auf den Augenblick, in dem die Warzenschweinfamilie über der Anhöhe auftauchen würde. Sie konnte schon hören, wie sie auf dem Boden schnüffelten und ihn nach Futter absuchten. Sie kamen nur langsam voran, weil sie von jedem Flecken, auf dem saftiges Gras wuchs, angelockt wurden, und waren noch nicht in Chuis Blickfeld. Aber die Muttersau war mißtrauisch: Sie hatte die Gefahr womöglich schon gewittert, hatte den Geruch des verborgenen Raubtiers schon wahrgenommen. Sie trabte plötzlich los, drehte sich um, und ihre Jungen liefen im Gänsemarsch hinter ihr her, wobei alle ihre Schwänze mit der Quaste wie winzige Antennen in die Luft hielten.

Als das letzte Ferkel sich beeilen mußte, um den Anschluß an den Rest der Familie nicht zu verlieren, brach Chui aus ihrer Deckung hervor. Sie schoß wie eine Feder, die sich plötzlich entspannt, auf das Ferkel zu, brachte es zu Fall, packte es mit einer ausgestreckten Klaue und biß es – nur ein einziges Mal –, bevor es flüchten konnte. In einem kurzen Augenblick war alles vorbei.

Als Chui angriff, waren die Mutter und die anderen

Ferkel ausgeschwärmt und rannten um ihr Leben. Bevor die Muttersau sich auch nur umdrehen konnte, um zu sehen, was passiert war, hatte Chui das Ferkel schon im Maul weggetragen. Sie blieb nicht stehen, um zu fressen, sondern rannte mit ihrer Beute über den Hügelkamm, wo ihre Jungen sie erwarteten.

Keine zehn Minuten, nachdem sie den Feigenbaum verlassen hatte, legte Chui das tote Ferkel auf den Top Rock. Dann rief sie Hell und Dunkel aus ihrem Versteck. Aber die Jungen schenkten der frischen Beute keine Beachtung, sondern saugten sofort an der Mutter, während ein paar Schlangenadler über ihnen kreisten und auf eine kostenlose Mahlzeit hofften.

Diese afrikanischen Schlangenadler, die auch Gaukler genannt werden, sind wahre Luftakrobaten. Sie spreizen ihre auffallend großen Flügel und schlagen Purzelbäume in der Luft. Auf den Anblick des Aasvogels reagierte Chui sofort, denn genau wie die wachsamen Geier waren sie eine Plage für jeden Leoparden, und wenn Chui nicht aufpassen würde, würden sie ihr die Beute stehlen. Sogleich rannte sie an die Stelle zurück, wo das Ferkel lag, und nahm es ins Maul. Mit einem eleganten Satz sprang sie auf den Feigenbaum, kletterte bis zu einer besonders dich belaubten Stelle und legte das Ferkel über eine dicke Astgabel, wo der Adler es nicht sehen konnte.

Zufrieden stieg Chui wieder ein Stück nach unten, um sich dort auf ihrem Lieblingsast niederzulassen, der sieben Meter lang war und an der Westseite des Baums wuchs. An kühlen Morgenden streckte sie sich oft auf diesem glatten Ast aus und plazierte ihr Hinterteil auf eine bequeme Astgabel, die die Form eines Lehnstuhls hatte. Hier lag sie in typischer Leopardenart und senkte die Wange auf die Vorderpfoten. Doch sobald die Sonnenstrahlen Chuis Ruheplatz erreichten, flüchtete sie vor der sengenden Hitze und kletterte höher in den Schatten des dichten Laubdachs an der Seite des Baums, wo sie ihre Beute hingebracht hatte.

Schon nach ein paar Minuten protestierten die Jungen, weil die Mutter und damit ihre Futterquelle so plötzlich verschwunden war. Sie krochen unruhig auf den Felsen unter ihr hin und her und gaben ihre Kontaktlaute von sich, die aus einem ganz hohen Miauen bestand.

Chui richtete sich auf und gähnte, dann drehte sie sich um, streckte ihre Pranken aus und kratzte mit ihren Klauen an der Rinde des Feigenbaums. Sie blickte nach unten und stieß einen leisen Ruf aus. Die Jungen antworteten ihr freudig erregt. Chui kletterte schnell und mühelos nach oben in die Baumkrone, holte das tote Ferkel und stieg nach unten. Die Jungen rannten auf die Mutter zu und schubsten sich dabei gegenseitig zur Seite. Doch Chui lief schnell an ihnen vorbei und legte den Kadaver in eine grasbewachsene Mulde hinter dem Top Rock. Aber anstatt jetzt von dem Fleisch zu fressen, rannten die Jungen wieder hinter Chui her, miauten unablässig und beachteten das reichliche Futter ganz in ihrer Nähe überhaupt nicht. Bald nuckelten beide wieder an Chui, die es sich im Schatten bequem gemacht hatte. Obwohl sie inzwischen schon über drei Monate alt waren, verlangten sie immer noch, daß die Mutter sie mit ihrer Milch ernährte. Aber kurz darauf verließ Dunkel den warmen Mutterbauch und ging vorsichtig auf das tote Ferkel zu.

Zuerst hüpfte der kleine Leopard um die Beute herum und schlug mit der Tatze nach ihr und erregte dadurch auch die Aufmerksamkeit seines kleines Bruders. Zur gleichen Zeit kam ein Raubadler angesegelt und landete in knapp vierzig Meter Entfernung von den Jungen auf einem Baumstumpf. Chui sah den Vogel, stand sofort auf und ging zu ihrer Beute, um sie vor dem Adler zu schützen. Ihre Jungen zerrten inzwischen an dem Kadaver und stritten sich um ihn.

Zu Anfang war alles noch ganz freundlich gemeint, aber als die Jungen das rauhe Fell zerrissen hatten, änderte sich ihre Stimmung. Der Kadaver war plötzlich kein Spielzeug mehr, das man mit dem anderen teilen konnte, sondern Nahrung. Dunkel setzte sich sofort rittlings auf das tote Ferkel, so als gehöre es ihm allein. Hell revanchierte sich postwendend, indem er den Bruder biß und ihm mit den Tatzen auf den Kopf schlug, um ihn so zu einem richtigen Kampf herauszufordern. Plötzlich waren beide nur noch zu einer buntgefleckten Masse verschmolzen, die über die Erde rollte. Sie bearbeiteten sich mit den kleinen Tatzen und fletschten bösartig drohend ihre spitzen Zähne.

Chui lief knurrend zu ihnen hin, trennte sie gewaltsam voneinander, indem sie sie mit offenem Maul fest auf den Boden preßte und gleichzeitig zwickte, was bei ihnen lautstarke quietschende Proteste auslöste. Es sah so aus, als hätten die Jungen schon jetzt keine Lust, ihre Nahrung miteinander zu teilen. Nur die Wachsamkeit der Mutter konnte ihre Feindseligkeit im Zaum halten.

Kurz nach Mittag zog sich Chui auf ihren Baum zurück und tauchte in den kühlen, grünen Blättern unter. Sie war jetzt unsichtbar, nur noch ein Teil der Schatten und der Sonne, die durch die Blätter drang. Das angefressene Ferkel lag unter ihr, die schläfrigen Jungen hatten kein Interesse mehr daran. Ihre Mägen waren von dem Fleisch voller, als sie es je in ihrem kurzen Leben gewesen waren. Jetzt war alles friedlich in der Welt der Leoparden, und Chui und ihre Jungen konnten unbesorgt in ihrem Versteck schlafen.

Der Raubadler kam noch einmal zurück, um nachzusehen, ob sich seine Geduld gelohnt hatte. Er ist Afrikas bekanntester Adler und wird manchmal unfreundlicherweise als der Steinadler des kleinen Mannes bezeichnet. In Wirklichkeit ist er wie alle Raubvögel ein König der Lüfte und kann aus hundert Metern Entfernung die Bewegung einer winzigen Maus erkennen.

Der Adler drehte abrupt ab und segelte ruhig zu einem Feigenbaum, wo er mit einem geräuschvollen Schlag seiner ausgebreiteten Flügel landete. Chui öffnete sofort die Augen, bewegte sich aber nicht. Sie vertraute darauf, daß in diesem Fall ihre bloße Anwesenheit ausreichen würde, den Adler daran zu hindern, ihr die Beute zu rauben.

Als die drückende Hitze nachließ, verließ Chui ihr kühles Versteck und rief die Jungen aus ihrer Höhle zu sich, damit sie gemeinsam mit der Mutter von der Beute fraßen. Es war ungefähr fünf Uhr, und auf dem Hügelkamm tauchten immer mehr Wagen auf. Die Wolken verrichteten ihr übliches Tagewerk, sie ballten sich im Osten zusammen, zogen am weit entfernten Siria-Abhang vorbei und verdeckten langsam die Nachmittagssonne. Dicke, graue Rauchschwaden stiegen von den Feuern der Massai zum Himmel auf und winkten den Regenwolken zu, während große, schwarze Gnuherden von den ausgetrockneten Tälern im Osten in die Reservate zurückkamen.

Diese Tiere gehörten nicht zu der großen Serengetiwanderbewegung, deren Teilnehmer schon vor einem

Monat über die Grenze nach Süden gezogen waren. Sie gehörten zu der bedeutend kleineren Population aus den Loita-Ebenen Kenias östlich des Reservats. Aber unabhängig davon, woher die Gnus oder die Zebras ursprünglich kamen, zogen sie doch alle aus demselben Grund in die Reservate: Ihr Leben hing davon ab, daß die genügend Nahrung und Wasser fanden. Denn solange sich die Herden während der langen Dürreperiode frei bewegen konnten, konnten sie sich auch ernähren. Deshalb war die Mara so wichtig für sie.

Chui war so sehr damit beschäftigt, von dem Warzenschwein zu fressen, gleichzeitig ein wachsames Auge auf die vorbeifahrenden Wagen zu werfen und ihre beiden raufenden Zwillinge zu bändigen, daß sie nicht bemerkte, wie die Feigenbaumhorde sich geräuschlos von Westen näherte. Als der erste Pavian hinter den Felsen auftauchte, drehten sich die Jungen um und flüchteten in ihre Höhlen.

Wenn sie von Löwen bedroht worden wäre, hätte Chui sich wahrscheinlich auf den Feigenbaum zurückgezogen. Aber das wäre der letzte Zufluchtsort, wenn man vor einer Horde von Pavianen fliehen will, die, wenn es um Kletterakrobatik geht, selbst einen Leoparden in den Schatten stellen. Sie hätte sich in einer der nahegelegenen Höhlen in Sicherheit bringen können, aber sie wollte die Stellung halten, duckte sich über ihre hartverdiente Beute und schlug mit der Pranke nach dem Pavian, der am nächsten stand. Sie war nicht bereit, ihre Beute aufzugeben, so mächtig die Bande auch sein mochte, die sich dort vor ihr aufbaute. Sie knurrte und fauchte, schwankte zwischen Verteidigung und Angriff, zwischen dem Drang, anzugreifen und zu fliehen. Eine Zeitlang konnte sie

Oben: Auf ihrer alljährlichen Wanderung überqueren die Gnus immer wieder den Mara-Fluß. Unten: Ein Pavian hat eine Gazelle erbeutet.

Oben: Hyänen kämpfen mit einem Löwenrudel um die Beute.
Unten: Ein Schakal hat sich eine Antilope geschnappt.

Links: Chui fauchte warnend, als ich ihr zu nahe kam. Unten: Ständig wachte sie aufmerksam über ihre Jungen. Rechte Seite: Unter dem schützenden Laubdach eines Feigenbaums.

Mit ihrer Beute rannte sie über den Hügelkamm.

Oben: Wer würde für die beiden Jungen sorgen, falls Chui sich verletzte? Unten: Im Rudel greifen Löwen zuweilen sogar Giraffen an.

die Paviane mit ihrem Fauchen und Knurren auf Distanz halten. Aber Chui hätte bei einer Auseinandersetzung mit der Horde keine Chance gehabt, denn sie bestand aus über siebzig Tieren, von denen viele offensichtlich bereit waren, sich auf einen Kampf einzulassen.

Die Zeit verging, immer mehr Paviane tauchten auf, bellten und schrien Chui an. Inzwischen hatte sich eine Anzahl großer Männchen zusammengerottet und ließ diese schwarze Wand aus Tierleibern noch bedrohlicher erscheinen. Dann rückten plötzlich wie auf ein heimliches Signal ein Dutzend Paviane gegen Chui vor, wie Hyänen, die einen Löwen von seiner Beute verdrängen wollen. Die Leopardin gab ihren Widerstand auf und flüchtete, während die häßliche Horde sie wie ein heulender Sturm verfolgte.

In solchen Situationen zahlte sich Chuis intime Kenntnis der Umgebung aus. Jetzt war keine Zeit mehr, sich ein passendes Versteck zu suchen. Sie rannte direkt auf die schmale, horizontale Höhle zu, die auf dem Hügelkamm lag. Aber die Paviane ließen noch nicht von ihr ab. Sie waren überall, saßen auf den Felsblöcken, die das Dach der Höhle bildeten, und sprangen aufgeregt darauf herum. Chui fauchte und knurrte und forderte die Horde auf, doch näher zu kommen, denn inzwischen war sie sicher, daß sie ihr keinen ernstzunehmenden Schaden mehr zufügen könnten.

Um sechs Uhr war die Mehrheit der Paviane die Sache leid. Nachdem Chui sich in Sicherheit gebracht hatte, waren vor allem die großen Männchen – die zwar sofort da waren, wenn sie gebraucht wurden – nicht mehr bereit, noch weitere Energien zu verschwenden. Die jüngeren Mitglieder der Horde zeigten allerdings noch keine Lust zu gehen. Ein paar kleinere Paviane kletterten auf den Feigenbaum und hangelten sich über einen ausladenden Ast bis an die Stelle, wo Chui lag. Man konnte sie am Höhleneingang gerade noch erkennen. Sie schüttelten die Zweige und hüpften mit steifen Beinen direkt vor ihr auf dem Ast herum, aber sie kümmerte sich nicht drum, sondern blieb, wo sie war.

Die jungen Paviane legten dabei eine Kühnheit an den Tag, die sie zweifellos bei vorangegangenen Erlebnissen entwickelt hatten. Genau wie die beiden jungen Leoparden, die ängstlich in ihrer Höhle kauerten, erhielten auch die jungen Paviane eine neue wertvolle Lektion im Kampf um das Überleben.

Weil Paviane ihr Revier mit einer Vielzahl von potentiell gefährlichen Raubtieren teilen müssen, haben sie für den Fall, daß sie mit einem Leoparden konfrontiert werden, eine gut organisierte und sehr wirksame Gruppenreaktion entwickelt. Sowohl die Leoparden als auch die Paviane besitzen furchteinflößende Eckzähne, die an Dolche erinnern. Die Leoparden – vor allem die Männchen – haben zwar den Vorteil, größer zu sein, rasiermesserscharfe Klauen zu besitzen und sich mit einer erstaunlichen Leichtigkeit und Schnelligkeit bewegen zu können, aber sie leben nicht in Gruppen. Die Paviane gleichen mit ihrem wohlgeordneten Gruppenleben die bedrohliche Überlegenheit des Leoparden aus.

Das Verhalten der Paviane erinnert an die Art und Weise, wie sich kleinere Vögel gegen bestimmte Raubvögel, für die sie die Beutetiere sind, zusammenrotten und sie bedrängen. Diese Art der Zusammenrottung der potentiellen Beutetiere gegen den Räuber ist durch einen Konflikt zwischen Aggression und Angst gekennzeichnet. Die Reaktion ist zum Teil auf das laute zweisilbige Bellen zurückzuführen, das die größeren Männchen von sich geben, um die anderen Mitglieder der Horde auf die Anwesenheit eines gefährlichen Räubers aufmerksam zu machen. Wenn sie sich dann zusammenrotten, gelingt es ihnen meistens, den Räuber in die Flucht zu schlagen, und die Wahrscheinlichkeit ist groß, daß er schließlich woanders jagt: denn derartige Zusammenrottungen nehmen dem Leoparden jede Chance auf einen Überraschungsangriff.

Die Paviane unternahmen keinen Versuch, die Überreste von Chuis Beute zu stehlen. Der rote Fleischklumpen lag immer noch auf dem Felsbrocken, wo sie ihn verteidigt hatte, direkt im Blickfeld der scharfen Primatenaugen mit ihrer gut entwickelten Farbwahrnehmung. Obwohl männliche Paviane in der Mara regelmäßig junge Gazellen und Antilopenkitze, ja sogar afrikanische Hasen töten und fressen, schien sie der Geruch des Leoparden abzuhalten. Möglicherweise verzehren sie aber auch, ähnlich wie die Geparden, nur das Fleisch des Tieres, das sie selbst getötet haben.

Als die Paviane dann später in der Nacht auf ihren sicheren Feigenbäumen schliefen, fraßen Chui und die Jungen schnell die restliche Beute auf, während in der Ferne das vertraute Brüllen des Löwenrudels in der Schlucht zu hören war. Chui hörte einen Augenblick auf zu fressen und lauschte. Schon seit einiger Zeit hallte die Schlucht wider vom Brüllen dieser Löwen, und Chui war klug genug, das Gebiet zu meiden. Sie konnte der Bedrohung durch die Paviane nicht ausweichen, indem sie mit ihren Jungen in die Leopardenschlucht umzog.

Es war Anfang November, und die kurze Regenzeit, die normalerweise Mitte Oktober begann, ließ immer noch auf sich warten. Es gab allerdings jetzt vielversprechende Anzeichen, und jeden Nachmittag ballten sich in der Hitze dichte Wolken zusammen. Im Westen fiel der Regen bereits in Strömen und zog die wilden Tiere aus den trockeneren Gebieten an, die auf das frische Gras warteten, das dort innerhalb von Stunden sprießen würde.

Windböen rüttelten an den uralten Feigenbäumen auf dem Hügel, so daß die welken Blätter in die Luft gewirbelt wurden und auf den felsigen Boden fielen. Und dann kam endlich der lang ersehnte Regen.

Chui richtete sich auf und blickte über das Land, vor dem der Nebel wie ein feiner Schleier lag. Als sie sicher war, daß weder eine leichte Beute in Sicht war noch eine Gefahr drohte, kletterte sie nach unten und stieß gleichzeitig leise Rufe aus. Als die Jungen sich nicht zeigten, ging Chui um die Felsbrocken herum und schnüffelte, um ihre Witterung aufzunehmen. Sie rief noch einmal, und diesmal kamen zwei aufgeregte Junge aus der Höhle gerannt, in der sie geschlafen hatten. Dunkel knabberte sofort an Mutters Fersen, während Hell unter ihrem Bauch und zwischen ihren Vorderbeinen hin und her lief.

Chui beachtete den Regen nicht, sondern setzte sich an einen Felsblock, ließ die beiden säugen und strich hin und wieder mit der Zunge ihr nasses Fell glatt. Als sie nach Osten schaute, sah sie, daß die Warzenschweine wieder in der Nähe der Stelle ästen, an der sie das Ferkel geschlagen hatte. Chui hatte sie schon zuvor beobachtet und reagierte jetzt blitzschnell und lief über den Hügelkamm. Aber diesmal wurde sie von einem Antilopenmännchen entdeckt, das sofort einen nasalen Warnschrei ausstieß. Die Schweine blickten hoch, als sie die deutliche Warnung der Antilope hörten, und drehten sich in die Richtung, in die die Antilope sah. Einen Augenblick standen sich das geduckte Raubtier und seine Beutetiere Auge in Auge gegenüber, dann drehten sich die Warzenschweine um und rannten weg. Chui richtete sich wieder auf und signalisierte damit, daß sie das Interesse an den Schweinen verloren hatte, denn sie waren zu weit weg, als daß sich eine Jagd gelohnt hätte. Nachdem jetzt auch alle anderen Beutetiere vor ihr gewarnt waren, blieb Chui nichts anderes übrig, als wieder zu ihren wartenden Jungen zurückzukehren.

Chui war eine ausgezeichnete Mutter und reagierte immer sehr fürsorglich, wenn ihre Jungen sich in eine möglicherweise gefährliche Lage begeben hatten. Als sie in der Leopardenschlucht ihren ersten Wurf aufzog, konnte ich sie einmal beobachten, wie sie blitzschnell von einem Feigenbaum heruntergeklettert war, um die Jungen wieder in Sicherheit zu bringen, nachdem sie sich, auf der Suche nach ihr, offen gezeigt hatten.

Mit jedem Tag, der verging, reagierten Hell und Dunkel selbstbewußter auf die verschiedenen Reize in ihrer Umwelt: auf das Zwitschern der Vögel, die Bewegungen anderer Tiere oder auf drohende Gefahr. Früher waren sie vor jedem unbekannten Objekt, das sich ihnen genähert hatte, davongelaufen. Inzwischen hatten sie gelernt, dem Leben differenzierter zu begegnen.

Chui paßte sich an die Entwicklung ihrer Jungen an, indem sie sie nicht mehr nur bei den Felsen in unmittelbarer Nähe des Feigenbaums herumlaufen ließ. Sie ermutigte sie jetzt, sie auf ihren Spaziergängen zu begleiten, während sie sich vorsichtig schnuppernd einen Weg über den Hügelkamm suchte. Doch es kam immer mal wieder vor, daß die Jungen bewiesen, wie verletzlich sie ohne den Schutz der Mutter waren. Als Hell sich verlaufen hatte und unterhalb eines Felsens, auf dem Chui und Dunkel sich ausruhten, saß, miaute er kläglich; das war seine übliche Reaktion, wenn er sich unsicher fühlte. Chui ermunterte ihn mit einem heiseren Ruf, wieder zu ihr zu kommen. Aber die steilen Wände des Felsens, die rund um die Höhlen der Jungen lagen, waren zu hoch für Hell, und er wußte nicht, was er machen sollte. Schließlich lösten Chui und Dunkel das Problem, indem sie zu ihm hinunterkletterten. Hell lief sofort zu seiner Mutter, die sich auf den Rücken rollte, ihr Junges an die Brust nahm und ihn spielerisch umarmte.

Es wird berichtet, daß Leoparden ihre Jungen alle paar Tage in ein neues Versteck bringen. Je länger eine Leopardenmutter ihre Jungen an einem bestimmten Platz läßt, um so größer ist die Gefahr, daß ein Löwe, eine Hyäne oder sogar ein Leopardenmännchen sie auf der Beutesuche entdeckt und tötet. Auch Schakale, Paviane, Pythonschlangen und große Adler können kleine Leoparden töten, wenn sie sie ungeschützt finden. Obwohl die Leopardenmutter ihre Jungen, solange sie noch ganz klein sind, peinlich sauber hält, können sie von diesen Räubern durch bestimmte verräterische Gerüche und durch Kadaverreste aufgespürt werden.

Alle Jungen, ob nun Leoparden, Löwen oder Geparden, durchlaufen eine schwierige Phase, wenn sie beginnen, der Mutter zu folgen. In dieser kritischen Zeit ist ihre Sterblichkeitsrate ziemlich hoch. Eine Löwin bringt ihren Jungen keine Nahrung in das Versteck, so wie Chui und die Mara-Büffel-Leopardin das tun. Die Löwenjungen bleiben bis zum Alter von sechs bis acht Wochen in ihrem Versteck und sind dann beweglich genug, um zu der Beute geführt und nach und nach in das Rudel der Mutter aufgenommen zu werden. Aber die Löwenjungen sind trotz der schützenden Anwesenheit der Mutter und trotz der zusätzlichen Sicherheit, die das Rudel gewährt, immer noch gefährdet. Es kommt vor, daß eine Löwin eine bestimmte Situation falsch einschätzt und sich plötzlich fremden Löwen oder einem Rudel aggressiver Hyänen gegenübersieht. Es ist ein erbarmungswürdiger Anblick, wenn man zusehen muß, wie eine verängstigte Mutter, die einen sicheren Platz aufsuchen muß, mit einem Jungen im Maul wegrennt, während zwei oder drei erschreckte Junge hinter ihr herlaufen und verzweifelt versuchen, mit ihr Schritt zu halten. Sobald die Gepardenjungen acht Wochen alt sind, brauchen sie keine feste Wohnung mehr, sondern führen ein Nomadenleben und folgen ihrer Mutter von einer Futterstelle zur anderen und schlafen dort, wo sie abends gerade sind.

Die Tatsache, daß die lange Regenzeit früher im Jahr ausgeblieben war und die kurze Regenzeit nur aus ein paar Gewitterschauern bestanden hatte, bereitete Chui große Sorgen, und auch die Pflanzenfresser hatten unter dem dadurch entstandenen Mangel an Pflanzen gelitten. Da das Gras und die Büsche jetzt kahl waren, gab es für einen Leoparden und seine Jungen kaum noch eine Möglichkeit, sich zu verbergen. Die Dunkelheit würde noch einen gewissen Schutz bieten, doch nur wenige Plätze waren so sicher wie die Höhlen am Feigenbaumhügel; jedenfalls solange die jungen Leoparden noch nicht in der Lage waren, schnell auf dem nächsten Baum zu verschwinden.

Um alles noch schlimmer zu machen, hatte die Löwin, der Chui vor vier Monaten so sorgfältig aus dem Weg gegangen war, selbst in einer Höhle nahe der Stelle, an der Chui sie gesehen hatte, zwei Junge zur Welt gebracht.

Gelegentlich begegnete ich der Löwin, die im Gras ihre beiden winzigen Jungen säugte, oder ich hielt an, um die beiden stolzen Männchen zu fotografieren, die im strahlenden Morgenrot wie Sphinxstatuen auf einem Felsvorsprung lagen. Bei einer anderen Gelegenheit beobachtete ich, wie das ganze Rudel von dem frischen Kadaver eines riesigen Büffelbullen fraß, den sie in der Nacht getötet hatten. Solange die Löwen es vorzogen, in der Leopardenschlucht zu bleiben, war der Feigenbaumhügel ein bedeutend sicherer Platz für Chui und ihre Jungen.

Als ich anfangs versucht hatte, die Entwicklung von Chuis Jungen zu verfolgen, hatte es lange Perioden gegeben, in denen die mißtrauischen jungen Leoparden sich in den Höhlen verborgen hielten. Wenn Chui nicht da war, wußte ich nicht einmal, ob sie die Jungen in der Nacht womöglich an einen anderen Platz gebracht hatte. Es gab sogar Tage, an denen Chui sich überhaupt nicht sehen ließ – möglicherweise um unnötigen Konflikten mit den Pavianen aus dem Weg zu gehen, die tagsüber unterwegs waren. Sie kehrte erst dann zurück, wenn es dunkel war, säugte ihre Jungen oder legte ihnen ein kleines Beutetier oder den

Rest eines Kadavers vor, den sie selbst schon teilweise gefressen hatte.

An den Tagen, an denen Hell und Dunkel länger schliefen als gewöhnlich, oder an denen Chui nicht da war, zog ich weiter, um zu sehen, was sich an den Büffelfelsen der Mara tat: Dort befanden sich die andere Leopardin und ihre beiden zehn Monate alten Jungen. Dazu fuhr ich acht Kilometer weit nach Osten durch eine wunderschöne Landschaft, die zum größten Teil gutes Leopardenland war. Auf dem Weg dorthin betrachtete ich die Luggas und das Dickicht in der Umgebung ganz genau, weil ich hoffte, einen männlichen Leoparden oder womöglich sogar Chui zu finden, die nicht bei ihren Jungen war.

Am schnellsten kam man zu den Mara-Büffelfelsen, wenn man dem schmalen, steinigen Autoweg folgte, der über den Feigenbaumhügel führte, und dann östlich in Richtung Leoparden-Lugga bis zur Schlucht fuhr. Von da aus führte der Pfad weiter durch ein Akaziendickicht, das sich dann allmählich in eine sanft gewellte Ebene öffnete. Nördlich des Pfades erstreckte sich von Westen nach Osten eine felsige Hügelkette, die mit Dornbüschen und Wolfsmilchbäumen bewachsen war. Am Fuß dieser niedrigen Hügelkette zogen sich verschiedene Waldstücke hin, die jedem Leoparden, der hier lebte, bei seinen Jagdausflügen am Rand der Ebene ausgezeichnete Deckung boten. An dieser Hügelkette fand ich die Mara-Büffel-Leopardin und ihre beiden Jungen.

Nachdem die Fahrer aus den verschiedenen Zeltlagern begriffen hatten, daß man dort mit einer gewissen Regelmäßigkeit auf Leoparden traf, waren sie, genau wie ich, froh, wenn sie die lange Fahrt zu den Mara-Büffelfelsen machen konnten. Sie wußten genau, daß sie wahrscheinlich nie eine bessere Gelegenheit bekommen würden, ihren Klienten einen Leoparden zu zeigen. Und so dauerte es nicht lange, da hatte es sich auch in Nairobi herumgesprochen, daß die Mara wieder ein guter Platz war, um Leoparden zu besichtigen. Leute strömten in die Camps und Hütten und verkündeten: »Wir sind gekommen, um die Leoparden zu sehen.« Ausflugswagen aus anderen Teilen des Mara-Reservats machten spezielle Wildbesichtigungsfahrten. Sie kamen zum Teil von weit her: aus der Serena-Lodge, aus dem Feigenbaum-Camp oder sogar aus der Keekorok-Lodge, die achtzig Kilometer entfernt ist. Ich erhielt sogar einen Brief von einem Kollegen aus Australien, der gleichfalls Leopardenfan war und fragte, wann er kommen könne, um die Tiere zu fotografieren.

Man bekam jetzt häufiger Leoparden zu Gesicht als Geparden. Die Seite, die im Gästebuch für das Sichten von Leoparden reserviert war, sah inzwischen nicht mehr so leer aus. Für die Besucher, die besonders viel Glück hatten, gab es nun die einmalige Möglichkeit, beide Leopardenfamilien auf einer Fahrt zu sehen – sechs Leoparden! Das war zwar für die Besucher eine phantastische Sache, aber nicht unbedingt für die Leoparden.

Das Mara-Büffel-Weibchen war den Leuten zum erstenmal aufgefallen, als es sich Ende September 1982 in der Nähe des Mara-Büffelfelsens gepaart hatte. Drei Monate später brachte sie ihre Jungen in einer tiefen Felsspalte zur Welt, die fünfzehn Meter von der Haupthöhle entfernt war, in der sie sich jetzt tagsüber mit ihren Jungen am liebsten aufhielt.

Die Leoparden waren aber keineswegs die einzigen,

die solch eine sichere Umgebung bevorzugten. Sie mußten sie mit Klippschliefern, Mungos und Agamen teilen. Dicht am Fuß eines der beiden riesigen Felsblöcke, die die Höhle des Leoparden bildeten, lag ein Hyänenbau, der gelegentlich vom Knurren und Kichern seiner Bewohner widerhallte. Aber der senkrechte Spalt, durch den man in die Höhle gelangte, war nur durch einen athletischen Sprung vom Boden aus zu erreichen. Ein solcher Sprung war für eine Hyäne unmöglich – trotzdem versuchten sie es hin und wieder.

Das Mara-Büffel-Leopardenweibchen war anders als Chui. Bei ihren Ausflügen von und zu der Höhle war sie bedeutend scheuer, und wenn die Leute versuchten, näher heranzukommen, was unweigerlich passierte, war sie plötzlich ganz einfach verschwunden. In der Regel lag sie ab sieben Uhr morgens in ihrem sicheren Versteck, obwohl sie sich manchmal länger draußen aufhielt, herumschnüffelte, Büsche und Felsen markierte oder sich in den dichten, dunklen Durchgängen unter den Crotonbüschen am Westrand der Felsen verbarg. Normalerweise tauchte sie nicht vor sechs Uhr abends auf, meistens später, doch wurde sie immer von dem unwiderstehlichen Drang erfaßt loszuziehen, sobald es dunkel wurde, weil das die Zeit war, in der die am Tage lebenden Beutetiere am verletzlichsten waren. Wenn sie sich nicht über Gebühr gestört fühlte, was ganz selten der Fall war, gönnte sie uns den Genuß, sie in ihrer ganzen Eleganz bewundern zu können, indem sie die Höhle verließ und sich ruhig in die Büsche oben auf die Felsen legte, von wo aus sie die Aktivitäten der anderen Tiere um sie herum beobachten konnte. Das waren unvergeßliche Augenblicke. Wenn sich die Gelegenheit bot, jagte sie, wie Chui, auch tagsüber.

Dreißig Meter neben der Höhle befand sich ein schmaler Waldstreifen, der sich nach Osten hin über anderthalb Kilometer weit erstreckte und dem Kamm des Hügellandes folgte. Dort wuchsen die gleichen Bäume wie in Kampi ya Chui: hauptsächlich *Euclea divinorum* und *Diospyros abyssinica*. Eine große Pavianhorde schlief häufig in diesen Bäumen. Sie verließ dann morgens den Wald und schwärmte auf Nahrungssuche aus. Oft kamen zwei oder drei große Männchen zu den Felsen, um nachzusehen, ob Leoparden in der Nähe waren. Genau wie die Feigenbaumhorde kannten auch sie nur zu gut die Stellen in ihrem Revier, an denen Gefahr drohte, und sie nahmen jede Gelegenheit wahr, die Leopardin und ihre Jungen zu schikanieren. Wenn sie sicher waren, daß es zu keiner Konfrontation kommen würde, zogen sie weiter.

Hin und wieder entdeckte ein Mitglied der Horde eins der Leopardenjungen zwischen den Felsen oder unter einem Busch. Dann konnte man die drohenden, bellenden Warnrufe hören, und die Leoparden brachten sich blitzschnell in der Höhle in Sicherheit, wobei sie manchmal von einem oder mehreren der Männchen verfolgt wurden. Sie hatten schon sehr früh gelernt, daß die Paviane zu ihren gefährlichsten Feinden zählten und ein Leopardenjunges in Stücke reißen konnten, wenn sie Gelegenheit dazu hatten.

Beide Leopardenfamilien wurden außerdem mit einem Problem konfrontiert, das nichts mit den natürlichen Bedingungen zu tun hatte. Die Gegend, in der ihr Felsenversteck lag, war sowohl von oben als auch von unten für Autos gut zugänglich. In anderen, weniger regenarmen Jahren hätte ein grasbewachsener Stein so manche Ölwanne und so manches Getriebegehäuse zerstört und so die Eindringlinge bestraft. Statt dessen entstanden zum Leidwesen der Leoparden sehr bald gut sichtbare Wagenspuren, so daß sie praktisch von allen Seiten eingekreist werden konnten. Manchmal drängten sich mehr als zwanzig Wagen um die Mara-Büffelfelsen herum. Als Chuis Junge ihre Aktivitäten mehr nach draußen verlagerten, waren sie dem gleichen Druck ausgesetzt.

Das Problem der Konzentration des Autoverkehrs in den Gebieten, in denen sich Raubtiere befinden, und mit dem die Naturparks und Reservate in Kenia konfrontiert werden, ist nicht neu. Die Leitung des Amboseli-Nationalparks am Fuß des Kilimandscharo schlägt sich schon seit Jahren damit herum. Das Problem ist durchaus nicht leicht zu lösen und verlangt ein hohes Maß an Kooperationsbereitschaft von seiten der Fahrer, die die Touren veranstalten, und ihrer Klienten einerseits und den Leuten, die versuchen, die Situation unter Kontrolle zu behalten, andererseits. Aber die meisten Menschen haben es nicht gern, wenn sie gegängelt werden, und die Fahrer haben ein verständliches Interesse daran, ihre Klienten zufriedenzustellen.

Die Raubtiere sind die Hauptattraktion des Amboseli-Nationalparks und der Masai Mara. Die 75 000 Leute, die inzwischen die Mara jährlich besuchen, wollen verständlicherweise das Beste aus der begrenzten Zeit herausholen, die ihnen für die Safari zur Verfügung steht. Viele von ihnen machen eine solche Reise nur einmal in ihrem Leben. Aber Touristen, die in keiner Weise kontrolliert werden, können unter

Umständen außerordentlich unerwünschte Wirkungen auslösen, wie die folgenden beiden Vorfälle, an denen Mara-Leoparden beteiligt waren, illustrieren.

Am 3. August 1983 fuhren sieben Touristen früh morgens auf eine Safari in die Ebenen, die im Norden des Mara-Reservats liegen. Sie fuhren mit einem Wagen aus einem der Zeltlager im Konvoi und genossen den Anblick der vielen wilden Tiere, die in der Ebene grasten: Zebrafamilien, Gnuherden und kleine Topigruppen und eine große Zahl zierlicher Gazellen. Doch die Chance, eines der zahlreichen Raubtiere der Mara zu Gesicht zu bekommen, verlieh dieser Tierbeobachtung erst den besonderen Reiz.

Allerdings löst kein anderes Tier sowohl bei den Touristen als auch bei den Fahrern eine so große Aufregung aus wie ein Leopard. Und so war es auch an diesem Morgen, als die beiden Wagen überraschend auf ein großes wanderndes Männchen stießen. Als die Autos näher kamen, flüchtete der Leopard in die nächsten Büsche, ein alleinstehendes Dickicht in der weiten offenen Ebene.

Wenn ein Leopard gesund ist und man ihn in Ruhe läßt, ist er ein scheues, zurückgezogenes Tier, das große Angst vor Menschen hat. Wird er mit Menschen konfrontiert, bringt er sich normalerweise sofort in Sicherheit. Aber wenn er verletzt ist oder in die Enge getrieben wird und keine Fluchtmöglichkeit mehr sieht, wird aus ihm ein mächtiger Widersacher, der gefährlicher sein kann als ein Kapbüffel. Ein gereizter Leopard ist der Inbegriff von Wildheit, eine perfekte Killermaschine. Er kann seine gesamte Energie für einen blitzschnellen Angriff auf kurze Distanz einsetzen.

Die Wagen fuhren schnell weiter, während die Insassen sich bemühten, einen Blick auf die verängstigte Katze zu erhaschen. Plötzlich stürmte der Leopard aus seinem Versteck hervor, griff den Wagen an, der ihm am nächsten war, sprang hoch und krallte sich an der Seite des offenen Toyota-Landcruisers fest. Glücklicherweise reagierte der Fahrer schnell und gut, er zog eine Gummisandale aus und schlug dem Tier damit auf die Pranken.

Der Leopard fiel zu Boden und lief sofort weiter ins offene Land. Anstatt den Leoparden jetzt in Ruhe zu lassen und ihm Gelegenheit zu bieten, sich einen sicheren Platz zu suchen, blieb der Wagen ihm weiter auf den Fersen. Der Fahrer warnte seine Fahrgäste, sie sollten nicht aufstehen, da die Gefahr bestand, daß der Leopard noch einmal angriff.

Unter den Passagieren befand sich eine Frau mittleren Alters, die zum erstenmal in Afrika war. Sie saß auf der Sitzbank direkt hinter dem Fahrer zwischen ihrer Schwester und einem Jungen, der neben der Fensteröffnung an der Seite des Geländewagens kauerte, die der Leopard jetzt angriff. Die Frau beugte sich unvorsichtigerweise zum Fenster hinüber und versuchte, das wütende Tier zu fotografieren. Der Fahrer gab Gas, um dem angreifenden Leoparden zu entkommen. Aber es war zu spät.

Wahrscheinlich hatte die Frau Glück, daß sie ihre Kamera vor dem Gesicht hatte, denn diese schützte sie zweifellos vor noch schlimmeren Verletzungen. Der Leopard sprang auf den Wagen zu und konzentrierte sich dabei auf die Frau, biß sie in den Ellbogen und umfaßte sie mit den Pranken. Mit der einen riß er ihren Unterarm am Handgelenk auf, so daß die Sehnen offenlagen, die andere schlug er ihr in Rücken und

Schulter und hinterließ dort tiefe Kratzwunden, obwohl ihre Kleidung das Schlimmste verhinderte. Während der Leopard die Frau übel zurichtete. stand er mit allen vier Beinen auf dem Jungen, der dabei lediglich eine Schramme abbekam.

Der Leopard veränderte jetzt seine Stellung und versuchte, die Frau aus dem Wagen zu ziehen. Die Männer, die hinter ihr saßen, bemühten sich vergeblich, den Leoparden mit Fußtritten daran zu hindern, und hielten die Frau mit aller Kraft an den Beinen fest. Schreckliche Sekunden vergingen, die allen wie eine Ewigkeit vorkamen, dann beendete der Fahrer das Ganze, indem er dem Leoparden mutig seine Baskenmütze über die Augen zog, woraufhin dieser die Frau losließ, die er vorher wie ein Schraubstock festgehalten hatte. Noch ein letztes Drücken und Schieben, dann kehrte der Leopard wieder in die Wildnis zurück.

Im Camp wurde die Frau notdürftig von einem Arzt und dem Manager medizinisch versorgt, bevor man sie mit einem Flugzeug des ›Flying Doctors Service‹ nach Nairobi brachte. Sie mußte ein paar Tage im Krankenhaus bleiben, wurde dann entlassen und erholte sich an der Küste. Ihre nächste Reise nach Kenia hatte sie schon für den Dezember 1983 geplant!

Ein Vorfall aus jüngerer Zeit ging nicht so gut aus, jedenfalls nicht für den Leoparden.

Eines Morgens sichteten ein paar Wagen in der Nähe des Governor's Camp ein Leopardenmännchen. Das Tier war den Fahrern unbekannt und hatte offensichtlich keine Erfahrung mit Autos, die dicht an ihm vorbeifuhren. Unter normalen Umständen verlassen junge Leopardenmännchen die Mutter und suchen sich ein eigenes Revier, das in den meisten Fällen weit von ihrem Geburtsort entfernt ist. Deshalb stammten viele der männlichen Mara-Leoparden aus Gegenden, in denen sie – anders als Chui – keine Gelegenheit gehabt hatten, sich an Autos zu gewöhnen. Erwachsene Leoparden leben zurückgezogen und sind viel weniger bereit, sich an eine neue Situation anzupassen als die neugierigen, toleranten und seßhaften Jungen. Sie sind auch nicht so lange an einen Ort gebunden, wie es bei Chui und dem anderen Mara-Büffel-Leopardenweibchen zur Zeit der Fall war.

Aufgeregt verfolgten die Fahrer das Tier, das am Rand der Lugga entlang flüchtete. Unglücklicherweise hatten auch ein paar Löwen aus dem Paradiesrudel den Leoparden entdeckt und jagten hinter ihm her.

Wenn ein Leopard mit Menschen oder Autos konfrontiert ist, würde er sich nie auf einen Baum flüchten. Als aber die beiden Paradies-Löwen auf ihn zuliefen, blieb ihm keine andere Wahl, als sich auf den nächsten Baum zu retten. Die Autos hatten sich blitzschnell um den erregten Leoparden versammelt, der dadurch sichtlich in Panik geriet und die Fahrgäste anfauchte und anknurrte.

Da sie den Leoparden dort nicht mehr erreichen konnten, verloren die Löwen das Interesse und ließen sich in fünfzig Metern Entfernung im Schatten einiger Büsche nieder und ruhten sich aus. Kurz darauf floh der verängstigte Leopard vor den Autos und rannte dorthin, wo die Löwen lagen. Sie warteten schon auf ihn. Zwei der Löwenmännchen nahmen ihn in die Mitte, als er direkt auf einen der beiden zulief. Die Löwen griffen den Leoparden auf die gleiche Weise an, wie sie auch einen fremden Löwen angreifen würden. Der Leopard schlug verzweifelt mit den Krallen ins Gesicht des einen Löwen, während das Maul des großen Raubtiers sich um seine Kehle schloß. Das zweite Löwenmännchen griff den Leoparden von hinten an und biß ihn in den unteren Teil des Rückgrats. Es dauerte nur Sekunden, und alles war vorbei.

Jetzt kam ein dritter Löwe und beschnupperte den toten Leoparden, fletschte die Zähne und verzog das Gesicht. Das ist die typische Reaktion, wenn die Beute einen eigenartigen Geruch hat. Dann kam eine Löwin mit ihrem zehn Monate alten Jungen. Das Weibchen riß das Fell am Bauch des Leoparden auf und legte das Fleisch bloß. Das Junge leckte daran. Aber wie in den meisten Fällen, verschmähen die Löwen auch in diesem Fall das Fleisch eines verwandten Raubtiers.

So also war ein Leopard, der es bis ins Erwachsenenalter geschafft hatte, in einem Gebiet mit der dichtesten Löwenpopulation in ganz Afrika zu überleben, und der durch Erfahrung gelernt hatte, wie er diesen großen Raubtieren am besten aus dem Weg gehen konnte, in eine ausweglose Situation gedrängt worden, die er normalerweise um jeden Preis vermieden hätte.

Raubtiere stehen bestenfalls in einer kritischen Beziehung zueinander, denn zwischen ihnen herrscht ständig ein harter Konkurrenzkampf. Löwen haben schon immer Leoparden getötet, ganz gleich wie alt oder groß sie waren. Umgekehrt töten und fressen Leoparden Löwenjunge, wenn sie sie schutzlos antreffen. Dies aber war ein sinnloser Tod, der nichts mit den Gesetzen der Natur zu tun hatte. Für die Touristen war der Nervenkitzel, einen leibhaftigen Leoparden sehen zu können, der Erkenntnis gewichen, daß ihre Anwesenheit unmittelbar für das brutale Töten verantwortlich war, dessen Zeugen sie gerade geworden waren.

Ganz gleich, ob solche Vorfälle auf einen Mangel an Erfahrung, auf Nervosität oder falsch verstandene Loyalität den Klienten oder deren Trinkgeld gegenüber zurückzuführen sind, in jedem Fall müßten die Fahrer besser kontrolliert werden, vor allem in der Mara, wo es üblich ist, querfeldein zu fahren, und die Tiere von den Autos eingekreist werden können. Schließlich gebührt dem Leben der wilden Tiere absoluter Schutz, während die Besucher nur privilegierte Zuschauer sind.

Manche Leute behaupten, die Tiere würden sich mit der Zeit an die ständige Anwesenheit der Autos gewöhnen, so daß man dann nahe an sie heranfahren könne, um gute Fotos zu schießen. Wenn diese Leute ein bißchen mehr Geduld hätten und sich den Tieren behutsam und so leise wie möglich näherten, würden sie den Tieren das Leben erheblich angenehmer machen.

Von den drei großen Raubkatzen Afrikas reagiert der Löwe am wenigsten empfindlich auf die Anwesenheit von Autos und der Gepard äußerst empfindlich. Im Gegensatz zu den Geparden können Leoparden ausschließlich als Nachttiere überleben, wenn sie nicht über Gebühr gestört werden. Die Sache wird allerdings komplizierter, wenn sie Junge haben und in ihrem Revier kaum noch Unterschlupfmöglichkeiten finden. Dann kann es vorkommen, daß der Leopard an einen Platz gefesselt ist, wie es bei Chui und der Mara-Büffel-Leopardin der Fall war.

Wenn sich der Konflikt zwischen Mensch und Leopard weiter zuspitzt, hängt das Überleben der Leoparden allein von solchen geschützten Reservaten wie der Mara ab.

Die löblichen Schritte, die die Regierung von Kenia unternommen hat, um das Leben der wilden Tiere zu retten, haben zweifellos bewirkt, daß sich die Leoparden in den letzten Jahren in Kenia wieder vermehrt haben. Die Massai Mara ist dadurch zu einem der größten Fotosafari-Gebiete Afrikas geworden. Es wäre schade, wenn dieser Erfolg in irgendeiner Weise in Frage gestellt würde.

Viele ältere und erfahrenere Wildhüter und Fahrer wie zum Beispiel Sigera, der Cheffahrer des Governor's Camp, die noch die mageren Jahre erlebt haben, in denen man nur selten einen Leoparden erblickte, taten was sie konnten, um ihren Einfluß auf die weniger verantwortungsbewußten Leute geltend zu machen. Joseph schüttelte bei seinen Besuchen nur den Kopf und hob verzweifelt die Hände. Es machte mich ganz krank, wenn ich zusehen mußte, wie eine Leopardenmutter die Autos anfauchte und manchmal sogar so weit gebracht wurde, daß sie einen Wagen angriff. Ich wünschte mir sehr bald, die Leoparden würden sich ganz einfach nicht mehr sehen lassen.

Chuis Rivalen

Nachdem Chui sich um ihre Jungen gekümmert hatte, machte sie sich auf den Weg über den Hügelkamm nach Westen und erregte sofort die Aufmerksamkeit der blutsaugenden Tsetsefliegen. Als der Leopard sich auf Sichtweite näherte, unterbrach eine Gruppe von Meerkatzen ihre Mahlzeit in den Akazienbüschen hundert Meter weiter südlich und stieß laute, stotternde Warnrufe aus. Daraufhin tauchte auf dem Hügelkamm eine einsame Hyäne auf, die den Oberschenkelknochen einer Giraffe im Maul trug.

Die tapferen Versuche der Giraffe, ihr Junges zu retten, waren erfolglos gewesen. Immer wieder hatte sie die Hyänen angegriffen, die ihr verletztes Kalb umzingelt hatten. Aber schnell kamen immer mehr Mitglieder des Klans, die schon von weitem das Schreien und Kichern gehört hatten, von ihren Ruheplätzen zwischen den Felshöhlen auf dem Feigenbaum-Hügelkamm und den Crotonbüschen mit den orangefarbenen Blättern am Fuße des nahegelegenen Hügels herbeigelaufen. Immer wenn die Giraffe sich einer Hyäne zuwandte, bissen und zerrten die anderen an dem hilflosen Jungen, das seine Hinterbeine nach einem Unfall, der sich wenige Tage nach seiner Geburt ereignet hatte, hinter sich herzog.

Das Ende war unvermeidlich. Schreien, Knurren und Kichern vermischten sich zu einer schrecklichen Kakophonie der wimmelnden Körper, die an dem blutigen Kadaver zerrten. Hin und wieder hob eine Hyäne den Kopf, spitzte die großen Ohren, öffnete das Maul, bleckte ihre mächtigen, knochenbrechenden Eckzähne und hielt nervös Ausschau, ob sich von irgendwoher eine Gefahr näherte. Bevor die Geier sich im Sturzflug über die Beute hermachen konnten, war der Kadaver in seine Einzelteile zerlegt.

Hyänen sind Tiere mit zweifelhafter Abstammung, die am engsten mit den Katzen und Mungos verwandt sind, aber den Lebensstil von Hunden übernommen haben. Sie töten ihre Beute nicht wie Katzen, die ihr Opfer beißen und erdrosseln. Hyänen haben keinen speziellen Tötungsbiß entwickelt, obwohl sie die stärksten Kiefer aller fleischfressenden Tiere Afrikas besitzen. Statt dessen fressen sie während des Tötens; kein besonders schöner Anblick, aber eine sehr wirkungsvolle Art, die Beute zu beseitigen. Sie versuchen den anderen Mitgliedern des Klans ihren Anteil streitig zu machen, indem sie möglichst schnell ganze Stücke, die sie aus dem Beutetier herausreißen, hinunterschlucken. Aber sie kämpfen nicht miteinander, wie das die Löwen tun. Hyänen können bei einer Mahlzeit ein Drittel ihres Körpergewichts vertilgen, und ihre großen Nackenmuskeln und gut entwickelten Vorderläufe entsprechen perfekt ihrem Tötungsstil und eignen sich außerordentlich gut, Stücke des Beutetiers wegzutragen, die sie dann später an einem anderen Ort ungestört verzehren können.

Chui hatte Geräusche gehört, die den Hügelklan bei seinem Tun begleitet hatten, aber sie war mehr daran interessiert, selbst Beute zu machen. Als die

Hyäne die Leopardin sah, blieb sie einen Augenblick lang stehen und galoppierte dann blitzschnell davon. Aber es war nicht etwa Chui, von der sie verfolgt wurde, sondern zwei andere Mitglieder des Hyänenklans, die ihr den Knochen abjagen wollten.

Auf ihren vorsichtigen Entdeckungsreisen in der Umgebung ihrer Höhle hatten Hell und Dunkel zwischen den Felsen, die in der Nähe ihres Geburtsplatzes lagen, ein Labyrinth von Verstecken entdeckt. Nur wenige Meter von der jeweiligen Stelle entfernt, an der sie gerade spielten, gab es immer eine sichere Zuflucht, und sie konnten sich inzwischen schon überraschend schnell dorthin zurückziehen, wenn es nötig war.

Wieder machte der schlanke Mungo seine täglichen Runden. Diesmal konnte er allerdings das Innere der Höhle der Jungen ungehindert inspizieren. Die Leopardenjungen hatten sie vorübergehend verlassen, so daß er sie gefahrlos betreten konnte. Nachdem er sich vergewissert hatte, daß keine Futterreste mehr vorhanden waren, blieb der Mungo noch einen Augenblick stehen und beobachtete die spielenden Leopardenjungen, bevor er seinen Weg fortsetzte.

Es war wieder einer jener unangenehm windigen Tage, und am Nachmittag türmten sich die Wolken hoch auf und drückten die heiße Luft auf die Erde nieder. Kurz nach vier Uhr tauchten die Jungen auf, sie sahen verschlafen aus und ihr Fell war struppig. Ihr neuester Ruheplatz befand sich in einer tiefen Furche neben einem Haufen flacher Felsbrocken, an den ein Stück Land grenzte, auf dem hohes Gras wuchs. Ein kleiner Tunnel lief unter einem der Felsen her, gerade groß genug, daß sich zwei kleine Leoparden darin verstecken konnten. Jetzt balgten sie sich freundschaftlich im Gras und bissen sich gegenseitig, ohne sich weh zu tun; sie fühlten sich geborgen in ihrer geheimnisvollen grünen Welt.

Gegen fünf Uhr war es ein paar Sonnenstrahlen gelungen, die graue Wolkendecke zu durchdringen, und sie schienen auf die Jungen. Allmählich wurde ihr Spiel, obwohl Chui noch nicht zurückgekehrt war, lebhafter.

Die Jungen verlagerten ihre Aufmerksamkeit auf ein Dickicht am Fuß des Feigenbaums, das mit seinen Blättern und Zweigen wie ein Schutzwall wirkte. Es war etwa drei Meter hoch und würde den jungen Leoparden eines Tages als Leiter dienen, über die sie die luftige Domäne ihrer Mutter erreichen konnten. Es würde nicht mehr lange dauern, bis Hell und Dunkel sich an dem dicken Stamm von Chuis Feigenbaum hochhangeln würden.

Nach Anbruch der Nacht kam Chui zu ihren Jungen zurück, nachdem sie ohne Erfolg entlang der Dikdik-Lugga am Ende des Hügelkamms gejagt hatte. Als es am nächsten Morgen hell wurde, lag sie schläfrig auf dem obersten Felsen.

Dann kletterte sie auf den Feigenbaum und beobachtete gespannt eine Antilopenherde, die unter den Dornbüschen im Norden graste. Es war ein trüber, verhangener Tag: der Himmel war grau, und ein kühler Wind rauschte in den Blättern des Feigenbaums.

Chui kletterte nach unten und saß einen Augenblick lang auf dem Top Rock und blickte über das Land. Sie sah wie eine Katzenstatue aus. Plötzlich war sie auf den Beinen, sie reagierte auf den unwiderstehlichen Anblick einer weiteren Warzenschweinherde, die arglos von den Büschen zum Feigenbaumhügel zurücktrottete.

Chui nahm die Verfolgung auf und wurde dabei sofort von zwei Kleinbussen begleitet, die sie beobachtet hatten. Die Fahrzeuge rumpelten geräuschvoll über den felsigen Boden, um mit der eleganten, schleichenden Katze Schritt halten zu können, und verscheuchten dadurch eine Büffelherde, die sogleich davonstürmte. Und Chui schaute verwirrt drein, weil ihre geplante Mahlzeit so plötzlich verschwand. Da sie nichts anderes fand, versteckte sie sich im Laub eines nahegelegenen Baumes, der zum Glück zwischen den Felsen stand, die groß genug waren, um die Kleinbusse daran zu hindern, sie weiter zu verfolgen.

Der Baum, den Chui sich ausgesucht hatte, war einer von dreien, die ein Dreieck bildeten und etwa fünfundvierzig Meter voneinander entfernt standen; eine Pappea, ein Wolfsmilchbaum und ein Eleadendron, in dem sie sich jetzt ausruhte. Alle drei waren unterschiedlich groß und hatten eine andere Form, aber jeder von ihnen hatte Chui und anderen Leoparden schon einmal auf verschiedene Weise gedient: als Ruheplatz, als Zufluchtsort und als Speisekammer für Beutetiere, die am Rande des nahegelegenen Dornbuschlandes geschlagen worden waren.

Oft lungerten Hyänen in dem felsigen Teil dieses Gebiets herum. Gewöhnlich lagen sie unter den herunterhängenden Ästen der Gardenienbäume oder unter einem Crotonbusch, der in der Nähe wuchs. Und es bestand immer auch die Möglichkeit, daß sich ein Löwe in diesem Gebiet aufhielt.

Chui hatte sich deutlich sichtbar auf einem dicken Ast direkt unterhalb der dichten Laubkrone des Baums niedergelassen. Er gehörte, ähnlich wie der

Feigenbaum, zu einer Art, die von den Mara-Leoparden bevorzugt wird, weil er dicke Äste hat und dicht belaubt ist. Die Büffelherde hatte sich wieder beruhigt, und die Tiere bildeten einen Halbkreis. Doch als der Wind sich etwas drehte, ließ die Leopardenwitterung die wiederkäuenden Tiere erneut unruhig werden.

Einzeln und zu zweit richteten sich die Büffel auf, und ihre breiten Schnauzen hoben sich kampflustig. Einige der neugierigeren Tiere machten ein paar Schritte nach vorn, der Katzengeruch verblüffte sie. Ihre Nasen wiesen genau in die Richtung, in der der Leopard lag, aber ihre Kuhaugen schienen die Ursache für ihre Unruhe nicht ausmachen zu können.

Schließlich bewegte sich einer der mächtigen Bullen plötzlich ruckartig zur Seite. Das Ergebnis hätte nicht dramatischer sein können, wenn man jeden einzelnen Büffel mit einem glühenden Brandeisen berührt hätte. Wie elektrisiert setzte sich die gesamte Herde gleichzeitig in Bewegung, drehte sich wie eine gut gedrillte Kompanie Soldaten um und schnaubte ängstlich.

Schwärme von Madenhackern stiegen zwitschernd auf, als die Büffelherde davonstob. Nach einigen donnernden Schritten blieb die Herde stehen und drehte sich nochmals zu dem Baum um, der vorübergehend hinter der Staubwolke verschwunden war, die ihre Flucht aufgewirbelt hatte. Die Madenhacker ließen sich wieder nieder und suchten und pickten in den dicken Hautfalten, in den Ohren und Nasenlöchern und allen anderen erreichbaren Teilen der von Zecken befallenen Tiere.

Obwohl Chui sie durch ihre Witterung in Panik versetzt hatte, konnte sie den Büffeln doch in Wirklichkeit nicht gefährlich werden. Ein einzelner Leopard ist nicht in der Lage, einen ausgewachsenen Büffel anzugreifen, der immerhin bis zu dreiviertel Tonnen schwer sein kann. Außerdem haben die Büffel gefährlich spitze Hörner und besitzen genug Kraft, sich und ihre Kälber zu verteidigen: Für Chui gab es bedeutend leichtere Beute. In einer Ausnahmesituation wäre es denkbar, daß sie ein krankes oder sehr kleines Kalb angreifen würde; ansonsten kommt ein Leopard nur als Aasfresser zu einer Büffelmahlzeit, das heißt, wenn er die Reste frißt, die ein anderes Raubtier übriggelassen hat, oder wenn ein Tier an einer Krankheit gestorben ist.

Chuis Aufmerksamkeit hatte sich inzwischen schon auf etwas anderes verlagert. Sie beobachtete eine Gnuherde, die am Rand des felsigen Hügels im Westen der Dikdik-Lugga äste. Aber auch diesmal wurde sie wieder durch die Anwesenheit von Warzenschweinen abgelenkt: zwei ausgewachsene und ein einzelnes Ferkel, die Chui den Rücken zukehrten und sich unter einem kleinen Dornbusch gütlich taten. Sie kletterte von dem Baum herunter und lugte vorsichtig hinter dem Stamm hervor.

Im hellen Tageslicht, ohne schützendes Gebüsch, preßte Chui ihre achtzig Pfund dicht an den Boden, so wie es nur ein Leopard kann, und schlich sich zu einem einzelnen Baumstumpf, der etwa siebzig Meter entfernt war. Es war, als ob ihr Fleisch und ihre Knochen flüssig geworden wären, so perfekt schmiegte sie sich an den Boden und konnte so nicht mehr gesehen werden.

Dann blieb sie plötzlich ohne jeden ersichtlichen Grund stehen, beschnupperte den Boden und wälzte sich auf dem Rücken hin und her. Hatte sie einen Dunghaufen oder irgend etwas entdeckt, das womöglich nach einem sexuellen Duftstoff roch? Ganz gleich, was der Grund war, es war ein eigenartiges Verhalten, das sie plötzlich während des Jagens an den Tag legte.

Obwohl sich Chui ziemlich nahe an die Warzenschweine herangepirscht hatte, war es doch nicht nah genug. Von meiner Position aus sah es so aus, als ob sie nur noch ein paar Meter von den Schweinen entfernt sein könnte, und ich war sicher, daß sie jeden Moment aufspringen und sich auf das Ferkel stürzen würde. Aber die Warzenschweine hatten das Raubtier schließlich gewittert und machten sich aus dem Staub, wobei das einzige überlebende Ferkel vor ihnen herlief.

Chui ging heim zu ihren Jungen. Einmal legte sie eine kurze Pause ein und schaute von der Spitze eines riesigen kahlen Termitenhügels über das Land. Aber es gab hier nichts, was Chui interessiert hätte, also rutschte sie vorsichtig auf dem Bauch an der glatten Seite des Hügels wieder herunter und kehrte zu den Drei Bäumen zurück.

Sie spannte die Muskeln, sprang leichtfüßig nach oben und hing einen Augenblick lang an ihren rasiermesserscharfen Krallen, bevor sie sich auf den untersten Ast des Wolfmilchbaums hievte. Dort senkte sie den Kopf, untersuchte sorgfältig die zerfurchte Baumrinde und beschnupperte sie vorsichtig. Bevor sie wieder nach unten kam, reckte sie sich und kratzte mit den scharfen Krallen ihrer Vorderpfoten an der Rinde. Die dadurch entstehende Markierung, die auch Duftstoffe enthält, dient dazu, den Standort des Leoparden für seine Artgenossen sowohl optisch als auch olfaktorisch anzuzeigen. Außerdem hat das Kratzen den Zweck, die Muskeln zu strecken und die Krallen zu schärfen, weil dabei lose Streifen von der Oberfläche der Krallen abgescheuert werden. Chui machte das mit großer Regelmäßigkeit.

Kurz nach zwei Uhr war Chui wieder bei den Höhlen der Jungen. Sie kam an dem Versteck im hohen Gras vorbei, in dem die Jungen zur Zeit schliefen, und kletterte völlig geräuschlos in den Feigenbaum. Fast eine Stunde lang ruhte Chui sich dort aus, ohne von den Jungen oder von lästigen Fliegen gestört zu werden. Aber plötzlich veränderte sich ihr entspanntes Verhalten und sie sprang blitzschnell in das dichte Laub auf der Ostseite des Baums. Dort setzte sie sich hin und blickte starr über das Land, während der Wind ihr ins Gesicht blies und gleichzeitig das unverwechselbare Geräusch hoher Massai-Stimmen zu ihr wehte.

Wegen der Dornbüsche waren die Eingeborenen anfangs schwer zu erkennen, und Chui mußte ständig den Kopf auf und ab und zur Seite bewegen, um sie sehen zu können. Aber bald kamen drei Gestalten in Sicht, die rote Gewänder trugen. Sie waren groß und schlank, jeder trug einen Speer, ein kurzes Schwert und ein paar Stöcke. Ihr entspannter Gang entsprach ihrer inneren Einstellung: sie besaßen weder Schuhe noch Gewehre und auch keine Autos. Ihre Waffen waren ihr Mut und die Erfahrungen mit der Wildnis, die sie im Laufe des Lebens im Busch erworben hatten.

Knapp anderthalb Kilometer weiter lagen Mitglieder des Schluchtrudels neben einem frisch getöteten Zebra. Ein Büffel hatte sich im Schatten eines Akaziendickichts verborgen und blinzelte zu ihnen hinüber. Chui duckte sich nervös und beobachtete aufmerksam, wie die Massai fast zweihundert Meter nördlich an ihr vorbeizogen. Sie ließ die Menschen keine Sekunde lang aus den Augen, sondern blickte noch lange hinter ihnen her, bis sie schließlich hinter dem Horizont verschwunden waren.

Die Massai, deren Name sich von ihrer nur gesprochenen Sprache *Maa* ableitet, haben seit Tausenden von Jahren zäh an ihrer Lebensart festgehalten. Vor langer Zeit waren sie ein kriegerischer Stamm, der durch die Hochebenen Ostafrikas zog und von allen gefürchtet wurde. Heute werden sie mit den Problemen konfrontiert, die Assimilation und Anpassung an die Bedürfnisse ihres Landes mit sich bringen, wozu auch die Forderungen der Geldwirtschaft gehören.

Die Massai haben seit Urzeiten die schönsten und fruchtbarsten Gebiete bewohnt und sie selbstlos mit den Herden wilder Tiere geteilt. Da Rinder in ihrer Kultur das Hauptnahrungsmittel darstellten, konnten sie in den meisten Fällen auf wilde Tiere als Nahrungsquelle verzichten. Heute leben die Massai-Nomaden jedoch in einem immer kleiner werdenden Gebiet, da Ländereien an andere Stämme verkauft oder zum Anbau von Getreide verpachtet werden. Darüberhinaus werden bestimmte Flächen zur intensiven Viehzucht eingezäunt oder dienen den wachsenden Bedürfnissen des Tourismus. Und es müssen immer mehr Menschen, immer mehr Rinder, Schafe und Ziegen ernährt werden.

Obwohl Leoparden gelegentlich ein Schaf, eine Ziege, manchmal auch ein Kalb oder einen Hund stehlen, stellen sie in diesem speziellen Gebiet für die Massai und ihr Vieh keine besondere Bedrohung dar. Da es Beutetiere im Überfluß gibt, besteht für die Leoparden nicht die Notwendigkeit, eine Konfrontation mit den Massai zu riskieren. Es kann zwar passieren, daß ein Leopard Geschmack an einem Stück Vieh findet, aber das ist zumindest ungewöhnlich.

Die Massai-Jungen und die Viehhirten interessierten sich natürlich für die Aktivitäten, die die Anwesenheit der Leoparden bei den Touristenautos auslöste. Aber sie waren von den Touristen selbst mehr fasziniert als von den Leoparden und betrachteten letztere mit Gelassenheit und Gutmütigkeit.

Während der heißen Stunden des Tages – zwischen neun Uhr morgens und fünf oder sechs Uhr abends – ruhte Chui sich meistens aus, obwohl sie immer zum Jagen bereit war, vor allem, wenn sie auf einem Baum oder an einer anderen erhöhten Stelle lag, von der aus sie ein wachsames Auge auf mögliche Beutetiere hatte.

Obwohl Chui fast nur abends auf die Jagd ging, wurde ihr Tagesablauf in gleichem Maße durch die Bedürfnisse ihrer ständig größer werdenden Jungen wie auch durch ihren eigenen Hunger bestimmt. Der Umstand, daß Hell und Dunkel immer häufiger um ihre knapper werdende Milch bettelten, trug zweifellos dazu bei, daß Chui sich auf ihr wachsendes Bedürfnis nach Fleisch einstellte.

Während dieser Zeit bestand der größte Teil von Chuis Beute aus dem saisonbedingten Überangebot an Jungtieren, vor allem Antilopenkitzen und jungen Warzenschweinen. Die waren am leichtesten zu fangen, und Chui konnte sie auch ohne große Schwierigkeiten zu den Jungen transportieren. Die kurze Regenzeit war deshalb die günstigste Zeit, um junge Leoparden von der Muttermilch auf Fleischnahrung umzustellen. Chui schlug auch ausgewachsene Antilopen und Thomsongazellen, die sie gewöhnlich auf dem nächstgelegenen Baum lagerte. Sie konnte dann nach Belieben von dem Kadaver fressen, wagte es aber noch nicht, ihre Jungen dahin mitzunehmen.

Bei einem mächtigen Beutetier war die Wahrscheinlichkeit groß, daß Chui es den immer wachsamen Hyänen überlassen mußte. Eine männliche Antilope wiegt erheblich mehr als ein Leopardenweibchen und ist so schwer und so sperrig, daß Chui sie nicht auf einen Baum hieven könnte, es sei denn, sie hätte Zeit genug, die Innereien zu entfernen und einen Teil des Fleisches zu fressen. Wenn sie Glück hatte, konnte sie ihre Beute in einen Busch ziehen oder am dicht bewachsenen Rand der Lugga verstecken. Aber es gab so viele kleine Hinweise und Spuren für ihre Tätigkeit, daß eine Hyäne oder ein Löwe schnell dahinterkamen.

Seit einigen Tagen interessierte Chui sich ganz besonders für die Topis, große, graziöse Tiere, die zur Familie der Weißschwanzgnus gehören. Sie sind die schnellsten Antilopen Afrikas, besitzen ein ausgezeichnetes Sehvermögen und reagieren blitzschnell auf das kleinste Zeichen von Gefahr. Zur Zeit waren viele der Weibchen in Begleitung ihrer Kälber: graubraune, rehfarbene Junge, die in diesem Alter ihrer nahen Verwandten, den Kuhantilopen oder Kongonis, außerordentlich ähnlich sehen. Aber innerhalb weniger Monate würden die typischen dunklen Flecke auf den Oberschenkeln auftauchen, und dann konnte man sie nicht mehr verwechseln.

Die Männchen beider Arten standen oft unbeweglich auf einem Termitenhügel und stellten durch ihre bloße Anwesenheit eine Warnung für ihre Artgenossen dar, ihr Territorium nicht zu verletzten; gleichzeitig hielten sie Ausschau nach Raubtieren.

Ähnlich wie die Warzenschweine werfen die Topis

während der kurzen Regenzeit zwischen Oktober und November. Die langersehnten Schauer lassen neues Grün sprießen, und das bedeutet Milch für die Jungen. Wenn sie dann groß genug sind, um sich selbst zu ernähren, fressen sie die zarten, eiweißreichen grünen Sprößlinge. Da die Topiweibchen ihre Jungen innerhalb weniger Wochen bekommen, halten sich die Verluste durch Raubtiere in erträglichen Grenzen. Die Kälber sind schon von weitem gut zu erkennen, und die Verluste wären größer, wenn sie das ganze Jahr über einzeln oder zu zweit geboren würden.

Die Weibchen ziehen sich nicht an einen abgelegenen Ort zurück, wenn sie kalben, sie bevorzugen die Geborgenheit innerhalb der Herde. Schon wenige Minuten nach der Geburt rappeln sich die Kälber hoch und folgen stolpernd ihrer Mutter, wobei ihre Beine von Minute zu Minute kräftiger werden – es sei denn ein Löwe, eine Hyäne, ein Gepard oder ein jagender Hund wäre schon hinter ihnen her.

Vor einigen Tagen hatten sich die Topis vorsichtig einen Weg durch die Felsen des Feigenbaumhügels gesucht und die abgegrasten Ebenen im Süden auf der Suche nach besseren Weidegründen zwischen den Dornbüschen und am Rand der Dikdik-Lugga verlassen. Chui wartete von ihrem Aussichtsplatz oben auf dem Feigenbaum aus auf eine günstige Gelegenheit, aktiv zu werden.

Zweihundert Meter östlich von der Stelle, an der Chui lag, hielt ein Minibus auf dem Pfad am Fuße des Feigenbaumhügels an. Als sich der Staub wieder gesenkt hatte, stieg ein halbes Dutzend Leute aus dem Wagen. Das Ziel ihrer Neugier war der Schädel eines Gnus, der Überrest eines Tiers, das von einem Löwen getötet worden war und jetzt von einer Menge von röhrenartigen Projektionen bedeckt war, die sich auf der ausgetrockneten Oberfläche der Hörner gebildet hatten.

Der Fahrer erklärte den Touristen, daß es sich dabei um die verlassenen Gänge einer Raupe handele, einer Vorstufe der *Tinea deperdella*, einer Motte mit schlanken Flügeln, die mit unserer Kleidermotte verwandt ist. Die Raupen schlüpfen aus Eiern, die nach dem Tod des Tieres, sei es nun ein Gnu, ein Büffel oder eine Antilope, auf der Oberfläche der Hörner abgelegt werden. Da sie die Fähigkeit besitzen, Keratin, die Grundsubstanz der Hörner, zu verdauen, sind die Raupen in der Lage, sich ausreichend Nahrung zu verschaffen, um die Matamorphose zur erwachsenen Motte zu vollziehen. So ermöglicht der Tod eines Tiers das Leben anderer Tiere, die weniger auffällig sind als das Raubtier, dessen Beute es geworden ist. Wenn also die Behörden des Reservats verbieten, solche Trophäen mitzunehmen, so geht es dabei nicht nur darum, Schlupflöcher zu vermeiden, durch die Produkte wilder Tiere außer Landes geschafft werden, sondern dadurch wird außerdem sichergestellt, daß sich der natürliche Kreislauf des Lebens ungestört fortsetzen kann.

Das plötzliche Erscheinen der Menschen außerhalb der schützenden Hülle ihres Wagens überraschte Chui. Sie duldete zwar die Nähe von Menschen, wenn sie sich in ihren Wagen befanden, aber der Anblick, das Geräusch und der Geruch von menschlichen Wesen, ob es nun Massai waren oder Touristen, löste bei ihr eine unmittelbare Reaktion aus.

Zuerst kletterte sie blitzschnell auf die obersten Äste des Feigenbaums, dann stürzte sie sich hinunter und lief etwa siebzig Meter weit in die entgegengesetzte Richtung am Hügelkamm entlang. Erst dann blieb sie stehen und sah sich um.

Diesmal hatte Chui Glück gehabt, daß sie gezwungen worden war, ihren Ruheplatz zu verlassen, denn an ihrem neuen Aussichtspunkt unter den Dornbüschen war sie noch näher bei den nichtsahnenden Topis und ihren Kälbern, von denen einige nur achtzig Meter von ihr entfernt lagerten.

Die Pavianhorde hatte ihren Schlafplatz unter den Feigenbäumen später als gewöhnlich verlassen. Meistens war sie schon um sieben Uhr morgens unterwegs, aber heute hatte sie sich noch etwas länger unter den Bäumen aufgehalten und in kleinen Gruppen, die jeweils aus den bevorzugten Entlausungspartnern bestanden, zwischen den Felsen gesessen.

Gegen zehn Uhr machte sich die Horde auf den Weg zu einem anderen großen Baum, der am Fuß des Hügelkamms nur sechzig Meter vom Versteck der Leopardenjungen entfernt stand.

Der Baum hatte unten an seinem Stamm ein Loch, dessen Ränder im Laufe der Jahre durch Wind und Wetter so glatt poliert worden war, daß es fast aussah, als wäre es natürlich gewachsen. Vor vielen Jahren hatte ein Massai-Krieger an dieser Stelle ein Bienennest entdeckt und den Stamm ausgehöhlt, um an den Honig zu gelangen. Nachdem er die Bienen ausgeräuchert hatte, hatte er die Honigwabe herausgeholt und in eine alte Kimbo-Büchse gesteckt, die er sich in einem der Zeltlager organisiert hatte.

Man konnte im Inneren des Reservats eine ganze Anzahl von Bäumen finden, die die gleiche Markierung trugen. Sie zeugten von den Tagen, als die Massai sich noch frei bewegen konnten. Der auf diese Weise gesammelte Honig wurde manchmal verkauft oder eingetauscht, oder man stellte aus ihm ein starkes Honigbier her, das bei besonderen Festlichkeiten in großen Mengen getrunken wurde.

Selbst heute wohnten in dieser klaffenden Wunde noch Bienen und andere Insekten, von denen sich zum Beispiel ein gefräßiges Eidechsenweibchen ernährte, das unbeweglich wie ein Chamäleon auf der Lauer lag. Es hatte eine Tarnfarbe, die genau der der Baumrinde entsprach, und huschte immer wieder mit präzisem Zeitgefühl und blitzschneller Reaktion in das Loch hinein und wieder heraus, um die Insekten zu schnappen.

Die Mehrzahl der Paviane zog an dem Baum vorbei zu einer Lichtung unterhalb der Hügelkette. Chui wartete unbeweglich in ihrem Versteck oben auf dem Baum. Eins der Männchen blieb unter ihrem Baum stehen, pflückte sich mit seinen geschickten Primatenhänden zarte Grassprossen, so wie es mit denselben Händen auch eine reife Frucht schälen oder Gazellenkitze greifen konnte, die es gelegentlich tötete und fraß. Bald darauf ging der Pavian weiter nach Osten, entweder hatte er den Leoparden über sich nicht wahrgenommen, oder er hatte ihn ignoriert. Herden von Zebras und Gnus standen träge unter den verstreuten Bäumen, in der drückenden Hitze sahen sie wie Zombies aus. Andere hatten sich in dunklen Haufen in den Schatten der Dornbüsche gelegt. Zwei noch nicht ganz ausgewachsene Löwen, ein Männchen und ein Weibchen, lagen im Schatten eines Crotondickichts, das etwa vierzig Meter von dem Baum entfernt war, von dem aus Chui eine Büffelherde beobachtete. Die Hyänen suchten den Schatten in den Höhlen, die sich weiter weg auf dem Hügel befanden. Aber im Augenblick bestand zwischen den Raubtieren und ihrer Beute ein unbehaglicher Burgfriede.

Plötzlich kam in dieser drückenden Hitze kühler und feuchter Wind auf. Und endlich, kurz nach drei, fing es an zu regnen. Langsam zogen die Paviane weiter nach Westen und fraßen dabei alles, was sie aus dem verdorrten Boden kratzen konnten. Eines der größeren Männchen, das in einem gewissen Abstand hinter dem Rudel herging, blieb stehen und kletterte auf Chuis Feigenbaum, doch der Leopard war schon längst fort.

Der Regen nieselte nur, wurde nicht stärker, hörte aber andererseits nur minutenlang auf. Ein bißchen Licht drang durch die Wolken, aber das änderte nicht viel an der Tristesse. Die Farben verschwanden, zurück blieben nur noch graue und braune Töne.

Gegen fünf Uhr hatte sich der größte Teil der Pavianhorde über den schmalen Streifen offenen Landes verteilt, der sich in knapp hundert Metern Entfernung von der Höhle der Jungen zwischen dem Fuß des Hügelkamms und dem Akaziendickicht im Süden hinzog.

Chui hatte die Topis über eine Stunde lang beobachtet, bevor sie sich entschloß, sich anzupirschen. Aus unerfindlichen Gründen verließ dann plötzlich eine Antilope mit ihrem nur einen Tag alten Kalb den Schutz der Herde und bewegte sich auf den Rand des Hügelkamms zu. Und wie schon so oft brachte sich das Beutetier selbst in eine schutzlose Situation und löste dadurch Chuis Jagdtrieb aus.

Als der Leopard das Kalb geschlagen hatte, floh das Muttertier zwischen die Felsen. Die verzweifelten Geräusche, die das Topiweibchen von sich gab, konnten zwar dem Kalb nicht mehr helfen, wurden aber von den empfindlichen Ohren der Hyänen des Hügelklans aufgefangen, die in dem Crotondickicht nur zwölf Meter entfernt schliefen. Gleichzeitig wurde einer der Paviane durch diesen Warnschrei, den auch er sofort erkannte, alarmiert. Als er sah, wie sich der Leopard mit dem Kalb abmühte, stieß er seinen eigenen bellenden Warnruf aus.

Zwei Pavianmännchen erkannten die Dringlichkeit des Warnrufs, hörten auf zu fressen und rannten sofort die siebzig Meter zu Chui hin und griffen sie an. Ein riesiges Männchen führte den Angriff, es mochte wohl sechzig Pfund schwer sein, wog also kaum weniger als Chui. Sein dichtes Nackenhaar sträubte sich zu einer eindrucksvollen Halskrause, die das Tier noch größer und wilder aussehen ließ.

Als die Hyäne und die Paviane Chui umzingelt hatten, blieb ihr keine andere Wahl, als das Kalb fallen zu lassen und – so schnell ihre Beine sie trugen – zur Höhle der Jungen zurückzulaufen. Sie rannte buchstäblich um ihr Leben. Es war ein Spießrutenlauf, denn sie mußte an der ganzen Pavianhorde vorbei. Der zornige Mob von Männchen, Weibchen und Jungen strömte von allen Seiten zusammen und schrie und bellte, als der Leopard versuchte, hakenschlagend zwischen ihnen durchzulaufen. Das größte Männchen, das den Angriff auf die Leopardin geführt hatte und jetzt doppelt so groß aussah wie sie, rannte hinter Chui her und hätte sie beinahe erreicht, weil sie ständig von den anderen Pavianen angerempelt und hin und her gestoßen wurde. Fast wäre sie ausgerutscht, als einer der Primaten nach ihrem Fell griff. Dann rettete sie sich mit einem Sprung über die steil abfallende Felsspalte und verschwand in der Dunkelheit, und nicht einmal der große Pavian wagte es, ihr dorthin zu folgen.

Eine Stunde später kam Chui wieder aus der Höhle und lief zu der Stelle zurück, an der sie ihre Beute hatte zurücklassen müssen. Aber sie fand nur noch blutbeflecktes Gras vor.

Warten auf den Regen

In der Nacht verließ ein dunkelmähniger Löwe, der zum Schluchtrudel gehörte, die Leopardenschlucht und lief schnell zum Rand des Hügelkamms. Die Geräusche, die der Feigenbaumklam beim Fressen des Topikalbs machte, hatten ihn angezogen. Der Löwe war hungrig und sehr daran interessiert, die Vorräte, die er den Löwinnen des Schluchtrudels abgenommen hatte, wieder aufzufüllen.

Als der Tag anbrach, beobachtete Chui den fressenden Löwen aus der sicheren Position auf der Felsspitze etwa hundert Meter entfernt. Einige Hyänen lungerten immer noch am Rand des Dickichts herum. Sie schnüffelten und suchten nach Abfällen. Man hätte leicht glauben können, daß der Löwe die Beute erlegt hätte und die Hyänen jetzt darauf warteten, die Überreste seiner Mahlzeit zu bekommen. Derartige Situationen haben leider dazu geführt, daß das Bild vom Leben der Hyänen völlig falsch ist. Sorgfältige Untersuchungen, die in der Serengeti durchgeführt worden sind und zu denen nächtliche Beobachtungen gehörten, haben das Bild in etwa wieder geradegerückt, aber bis zum heutigen Tag gehört die anpassungsfähige Hyäne leider immer noch zu den am meisten verachteten wilden Tieren Afrikas.

Ganz in der Nähe, etwa hundert Meter weiter, wanderten die Mitglieder der Feigenbaumhorde in ihren Schlafbäumen und auf den Felsen darunter hin und her. Aber sie versuchten erst gar nicht, das Raubtier genauso gewalttätig zu schikanieren, wie sie es mit Chui getan hatten. Sie blieben statt dessen respektvoll auf Distanz. Nicht der Löwe, sondern die Paviane würden sich auf den Bäumen in Sicherheit bringen, wenn er sich ihnen nähern sollte.

Chui beobachtete den Löwen mit einer Intensität, die sie nur wenigen anderen Tieren widmete. Jede ihrer Bewegungen verriet den Respekt vor der Anwesenheit dieses gefährlichen Männchens, und sogar Hell und Dunkel verhielten sich diesmal verhältnismäßig ruhig. Als Dunkel versuchte, Chui in den Schwanz zu beißen, fauchte sie das Junge warnend an, und die Warnung wurde diesmal ausnahmsweise sofort ernstgenommen.

Der Löwe hatte schließlich keine Lust mehr, an den Knochen herumzunagen, und ließ die Überreste der Beute für die geduldigen Hyänen liegen, die sich auch nicht zweimal bitten ließen, um in Besitz zu nehmen, was ihnen ohnehin rechtmäßig zustand.

Chui bewegte sich vorsichtig zwischen den Felsen auf den Feigenbaum zu. Als sie den Löwen nicht mehr sehen konnte, kletterte sie auf die unterste Astgabel und von da aus auf den westlichen Ast, setzte sich hin und wartete.

Der Löwe trottete langsam am Hügelkamm entlang, sein großer Kopf rollte von einer Seite zur anderen, seine schwarzen Lippen waren geöffnet und ließen abgenutzte, gelbe Eckzähne erkennen. Chui hätte sich ruhig verhalten und den Löwen an sich vorbeiziehen lassen können. Aber als das Männchen sich den Höhlen der Jungen näherte, gab sie statt dessen ein rauhes, warnendes Husten von sich. Der Löwe blickte überrascht hoch, als er den Laut der Leopardin hörte, antwortete fast lässig mit einem tiefen Knurren und setzte seinen Weg fort.

Die Sonne kam durch und hellte die Düsternis ein bißchen auf, allerdings nicht für Chui. Zweimal wollte sie zu ihren Jungen gehen, war aber Minuten später wieder auf dem Feigenbaum. Zu allem Übel flog auch noch eine Biene in ihr vor Anspannung aufgesperrtes Maul. Chui schüttelte den Kopf heftig hin und her und bewegte verzweifelt ihre lange, rauhe Zunge in der Mundhöhle, wobei ihr der Speichel aus dem Maul tropfte. Aber es nützte nichts, schließlich mußte sie die Biene wohl oder übel hinunterschlucken.

Dunkel hielt dies für einen günstigen Augenblick, um in den Feigenbaum zu klettern. Chui beobachtete ihn besorgt von der Felsspitze aus, aber zum Glück gab Dunkel schon nach einem Meter wieder auf. Seine Kletterversuche schienen Chuis Unruhe noch zu steigern, und sie führte die Jungen ein Stück nach Osten, überlegte es sich dann aber anders und kehrte mit ihnen zu den Höhlen zurück.

Chui kletterte erneut auf ihren Aussichtsplatz auf der Spitze des Feigenbaums, und es dauerte nicht lange, da spannte sie sich und fing an zu knurren. Es war der Löwe. Chui hatte ihn entdeckt, als er sich gerade unter einem Crotonbusch, der ungefähr zweihundert Meter westlich von ihr stand, niederließ. Der Löwe konnte auf diese Entfernung ihr warnendes Knurren nicht mehr hören, aber es veranlaßte die erschreckten Jungen, sich schnellstens in ihre Höhlen zu flüchten.

Kurz darauf tauchte Dunkel wieder auf und lief vorsichtig auf dem Felsen herum. Er rief nach der Mutter und blickte nach oben, aber sie beachtete ihn immer noch nicht. Also kletterte Dunkel ganz langsam erst über das Unterholz am Fuß des Stammes und dann an dem steilen Hauptast empor, der vom Stamm abzweigte. Er stieg nicht einfach mühelos nach oben, wie seine Mutter das machte, dafür war er noch viel zu klein – statt dessen spreizte er seine Pfoten ganz weit und preßte seinen rundlichen Bauch an die glatte Baumrinde. So schob er sich immer höher, bis er eine kleine Astgabel etwa sieben Meter über den Felsen erreicht hatte. Es sah nicht sehr stilvoll oder elegant aus, aber es funktionierte.

Obwohl alle Katzen die erstaunliche Fähigkeit besitzen, sich beim Fallen mitten in der Luft umzudrehen und dadurch immer auf den Füßen zu landen, könnte ein Sturz aus einer solchen Höhe bei einem gerade dreieinhalb Monate alten Jungen zu ernsten Verletzungen führen. Dunkel hatte sich zwar sehr bemüht, aber er hatte die falsche Strecke gewählt. So konnte er seine Mutter nicht erreichen. Chui schenkte dem verzweifelten Miauen ihres Sohnes keine Beachtung und stieg bald darauf nach unten zu Hell, der sie auf den Felsen erwartete. Damit wollte sie Dunkel wahrscheinlich dazu ermuntern, wieder herabzuklettern. Jedenfalls hatte es diese Wirkung. Anstatt rückwärts nach unten zu rutschen, kletterte Dunkel bis an eine Stelle, an der er sich umdrehen konnte, und stieg mit dem Kopf voran ziemlich hastig ab. Das war für den kleinen Leoparden das Ende eines neuen Abenteuers und ein bedeutsamer Markstein in seiner Entwicklung.

Sehr bald rannten Hell und Dunkel weg und spielten gemeinsam auf ihrem Kletterbaum. Chui folgte ihnen, aber sie bewegte sich dabei bedeutend vorsichtiger als ihre Jungen. Sie richtete sich auf und griff mit den Pranken nach den Ästen des toten Baumes, wobei sie von Dunkel einen spielerischen Klaps auf die Nase bekam. Chui leckte das Junge kurz und sprang dann mit einem Satz über ihn weg in einen der höchsten Äste und zerlegte dabei fast den ganzen Kletterbaum. Sie blickte starr in die Weite und suchte den Löwen, aber er war verschwunden.

Das ging so den ganzen Nachmittag: die Jungen spielten, und Chui lief nervös herum und wurde den Gedanken an den Löwen nicht los. Immer wenn Hell und Dunkel sich zu weit entfernten, lief Chui hinter ihnen her und versuchte, sie in ihrer Nähe zu halten, damit sie sie von ihrem Felsen aus ständig im Auge hatte. Eine Weile ruhte sie sich mit dem Rücken gegen eine schützende Steinwand gelehnt aus, während die Jungen vor sich hin dösten und ab und zu an ihren Zitzen saugten.

Der Wind frischte auf und brachte die ersten Regentropfen. Chui hatte den ganzen Tag über gegen den Schlaf gekämpft, jetzt gab sie nach und schloß die Augen jeweils dreißig Sekunden lang. Aber als es weiter regnete, zog sie sich in die Höhle am Fuß des Suckling Rock West zurück. Die Jungen tauchten auf einem Absatz an der Innenwand der Höhle auf und begleiteten sie. Sie saßen Seite an Seite und leckten sich gegenseitig das Regenwasser vom Fell. Einen Augenblick lang putzten sich alle drei Leoparden gegenseitig: Chui leckte Hell, und während der sich revanchierte, leckte Dunkel sie beide.

Chui verließ die Jungen und stieg mit einer fließenden Bewegung die steile Westwand der Höhle hinauf, die etwa drei Meter hoch war. Aber als ihr Kopf über die Kante ragte, spannte sich ihr Körper an und sie duckte sich, bevor sie weiter nach oben kletterte. Sobald sie sicher war, daß keine unmittelbare Gefahr drohte, rief Chui ihre Jungen, die unten in der Höhle abwarteten. Hell und Dunkel mühten sich ab, den Hang hinaufzukommen. Erst nach einiger Zeit gelang es ihnen, sich an Pflanzen, die hier und da wuchsen, zu klammern und so zu der Stelle hinaufzuziehen, an der ihre Mutter auf sie wartete.

Als die Dämmerung anbrach, beobachtete Chui eine männliche Thomsongazelle, die über den Hügelkamm von Osten auf sie zukam und dabei den gleichen verhängnisvollen Weg einschlug wie die Warzenschweine. Die Leopardin folgte ihr sofort ganz behutsam, blieb aber schon nach fünfzehn Metern stehen und warf nervös einen Blick über die Schulter zu der Stelle, an der sie die Jungen zurückgelassen hatte. Nichts schien ihr so wichtig zu sein, daß die deshalb ihre Jungen verlassen würde, nicht einmal das Fressen. Sie durfte auf keinen Fall die Aufmerksamkeit des Löwen erregen, der sich womöglich noch in der Nähe aufhielt. Also kam sie wieder zurück und setzte sich auf den höchsten Felsen und schaute starr nach Westen. Es regnete immer noch.

Gewitterwolken ballten sich zusammen und wurden von der untergehenden Sonne in blutrote Farbe getaucht, Farben, die einen immer wärmeren Ton annahmen, bevor sie in der Dunkelheit verschwanden. Dann hörte man plötzlich von weitem ein knurrendes Geräusch, das immer lauter wurde und sich zu einem donnernden Brüllen steigerte, das durch die schwarzen Felswände noch mehr verstärkt wurde.

Einen Augenblick lang richtete Chui sich auf, spitzte die Ohren und drehte sie in Richtung des vertrauten Geräuschs, und ihre Jungen hörten auf zu spielen. Bevor das Brüllen verstummte, wurde es von den Stimmen anderer Mitglieder des Löwenrudels, zu dem der Dunkelmähnige gehörte, beantwortet, die sich in der Leopardenschlucht befanden. Chui brauchte nicht auf diese massive Weise daran erinnert zu werden, wer der König unter den Großkatzen war. Für den Dunkelmähnigen war die Begegnung mit dem Leoparden an diesem langen, heißen Tag nur die Sache eines Augenblicks gewesen, eine Episode, die er schon eine Minute, nachdem er an dem Feigenbaum vorbeigegangen war, wieder vergessen hatte. Aber Chui hatte sie viele Stunden der Angst gebracht.

Chui machte in der Nacht keine Beute, sondern blieb in der Nähe der Dikdik-Lugga, dieses von Büschen durchsetzten Wasserlaufs, der sich nach Süden zwischen den Akazienbüschen Richtung Kampi ya Chui schlängelte. Da die Trockenheit schon so lange andauerte, wurden Topis, Antilopen und Thomsongazellen an das Ufer der Lugga gezogen. Alle waren auf der Suche nach den letzten Nahrungs- und Wasserreserven. Die Dikdik-Lugga war deshalb für einen Leoparden der ideale Platz, unvorsichtigen Beutetieren aufzulauern.

Nachdem Hell und Dunkel endlich hinter das Geheimnis des Doppellebens ihrer Mutter gekommen waren, die immer mal wieder in dem Feigenbaum verschwunden war, blickten sie jetzt hin und wieder erwartungsvoll nach oben, obwohl sie oft nur den blauen Himmel und die Blätter sahen.

Die Jungen hatten schon seit einiger Zeit den Schlafplatz aufgegeben, den Chui ursprünglich für sie ausgesucht hatte. Sie schliefen jetzt häufig auf dem Suckling Rock West, direkt neben der engen Passage, die zu einer Seite der tiefen Höhle führte. Er glich einer hohen Fensterbank, die durch die Höhle selbst geschützt war.

Hell war Autos gegenüber immer noch ein bißchen mißtrauisch, während Dunkel offenbar gelernt hatte, daß sie nicht gefährlich waren. Er beachtete sie kaum noch und ließ sich durch sie bei dem, was er gerade tat, nicht stören.

Wenn die Jungen auf den Felsen lagen, vermischte sich das Muster ihres Fells völlig mit dem verwaschenen Grau und den Brauntönen der Steine. Nur die auffallend weiße Unterseite ihrer Schwanzspitze, die immer in Bewegung war, auch wenn die beiden ganz still dalagen, blitzte wie ein winziger Lichtfleck im Dunkeln auf.

Im Verhältnis zu ihrer Größe hatten die Jungen riesige tapsige Vorderpfoten, die sie mit unterschiedlicher Geschicklichkeit dazu benützten, dem Bruder entweder eins auf die Nase zu geben, ihn festzuhalten und zu stupsen oder ihm ein Bein zu stellen. Sie stolzierten ständig im Kreis herum und schnappten nach ihrem eigenen und nach dem Schwanz des Bruders. Wenn sie keine Lust mehr hatten, miteinander zu spielen, verbrachten sie die Zeit oft damit, auf Blättern, Gras, Zweigen und Steinen herumzukauen.

Eines ihrer Lieblingsspiele bestand darin, daß sie einen kleinen Stein anstießen und dann wie eine Hauskatze einen Schritt zurückwichen, so als wäre der Stein lebendig und hätte sich aus eigener Kraft bewegt. Manchmal nahmen sie ihn dann schließlich ins Maul und kauten darauf herum und spuckten ihn wieder aus, nur um das ganze Spiel von vorne zu beginnen. In der Regel sah das andere Junge fasziniert zu und versuchte hin und wieder mitzuspielen, obwohl es im Prinzip ein Spiel für nur eine Mannschaft war. Wenn sie in ihrem Kletterbaum spielten, ließen sie sich manchmal mit dem Kopf nach unten an den Hinterpfoten von einem Ast hängen und benahmen sich wie junge Affen, dabei streckten sie sich so sehr sie konnten und versuchten, den anderen mit ihren Vorderpfoten zu erreichen. Ihr Gleichgewichtssinn war beachtlich, sie waren in der Lage, mit ihren übergroßen Pfoten auf Ästen zu balancieren, die einen Durchmesser von nur zweieinhalb Zentimeter hatten.

Die Techniken, die die jungen Leoparden nach und nach durch Erfahrung verfeinerten, basierten auf einer soliden Grundlage angeborener Reaktionsweisen – Verhaltensmuster, die nicht gelernt werden mußten, sondern auf natürliche Weise durch bestimmte Reize in ihrer Umwelt ausgelöst wurden.

Das Ducken, Anpirschen und Schlagen der Beute gehört zu einem instinktgesteuerten Verhaltensmuster, das allen Mitgliedern der Katzenfamilie eigen ist. Vom ersten Augenblick an hatten sich die Jungen geduckt und an den Boden geschmiegt, bevor sie auf den Bruder oder die Mutter losgegangen waren. Glücklicherweise konnte der eigentliche Tötungsbiß nicht so leicht ausgelöst werden; statt dessen biß der eine den anderen nur leicht in den Nacken oder in den Hals, während sie sich gegenseitig auf den Boden preßten, wenn auch das Opfer nicht immer spielerisch darauf reagierte.

Die Tatsache, daß ein bestimmtes Verhalten instinktgesteuert ist, heißt nicht, daß es nicht verbessert werden könnte. Die Jungen lernen im Spiel, angeborenes Verhalten auszuprobieren, lange bevor sie tatsächlich selbst auf die Jagd gehen müssen. Das Spiel kann sogar dazu beitragen, daß solche Instinkte nicht verkümmern.

Das Schöne am Spielen – so schrieb der Zoologe R. F. Ewer – war, daß es den Jungen die Möglichkeit gab, das Jagen und Kämpfen zu üben, ohne dabei in Gefahr zu geraten. Sie konnten kämpfen, ohne wirklich böse aufeinander zu sein, jagen, ohne wirklich Hunger zu haben, und flüchten, ohne Angst zu haben. Ihre Spiele bestanden aus einem Konglomerat an Reaktionen, die in allen möglichen Kombinationen durchgeführt und wiederholt wurden, denn es gab nie einen Kuliminationspunkt – weder wurde ein Beutetier gefressen, noch mußte ein unterlegener Rivale flüchten.

Beim Spielen waren die Jungen stets ganz bei der Sache; sie nahmen ihre Aktionen sehr ernst und hatten gleichzeitig viel Spaß daran. Es gab ihnen Gelegenheit, überschüssige Energien loszuwerden – davon hatten sie reichlich – stärkte ihre Muskeln und hielt sie ganz allgemein fit. Das Spielen trug außerdem dazu bei, daß die Jungen in den ersten Lebensmonaten, in denen sie sehr verwundbar waren, beeinander blieben, wenn Chui auf die Jagd ging, und verstärkte die Bindung an die Mutter.

Die meisten Katzen töten ihre Beute mit einem gezielten Tötungsbiß in den Nacken oder an der Schädelbasis. Der präzise Tötungsbiß ist unerläßlich für einen einsamen Jäger, der seine Beute schnell töten muß. Aber die Mitglieder der Katzenfamilien, die größere Tiere töten, fassen sie in der Regel um den Hals und erdrosseln sie, Löwen versuchen manchmal sogar, ein Tier von der Größe eines Büffels zu erwürgen, und schaffen es auch.

Löwen, Leoparden oder Geparden packen das Beutetier an seiner verwundbarsten Stelle und passen dabei auf, daß sie nicht von den Hörnern verletzt werden. Auch die Hufe, mit denen das Tier ausschlägt, können den Jäger nicht erreichen, solange er in der Nähe des Kopfes seiner Beute bleibt; abgesehen davon, daß es so relativ einfach ist, das Tier daran zu hindern, wieder auf die Beine zu kommen.

Der Griff um den Hals ist daher wahrscheinlich eine besondere Anpassungsleistung der Raubtiere, um mit größeren Beutetieren fertig zu werden. Das Mara-Büffel-Weibchen tötete auf diese Weise Zebrafohlen und junge Gnus, und Chui erdrosselte so Antilopenmännchen und Thomsongazellen, während sie kleinere Tiere mit dem Nackenbiß tötete. Gelegentlich gelingt es einem Beutetier, sich zu wehren und so heftig um sich zu treten, daß der Leopard verletzt wird, was sowohl für ihn selbst als auch für seine Jungen katastrophale Folgen haben kann.

Am 9. November kam ich zur Höhle der Jungen und sah Chui mit einer geschwollenen rechten Gesichtshälfte zwischen den Felsen liegen. Sonst schien sie gesund zu sein, und ihr Bauch war voll und rund, also hatte sie zweifellos während der Nacht Beute gemacht und gefressen.

Die Schwellung schien entweder auf einen Schlag oder auf einen Abszeß zurückzuführen zu sein. Sie war womöglich von einem Huf voll getroffen worden, als sie versucht hatte, das Beutetier zu greifen. Möglicherweise hatte ein ausgewachsenes Warzenschwein Chui einen Tritt versetzt, so wie ich es früher schon einmal beobachtet hatte, als sie ein Ferkel geschlagen hatte. Oder eine Topimutter war ihrem Kalb zur Hilfe geeilt und hatte den Räuber mit den Hörnern abgewehrt.

Hell und Dunkel liefen um Chui herum, rieben sich an ihrem geschwollenen Gesicht und zwangen die Mutter dadurch, sie allein zu lassen und sich in die ungestörte Einsamkeit ihres Feigenbaums zurückzuziehen. Zunächst gaben sich die Jungen damit zufrieden, miteinander zu spielen und auf ihrem Kletterbaum herumzuturnen. Es dauerte aber nicht lange, da entwickelte Dunkel plötzlich großes Interesse an den Aktivitäten der hin und her flitzenden Eidechsen, und er beobachtete sie fasziniert. Plötzlich schien er sich an seine Mutter zu erinnern. Er blickte nach oben und rief Chui, die über ihm auf dem westlichen Ast des Feigenbaums saß. Aber sie schenkte seinem Miauen keine Beachtung.

Doch Dunkel konnte inzwischen mehr als nur Quengeln, wenn er seine Mutter auf sich aufmerksam machen wollte. Der kleine Leopard kletterte nach oben und mußte wieder einmal feststellen, daß er auf diesem Weg nicht ans Ziel kommen würde. Dunkel war immer noch viel zu klein, um den anderthalb Meter breiten Zwischenraum überspringen zu können, der ihn von seiner Mutter trennte, obwohl diese viermal weiter springen konnte.

Chui war es gar nicht recht, daß ihr Sohn sie in ihrem Allerheiligsten stören wollte, sie zischte und fauchte ihn derart an, daß er eiligst wieder nach unten stieg. Aber Chuis Tage der ungestörten Ruhe auf ihrem Feigenbaum waren gezählt.

Es war fast Mittag, und Dunkel war gerade von dem Baum geklettert, da erblickte Chui die Pavianhorde, die sich langsam über den Hügelkamm bewegte und auf sie zukam. Sie kletterte noch höher in den Feigenbaum, und die Jungen verschwanden blitzschnell auf dem Sims der vertikalen Höhle.

Zwei Pavianmännchen erklommen den Baum und setzten sich auf Chuis Lieblingsplatz auf dem Westast. Nachdem sie zunächst einmal heftig an den Ästen gerüttelt hatten, kletterten sie noch höher und näher an Chui heran. Die Leopardin lag geduckt auf einem schlanken Ast an der höchsten Stelle der Baumkrone, hatte ihre Pfoten schützend unter sich gestreckt und fauchte und zischte.

Inzwischen waren es schon fünf Paviane, die Chui eingekreist hatten und sie so gut sie konnten ärgerten. Einer richtete sich auf und langte aggressiv nach Chui, wobei er sich ihr bis auf einen Meter näherte. Chui reagierte zwar mit einem drohenden Knurren und bleckte die Zähne, sie war jedoch noch nicht bereit zu fliehen. Noch schien ihre unnachgiebige Haltung auszureichen, um die Paviane zum Rückzug zu veranlassen. Sie stiegen schnell auf die niedrigeren Äste hinab. Zwei ausgewachsene Männchen und ein Weibchen, an dessen Fell sich ein winziges, schwarzes Junges klammerte, gingen unten am Baum vorbei und warfen Chui ganz beiläufig einen Blick zu. Als sie ihren Weg fortsetzten, kam ihnen ein Trupp Heranwachsender entgegen, die sich noch einmal mit der Leopardin anlegen wollten.

Trotz aller Provokation der Paviane blieb Chui ganz ruhig, um keine weiteren Aggressionen der Affen auszulösen. Da sie ganz oben in der Spitze des Baumes saß, hatte sie die Gewißheit, daß die Paviane sie weder umzingeln noch zum Abstieg zwingen konnten. Bei einer solchen Auseinandersetzung scheinen bestimmte Rituale eine Rolle zu spielen, so als würde sich jede Art nach einem ungeschriebenen Verhaltenskodex richten, der zum Teil auf Erfahrungen beruht, und dem es zu verdanken ist, daß eine große Auseinandersetzung vermieden wird, da die Folgen für keinen der Beteiligten abzusehen wären. Zunächst mußte Chui also einen Kompromiß schließen und sich die heiße Sonne auf den ungeschützten Kopf und die Schultern scheinen lassen, bis der letzte Pavian den Baum verlassen und sich wieder zum Rest der Horde gesellt hatte, die am Rand des Akaziendickichts in der Nähe ihrer Schlafbäume Futter suchte. Erst dann konnte sie sich entspannen und einen schattigeren Platz suchen.

Kurz vor sechs Uhr setzte Chui sich hin und kratzte sich mit einem Hinterlauf vorsichtig die rechte Gesichtshälfte. Sie kletterte auf die unterste Astgabel des Feigenbaums hinunter, warf noch einen letzten prüfenden Blick nach unten, bevor sie auf den Boden sprang, dann rief sie ihre Jungen, die mit einem lauten Miauen antworteten.

Nachdem sie den Hunger der Kleinen gestillt hatte, putzte sie sich behutsam das Gesicht, wobei sie zuerst ihre Vorderpfote leckte und diese mit der gleichen Bewegung über Wange und Nase streichen ließ. Dann hockte sie sich hin, um ihren Darm zu entleeren, beugte sich kurz nach unten, um am Boden zu schnuppern, und fegte dann sorgfältig Gras und Erde über ihre Losung. Dunkel stand daneben und beobachtete fasziniert die Bewegungen seiner Mutter, dann pirschte er sich heran und sprang auf ihre Hinterläufe. Sie schien das kaum zu bemerken.

Chui wartete nicht erst, bis es dunkel wurde, sondern verließ die Höhlen der Jungen sofort. Sie strich langsam am Hügelkamm entlang; die Geräusche der miteinander streitenden Paviane wurden immer leiser. Hin und wieder rief sie ihre Jungen und verlieh ihren Rufen dabei durch ein ersticktes, langgezogenes

Miauen Nachdruck. Als es dunkler wurde, lief Chui weiter – sie rief, lief weiter, rief wieder, lief dann weiter – und nahm so Hell und Dunkel auf die bisher längste Reise ihres kurzen Lebens mit.

Eine Zeitlang durchstreifte Chui die Umgebung der Dikdik-Lugga, ein Gebiet, in dem sie sich seit Jahren sehr gut auskannte und tagsüber häufig jagte oder sich ausruhte. Sie hatte sich diese Stelle – über anderthalb Kilometer von der Höhle der Jungen entfernt – als neues Zuhause für die Jungen ausgesucht.

Zunächst brachte Chui sie in einer Art Felsenbollwerk unter, das am Westufer der Lugga etwa dreihundertfünfzig Meter nördlich des Kampi ya Chui lag. Die Felsen waren teilweise von dichten Crotonbüschen verdeckt und wurden bereits von einer Kolonie Klippschliefer bewohnt, die ihnen auch ihren Namen gegeben haben.

Es sah endlich so aus, als ob die kurze Regenzeit beginnen würde, und man konnte jetzt nicht mehr nah genug an die Dikdik-Lugga heranfahren, um durch das Crotongebüsch zu blicken, das an ihrem Ufer wuchs. Fahrer, die es trotzdem versuchten, blieben unweigerlich in dem schwarzen Schlamm stecken und liefen Gefahr, in die Lugga zu rutschen.

Ich hatte fast schon vergessen, wie es ist, wenn man Leoparden aufspürt. Während der nächsten Wochen sah ich Chui und ihre Jungen nur sehr selten, und ich nahm an, sie würde wahrscheinlch auch von hier bald wieder verschwinden und ständig in Bewegung bleiben. Es sollte noch schlimmer kommen, denn in dieser Zeit erfuhr ich, daß Dunkel von einem Baum gefallen sei und sich den rechten Hinterlauf verstaucht habe. Das war eine schwere Verletzung, und Chui mußte das behinderte Junge manchmal im Maul tragen.

Trotz ihrer erstaunlichen Kletterkünste fallen Leoparden gelegentlich von einem Baum. Normalerweise landen sie denn sicher auf ihren gepolsterten Pfoten. Aber manchmal verletzten sie sich auch dabei, meistens allerdings eher im Gesicht und an den Kiefern als an ihren Gliedern, die sozusagen durch Stoßdämpfer gesichert sind.

Dunkel bot einen erbarmenswerten Anblick. Das verschmutzte, verloren aussehende Tier war nur noch ein Schatten seines alten Selbst. Von dem ausgelassenen Jungen mit den leuchtenden Augen, das ich in den letzten Wochen beobachtet hatte, war nichts mehr übrig. Es hatte einen beinahe gejagten Blick, und sein wunderschönes geflecktes Fell hatte seinen gesunden Glanz verloren.

Selbst wenn Chui ganz dicht bei ihren Jungen lag, war es kaum möglich, sie zwischen den Felsen und unter den Crotonbüschen auszumachen, die den unteren Teil der Dikdik-Lugga überwucherten. Ich hatte Glück, daß Hell manchmal, ohne es zu wissen, Chuis Anwesenheit verriet, weil er die Angewohnheit hatte, immer hinter ihr herzulaufen, wenn sie sich von ihrem Ruheplatz entfernte. An diesem Morgen machte Hell das auch, während Dunkel sich nicht rührte und im Schatten eines Buschs liegen blieb. Als er dann schließlich doch aufstand und versuchte, hinter seiner Mutter herzuhumpeln, verlor er den Anschluß, drehte sich widerwillig um und humpelte in sein sicheres Versteck zwischen den Klippschlieferfelsen zurück. Später gesellte sich Hell zu ihm, und eine Weile saßen sie, eingerahmt von dem grünen und orangefarbenen Laub der Crotonbüsche, Seite an Seite, während ihre

Mutter sich weiter unten an der Lugga einen Platz zum Dösen suchte.

Das Fell der Jungen hatte inzwischen den grauen Farbton verloren und die Rosetten hatten sich so weit ausgedehnt, daß die Tiere fast schon wie erwachsene Leoparden aussahen, obwohl sie die Namen Hell und Dunkel immer noch zu Recht trugen. Seltsamerweise hatte Chuis letzter Wurf ebenfalls aus einem Hell und einem Dunkel bestanden, und das dunke Junge hatte genau wie Dunkel ein schmales Gesicht gehabt und geschielt.

Obwohl Chui sich ein ganzes Stück von den Höhlen der Jungen entfernt hatte, konnte sie die Paviane nicht loswerden. Für die Feigenbaumhorde gehörte die Dikdik-Lugga eindeutig zu ihrem Revier; manchmal schliefen sie in den Bäumen des Kampi ya Chui und gingen auch oft in dieser Gegend auf Nahrungssuche. Aber ganz gleich, wo Chui hingegangen wäre, sie wäre überall vor demselben Problem gestanden, denn diese anpassungsfähigen Primaten hatten fast die ganze Mara erfolgreich kolonosiert und brauchten auch eine Gegend mit Bäumen, Felsen und Büschen.

An diesem Nachmittag kümmerte Chui sich nicht um diese Dinge, sondern klemmte sich in einen Spalt, der durch drei überhängende Felsen gebildet wurde und sie vor der Sonne schützte. Ihre Jungen lagen sicher dreihundertfünfzig Meter weiter in den Büschen, die um die Klippschlieferfelsen herum wuchsen.

Nichts kündigte den Regen an: er war einfach plötzlich da. Chui richtete sich erschreckt auf, als ein Donnerschlag die Stille zerriß, und im gleichen Augenblick regnete es auch schon in Strömen. Ihr machte zwar ein kleiner Regenschauer nichts aus, aber jetzt mußte sie sich unter einem Busch unterstellen und konnte, um kein Wasser in die Augen zu bekommen, nur mit halb geschlossenen Lidern geduckt weiterkriechen. Die Lugga, die kurz zuvor noch ein trockener, komfortabler Ruheplatz gewesen war, hatte sich blitzschnell in einen reißenden braunen Fluß verwandelt.

Als der Regen nachließ, fingen die Vögel an zu singen, sie feierten wieder einmal das Ende der Trockenheit. Chui schüttelte sich ein paarmal und versprühte Tausende von winzigen Wassertropfen, die in den ersten Sonnenstrahlen glitzerten. Bevor sie ihr nasses Fell putzen konnte, hörte sie das hustende Geräusch von Hyänen in der Nähe des Kampi ya Chui. Es war der Feigenbaumklan, der sich mit den Nachbarn des Marschklans um ein getötetes Gnu stritt, das letzterer in ihrem gemeinsamen Revier geschlagen hatte. Die hungrigen Tiere stürmten aufeinander los, rannten wieder zurück und gaben dabei diese schrecklichen Kampflaute von sich, die einem das Blut in den Adern gerinnen lassen können. Diese plötzlichen Geräusche beunruhigten Chui, und sie lief sofort zu der Stelle, an der sie ihre Jungen zurückgelassen hatte.

Als sie an den Klippschlieferfelsen ankam, bot sich ihr ein Bild des Jammers. Zwei klatschnasse, verschmutzte Leopardenjunge saßen dicht aneinandergekauert auf einem Baum am Ufer der Lugga. Das Geräusch und der Anblick des reißendes Flusses, der plötzlich ihren Ruheplatz überschwemmt hatte, hatte sie vor Schreck erstarren lassen. Beim Anblick ihrer Mutter miauten sie in den höchsten Tönen und glitten schnell an dem Baum hinunter, liefen Chui um die Beine herum und bettelten verzweifelt um Milch und Wärme. Chui schien allerdings zunächst mehr daran interessiert zu sein, die Feuchtigkeit von ihrem Fell abzulecken, als ihnen zu helfen.

Schließlich legte Chui sich auf den schlammigen Boden und ließ die Kleinen säugen. Aber es dauerte nicht lange, da hörte Hell auf zu trinken und begann, sein nasses Fell mit heftigen Bewegungen zu putzen. Er überließ es Chui, Dunkel abzulecken, der sich überhaupt noch nicht geputzt hatte und dessen Fell noch völlig naß war. Mit ihrer rauher Zunge preßte Chui systematisch das Wasser aus seinem Fell, bis es wieder wie frisch frisiert glänzte.

Als Chui sich nun erneut Hell zuwandte, bohrte sich Dunkel wie ein hartnäckiger Maulwurf schnell unter den Bauch der Mutter. Der kleine Kerl sah abgehärmt und mager aus, seine gebeugte Körperhaltung erinnerte an einen alten arthritischen Mann, sein Hinterlauf war steif und wirkte nutzlos. Obwohl er es kurz zuvor geschafft hatte, auf den Baum zu klettern, bewegte er sich so wenig wie möglich, und als Hell ihn anstieß und mit ihm spielen wollte, ignorierte er die Einladung. Er war nur noch am Fressen interessiert.

Ich war überrascht, als sich die Jungen am nächsten Morgen immer noch neben ihrem überschwemmten Ruheplatz aufhielten. Ich hatte erwartet, daß Chui versuchen würde, sie an einen besseren Platz zu führen, aber möglicherweise war Dunkels Verletzung eine zu große Behinderung, so daß sie mit den Jungen keine größere Entfernung zurücklegen konnte.

Als ich ankam, lag Hell oben auf den Klippschlieferfelsen, aber sein Bruder war nirgends zu sehen. Es dauerte nicht lange, da kam Chui von der Lugga herauf. Sie suchte sich vorsichtig einen Weg über die – nachdem sich der Wasserspiegel wieder normalisiert hatte – noch glitschigen Felsbrocken. Hell lief der

Mutter entgegen, die sich niederbeugte und ihn ableckte, bevor sie sich in den Schatten der Crotonbüsche zurückzog. Ein paar Minuten später tauchte Dunkel aus einer kleinen Höhle in den Klippschlieferfelsen auf, in der er sich versteckt hatte.

Er reckte und streckte sich, fing dann an, sich zu putzen, und machte hier und da eine Pause, um Hell zu beobachten, der sich mit Chui balgte. Er spielte eine Weile mit seinem Schwanz und biß hinein. Aber als Chui sich noch weiter von ihm entfernte, konnte Dunkel sie nicht mehr ignorieren. Unter ziemlichen Mühen rappelte er sich hoch und humpelte auf seinen drei gesunden Beinen so schnell er konnte zu ihr hin und miaute sie gleichzeitig an, und sie antwortete ihm. Glücklich kletterte er über den Rücken seiner Mutter, die ihren Kopf nach hinten drehte und ihm das Gesicht leckte.

Es war traurig anzusehen, wie Dunkel versuchte, hinter seiner Mutter herzulaufen. Jeder Schritt schien ihm weh zu tun, und außerdem ließ Hell ihn nicht in Ruhe. Er ging auf seinen hilflosen Bruder los, warf ihn um, hielt ihn am Boden fest und biß ihn in Nacken und Hals. Dunkel, der durch seine Verletzung geschwächt war, konnte sich nicht wehren, sondern lag einfach nur still da und wartete darauf, daß sein Bruder die Lust an dem Spiel verlor. Aber wenn er dann versuchte, auf Chui zuzukriechen, um an ihre Zitzen zu kommen, wurde Hell durch die Bewegung aufs neue gereizt – er spielte mit Dunkel wie eine Katze mit einer verletzten Maus.

Es war deutlich zu merken, daß Hell nicht mehr so scheu war wie früher. Er war außerordentlich verspielt, jagte die Crotonbüsche hinauf und herunter und schikanierte seinen Bruder. Hell schien neue

Energie zu haben, er machte Luftsprünge und erinnerte manchmal an ein Kastenmännchen (Kasten, aus dem beim Öffnen eine Figur herausspringt. – A. d. Ü.). Es war schwer zu sagen, ob das mit dem neuen Selbstvertrauen zusammenhing, das er als Folge von Dunkels Verletzungen gewonnen hatte, ober ob das auf seine eigene natürliche Entwicklung zurückzuführen war. Was auch immer es sein mochte, Hell ließ jedenfalls keine Gelegenheit aus, Dunkel unter dem Daumen zu halten, solange der Bruder nicht hundertprozentig fit war.

In der zweiten Woche ihres Aufenthalts auf den Klippschlieferfelsen kehrte Chui eines Morgens mit den Hinterläufen eines gerade getöteten Antilopenkitzes zu den Jungen zurück. Sie hatte dem Muttertier und seinem Jungen auf dem flachen Hügel direkt westlich der Dikdik-Lugga nicht weit vom Kampi ya Chui aufgelauert. Einen Teil der Beute hatte sie bereits gefressen und konnte deshalb den Rest ohne Schwierigkeiten zu ihren Jungen tragen.

Als sie den Ruf der Mutter hörten, kamen die Jungen aus ihrem Versteck unter den Felsen und liefen zu Chui. Sie drängte sich an ihnen vorbei und schleppte die Beute zu den Klippschlieferfelsen. Dunkel humpelte zwar immer noch, aber es gelang ihm jetzt, mit der Mutter Schritt zu halten. Als sie die Beute losließ, nahm er sie sofort auf und trug sie in die Büsche.

Hell mußte sich damit begnügen, ein bißchen an der Mutter zu saugen, während sie gleichzeitig sein Fell putzte und dabei auch die Stellen säuberte, die er selbst nicht erreichen konnte. In dem Augenblick, als Hell sich Dunkel näherte, startete dieser einen wilden Angriff auf seinen Bruder, jagte ihn und brachte ihn zu Fall. Chui stand sofort auf, um dazwischenzugehen, aber die beiden Jungen rollten von ihr weg, bevor sie noch dazu kam. Sie überschlugen sich immer wieder und rollten wie zwei gefleckte Steine den Abhang bis zur Lugga hinunter, während sie sich gleichzeitig mit Zähnen und Klauen bekämpften. Als sie endlich wieder voneinander abließen, lief Dunkel sofort zu der Beute zurück und setzte sich schützend rittlings darauf, so daß selbst er nicht mehr darankam.

Hell kroch zu Chui zurück und veranstaltete sehr bald einen Ringkampf mit seiner Mutter, während Dunkel mehr Zeit damit verbrachte, seine beiden Familienmitglieder zu bedrohen als zu fressen. Aber letzten Endes kaute das hungrige Junge dann doch mit seinen scharfen Zähnen auf dem Fleisch herum.

Früher am Morgen war die Feigenbaumhorde auf den steinigen Hügeln im Osten aufgetaucht, das war nur achtzig Meter von den Leoparden entfernt. Langsam bewegten sie sich auf die Stelle zu, an der Dunkel geduckt lag. Chui kroch langsam näher an ihn heran. Sie spürte die drohende Gefahr und tat so, als wolle sie das Fleisch in ein Versteck bringen. Aber Dunkel dachte gar nicht daran, auch nur ein Stück davon aufzugeben. Das abgemagerte Junge, das seit Tagen kein Fleisch mehr zu Gesicht bekommen hatte und auch nicht so oft an die Zitzen der Mutter gekommen war, wie er es gern gehabt hätte, machte jetzt einen wilden Eindruck. Dunkel begegnete seiner Mutter mit dem ganzen Verhaltensrepertoire an akustischen Drohungen und zwang sie, sich wieder hinzulegen.

Chui rief Hell zu sich und ließ sich wieder zwischen den beiden Jungen nieder. Aufmerksam lauschte sie auf die Geräusche der Paviane, die immer noch zu hören waren. Dunkel hatte inzwischen beschlossen, mit seiner Beute umzuziehen, und schleppte sie verlockend nahe an Chui und Hell vorbei, bevor er sie hinter einen anderen Felsen ziehen konnte. In demselben Augenblick senkte Chui den Kopf, wälzte sich herum und rutschte auf dem Bauch durch den Spalt. Sie hielt einen Augenblick lang inne, blickte noch einmal zurück und verschwand dann. Die Paviane kamen zurück.

Überraschenderweise humpelte Dunkel zu Hell hinüber und rieb sich freundschaftlich am Kopf seines Bruders. Aber Hell, der hungrig war, hatte im Moment nur Interesse am Fressen. Er versuchte, unauffällig an seinem Bruder vorbeizukriechen. Als Dunkel das merkte, lief er schnell zu seiner Beute und genauso schnell wieder zurück. Hell nützte seine Chance, und als Dunkel beim nächsten Mal versuchte zurückzukommen, hatte er verloren. Jetzt war das Fleisch in Hells Besitz, und er sprang schnell nach vorn, um es zu verteidigen. Fast eine Minute lang kämpften die beiden Jungen heftig miteinander. Bei Löwen habe ich einen derartigen Kampf nie beobachtet; bei ihnen endete ein solcher Streit, kaum daß er angefangen hatte, und Geparden verhielten sich angesichts einer Beute nie so.

Es war fast zehn Uhr, und die Jungen blieben bei Chui in der Lugga. Sie waren nach ihrer heftigen Auseinandersetzung etwas ruhiger geworden. Die Feigenbaumhorde tauchte nun wieder in voller Stärke auf und machte an einem größeren Tümpel, der sich weiter stromauf an der Lugga gebildet hatte, eine kurze Rast, um dort zu trinken. Kurz darauf näherte sich eine Gruppe großer, imposant wirkender Männchen dem Versteck der Leoparden bis auf dreißig Meter. Unter einem Akazienbusch legten sie eine Pause ein und fraßen, dabei schienen sie sorgfältig die Situation abzuschätzen.

Hell war so hungrig, daß er beschloß, die gefährlichen Paviane zu ignorieren und zu der Stelle zu gehen, an der er seine Beute zurückgelassen hatte. Er hatte sich kaum in Bewegung gesetzt, da hatte ihn schon einer der Paviane mit seinen scharfen Augen entdeckt und lief mit aggressiven Gesten auf den Crotonbusch zu. Hell duckte sich über der Mahlzeit, bis der Pavian ihn angriff, dann flüchtete er sich in die Höhle in den Klippschlieferfelsen.

Im gleichen Augenblick erhob sich Chui aus ihrem Versteck in der Lugga und stieß tiefe Knurrlaute aus. Das Männchen seinerseits knurrte und gähnte Chui an, wie es sich in einer solchen Situation für einen Pavian gehört, während drei weitere Paviane angelaufen kamen und einen furchterregenden Chor aus Bellen und Schreien anstimmten. Das mutigste Männchen sprang noch einmal nach vorn und pflanzte sich mit gesenktem Kopf vor Chui auf. Er schien finster entschlossen, die Lepoparden aus ihrem Versteck zu vertreiben, doch er hatte damit keinen Erfolg.

Sobald die Paviane wieder weg waren, lief Hell zur Beute zurück, die unversehrt geblieben war. Das hungrige Junge versuchte, die Beute auf einen der unteren Äste eines Crotonbuschs in Sicherheit zu bringen. Als sie von dort herunterfiel, nahm er sie sofort wieder auf und trug sie erneut auf den Busch. Aber als eines der Antilopenbeine vor Chui auf die Erde fiel, machte sie blitzschnell einen Satz und schnappte sich das Stück.

Hell mühte sich weiter ab, seine Beute in den Ästen des Crotonbuschs zu verstecken, aber jedesmal, wenn

Jetzt war der Kadaver plötzlich kein Spielzeug mehr, sondern Nahrung.

Chui verbarg sich in einer engen Höhle in der Nähe des Hügelkamms. Die Affen bemerkten sie nicht.

Oben: Offenbar hatten die Löwen beschlossen, in der Leopardenschlucht zu bleiben. Unten: Immer wieder tauchten Leoparden in den Mara-Büffel-Felsen auf. Dieses Weibchen war besonders scheu.

Oben: Hell und seine Mutter Chui. Rechts: Eine verängstigte Löwenmutter trägt ihr Junges in sein sicheres Versteck.

Nächste Doppelseite: Die Farben des Himmels nahmen einen wärmeren Ton an, bevor sie ganz in der Dunkelheit verschwanden.

Nur in allergrößter Not sucht ein Leopard auf der Flucht Zuflucht auf einem Baum.

er davon fressen wollte, fiel sie wieder herunter. Erst nach dem achten Versuch gab er auf.

Chui ging weg und rief ihre Jungen zu sich. Dunkel lief sofort hinter ihr her, und kurz darauf verließ auch Hell die Reste seiner Beute und schloß sich ihnen an. Später untersuchte Chui dann sehr sorgfältig die Stelle, an der sie anfangs gefressen hatten. Aber zuerst schärfte sie ihre Krallen an dem schlanken Stamm eines Crotonbuschs. Zweimal unterbrach sie ihre Wanderung, um ihren Darm zu entleeren, einmal in der Nähe des Crotonbuschs, wo die Jungen gefressen hatten, und einmal an der Stelle, an der sie ihre Beute zum erstenmal abgelegt hatte. In beiden Fällen verscharrte sie ihre Losung unter Gras und Erde, obwohl schwer zu erkennen war, ob sie sie damit wirklich bedeckte oder nur sichtbare Kratzspuren neben der Losung hinterließ. Das Zuscharren kann nämlich dazu führen, daß die Duftstoffe der Losung durch die Feuchtigkeit des Bodens und die Aktivität der Bakterien noch verstärkt werden, nachdem der Geruch sich zunächst abgeschwächt hat.

Kurz nach Mittag führte Chui die Jungen zu einem anderen Rastplatz, der an der Stelle in der Dikdik-Lugga lag, an der sie den Nachmittag zuvor verbracht hatten. Es war ein idealer Platz, hundert Meter südlich der Klippschlieferfelsen. Auf dem Grund der Lugga gab es schöne flache Felsbrocken, auf die man sich legen konnte, und Chui konnte sich mit ihren Jungen im Dickicht der überhängenden Pflanzen verstecken. Je nach Sonnenstand wechselte sie ihren Standort von einer Seite des Flußbetts zur anderen. Aber das Wichtigste war ein Euclea-Baum, der sich in einer sanften Krümmung am Ostufer erhob und den Leoparden eine Fluchtmöglichkeit bot, falls sie von Löwen oder

Hyänen angegriffen wurden. Außerdem konnte Chui von diesem Baum am Steilufer der Lugga aus die ganze Umgebung überblicken und sehen, was sich in der Welt um sie herum abspielte.

Es war drückend heiß. Die Jungen lagen flach auf dem Rücken, ihre fetten weißen Bäuche reflektierten das Licht das Nachmittagshimmels. Fünf Meter über ihnen hatte Chui es sich im Baum bequem gemacht. Als die Jungen gemerkt hatten, wohin ihre Mutter verschwunden war, riefen sie nach ihr. Doch Chui beachtete sie nicht, sondern genoß die Einsamkeit dort oben. Schließlich gab sie aber nach und kletterte herab, um sie zu säugen.

Später stieg Chui von neuem auf den Baum und kratzte an der Rinde. Hell begleitete die Mutter und hinterließ ebenfalls seine Kratzspuren auf der Baumrinde. Als es anfing zu regnen, zog Chui wieder nach Norden und ließ Hell und Dunkel an den Klippschlieferfelsen zurück. Dort konnten die beiden an den Haut- und Knochenresten nagen, die von der Beute der Mutter übriggeblieben waren.

Hell wanderte ziellos an der Lugga entlang und trat aus Versehen einen Stein los. Er polterte das Ufer hinunter und veranlaßte Hell, in gespieltem Erschrecken einen kleinen Sprung nach hinten zu machen. Dann schlug er mit den Pfoten nach den Steinen, als wären sie lebendig, und löste damit eine kleine Lawine aus, so daß ein ganzer Steinhaufen in der Lugga niederging. So etwas konnte Dunkel trotz seiner Verletzung nicht einfach übersehen. Er humpelte zielsicher zu seinem Bruder hin, und eine Weile versuchten beide erfolglos, die erste Begeisterung über den polternden Stein noch einmal zu erleben.

Chui zog weiter bis zu einer Insel aus dichten Crotonbüschen am Rand der Lugga. Eine Windspielantilope, auch Dikdik genannt, stand ganz steif dort, beugte ihre Nase nach unten und gab beim Ausatmen einen weithin hörbaren pfeifenden Warnruf von sich. Die anderen Dikdiks blieben stehen, lauschten dem Ruf und strengten ihre scharfen Antilopenaugen an, um den Räuber auszumachen. Chui drehte sich um, ging durch die Lugga zurück und schenkte den zierlichen Wesen, die sie beobachteten, keine Beachtung mehr. Sie blieb nur einmal stehen, richtete sich mit gebeugten Hinterläufen auf und kratzte wieder einmal eine Botschaft in die Rinde eines Akazienbuschs. Dann marschierte sie weiter zum Kampi ya Chui, während sich Hell und Dunkel in ihrem sicheren Versteck in den Büschen der Klippschlieferfelsen miteinander beschäftigten.

Die Leopardenfamilie

In der Nacht war Chui auf die Jagd gegangen und hatte einen ausgewachsenen Thomsongazellenbock getötet. Sie hatte die zierliche Antilope, die nicht weit vom Kampi ya Chui graste, lange beobachtet und zugesehen, wie diese ihr Revier markierte. Als die Leopardin in der Dunkelheit nicht mehr gesehen werden konnte, hatte sie sich von der Ostseite des Waldes angepirscht und gewartet. Schließlich hatte sich die Gazelle zur Ruhe gelegt, so daß Chui sich unbemerkt anschleichen konnte. Am anderen Morgen hing die restliche Hälfte der Beute in einem schlanken Baum, der ungefähr hundertdreißig Meter nördlich des Kampi ya Chui über das Westufer der Dikdik-Lugga ragte.

Das Geräusch tapsender Pfoten und das Rascheln des Laubs verrieten den Aufenthaltsort der Jungen, die sich gegenseitig jagten und im Flußbett der Lugga Ringkämpfe veranstalteten. Sie lebten gut versteckt in ihrer schattigen Welt, und man konnte nur manchmal einen Blick auf ihr geflecktes Fell erhaschen. Hin und wieder machten sie eine Pause und putzten sich eifrig, kratzten an Bäumen und Büschen oder bissen hinein.

Zwei Massai, die sich mit hohen Stimmen unterhielten, gingen am Ostufer der Lugga vorbei. Hell und Dunkel mußten die Stimmen gehört haben, aber sie zeigten nicht die mindeste Reaktion. Wahrscheinlich unterschieden sich diese Stimmen für sie nicht von den Stimmen der Touristen, die ihnen schon vertraut waren.

Die Massai wanderten häufig zur Dikdik-Lugga und brachten ihre Herden dort an den schlammigen Tümpeln zur Tränke, die während der Trockenzeit für sie wichtige Wasserreservoire darstellten.

Kurz vor Mittag tauchte noch ein Massai auf. Er trug eine prächtige blutrote Shuka und ging lässig auf meinen Wagen zu. Nachdem wir uns begrüßt hatten, fragte mich der Mann, wo denn meine ›Manyatta‹ sei und ob er etwas Wasser bekommen könne. Als ich ihm erklärte, daß ich nur ein wenig Tee hätte, sagte er, Tee wäre ihm auch recht. Ich bot ihm ein Ingwerplätzchen an, das er sorgfältig inspizierte, bevor er es aß. Es schien ihm gut zu schmecken, denn er wollte noch eines haben. Ich gab ihm den Rest der Schachtel und fragte mich, was die Leopardenjungen wohl von all dem hielten. Bevor er sich von mir verabschiedete, lud er mich in seine ›Manyatta‹ am Talek-Fluß ein, die gleich außerhalb des Reservats im Osten lag, und bestand darauf, daß ich bei ihm zu Hause das Fleisch mit ihm teilen müsse. Dann machte er sich wieder auf den Weg und überquerte die Lugga nur fünfunddreißig Meter von dem Baum entfernt, auf dem Chui ihre Beute gelagert hatte. Ich warnte ihn vor der Leopardin und ihren Jungen, aber er nickte nur und schien über sie Bescheid zu wissen. Dann zuckte er die Achseln und ging.

Ich saß da und beobachtete ihn, wie er durch die Ebene schritt. Das Wild wich zur Seite und machte ihm Platz, hinter ihm strömten die Tiere wieder zusammen, und schließlich war er nur noch ein winziger Fleck am Horizont.

Ich dachte über uns beide nach. Ich mit meinen Notizbüchern und meiner Kamera nahm alles so ernst und saß in meiner kleinen lauten Kiste wie in einem Kokon. Der Massai paßte viel besser als ich in diese natürliche Welt, die er mit Chui teilte.

Im dunklen Schlamm am Boden der Lugga waren Chuis Fußspuren deutlich zu erkennen, sie zeigten den Weg, den sie am Morgen von und zu ihrer Beute genommen hatte. Jetzt hatte sie sich gut versteckt im Dickicht der Kampi ya Chui dreihundertfünfzig Meter von ihren Jungen entfernt zur Ruhe gelegt.

Es war heiß und feucht, dicke weiße Wolken türmten sich wie Wattebäusche am Himmel auf. Hell und Dunkel lagen zwischen zwei großen Felsblöcken auf dem Boden der Lugga. Dunkel hatte sich mit ausgestreckten Vorderläufen gegen Hell gestemmt, so als wolle er ihn abwehren, während Hell seinem Bruder die Füße auf Nase und Stirn gesetzt hatte. Es sah äußerst unbequem aus, aber beide dösten friedlich vor sich hin.

Vogelgezwitscher kündigte wieder einmal Regen an. Obwohl die paar Regentropfen schnell verdunstet waren, konnten sie die drückende Hitze doch vorübergehend etwas mildern. In der Zwischenzeit richtete sich Chuis ganze Aufmerksamkeit darauf, ob es irgendwo etwas zu jagen gab.

Um halb vier kehrte sie wieder an die Stelle zurück, an der sie die Jungen zurückgelassen hatte. Die beiden liefen der Mutter entgegen, drückten sich zur Begrüßung an sie, bevor sie sich an ihrer Seite niederließen, damit sie ihr feuchtes Fell putzen konnte, während sie neben ihr lagen und saugten.

Als die Jungen ein paar Minuten später genug getrunken hatten, kletterte Chui in den schlanken Euclea-Baum. Sie sah sich erst sorgfältig um und rief dann die Jungen. Die kleinen Leoparden blickten fragend nach oben, und Hell beantwortete den Ruf. Chui rief noch einmal und forderte ihn auf nachzukommen. Dunkel hatte allerdings keine große Lust, zu ihr hinaufzuklettern.

Der Baum war für die kleinen Leoparden ideal, denn sie konnten auf den ersten Teil klettern, ohne ihre Krallen gebrauchen zu müssen. Aber Dunkel hatte sein Selbstvertrauen nach dem Sturm noch nicht wiedergefunden, und wenn er die Klauen spreizte, schien ihm das immer noch weh zu tun. Wahrscheinlich hatte er sich einen Muskel gezerrt. Er beschränkte sich deshalb auf die unteren, dickeren Äste, auf denen er sich besser bewegen konnte. Hell kannte solche Hemmungen nicht, sondern kletterte geschickt über seinem Bruder herum und probierte selbst die höchsten und dünnsten Äste aus.

Kurz vor fünf Uhr verließ Chui die Jungen und machte sich auf den Weg durch die Lugga nach Süden. Hell wollte mit ihr gehen, blieb aber zurück, als er kein aufmunterndes Zeichen erhielt.

Chui schlich sich im Schutz des Dickichts zu dem Baum, an dem ihre Beute hing. Sie war hungrig und hatte keine Lust, bis zum Anbruch der Dunkelheit zu warten. Statt dessen pirschte sie sich an den Baum heran, als wäre er ein scheues Wild. Mit einem leichten Satz sprang sie hinauf und zwängte sich an dem Kadaver vorbei auf einen Ast, der direkt darüber hing, und machte es sich dort bequem. Hungrig riß sie an dem zarten Fleisch, löste die Fleischstücke mit den Schneidezähnen und benützte die Backenzähne, um kleinere Knochen durchzubeißen und die Rippen abzutrennen.

Als die genug gefressen hatte, packte Chui den Rest der Gezelle am Nacken, stemmte die Hinterläufe gegen den Stamm und versuchte den Kadaver von dem Ast loszureißen. Aber es war, als versuche sie einen Enterhaken loszureißen, je stärker sie zog, um so fester klemmten sich die Hörner der Gazelle in die Astgabel. Chui blieb zum Schluß nichts anderes übrig, als die Beute dort zu lassen, wo sie hing, mitnehmen konnte sie sie nicht.

In der Nacht führte Chui ihre Jungen dann von ihrem Ruheplatz zu der Beute. Die beiden waren sehr froh, mitgehen zu dürfen, denn sie hatten bei der Begrüßung das Blut und die Fleischreste im Gesicht ihrer Mutter gerochen und geschmeckt. Bis zu diesem Tag hatte Chui die Nahrung immer zu den Jungen gebracht, weil sie dann nicht riskieren mußte, mit einem anderen Raubtier zusammenzustoßen. Das gleiche Verhalten ließ sich auch bei dem Mara-Büffel-Weibchen beobachten.

Während Chui jetzt fraß, kletterte Hell auf den Ast und bahnte sich unter dem schlanken Bauch der Mutter einen Weg zu dem saftigen Fleisch. Er duckte sich und riß mit seinen scharfen Schneidezähnen kleine Fleischfetzen ab, während Chui die Beute mit einer Pranke festhielt. Da der größte Teil des Kadavers aufgefressen war, riß Chui das Fleisch vom Hals und von den Gesichtshälften der Gezelle ab, so daß schließlich nur noch eine grausige Maske übrigblieb, die an einem Fleischfetzen baumelte. Dunkel schloß zu den beiden auf und drängelte sich auf dem schmalen Ast an Hell vorbei, während Chui wieder nach unten kletterte.

Obwohl alle drei Leoparden inzwischen rundliche Bäuche hatten, war Dunkel entschlossen, weiter zu essen. Er fauchte das Fleisch an, das so verführerisch nah vor ihm baumelte, vollführte gefährliche Balanceakte auf dem schmalen Ast und gab sich die größte Mühe, den Kopf der Gazelle nach oben über den Ast zu schwingen. Wenn ihm das gelungen wäre, wäre der Kleine fünf Meter tief auf die Erde gefallen.

Chui tauchte plötzlich mit Hell am Ostufer der Lugga auf. Sie stieß einen Lockruf aus, blickte über die Schulter zu Dunkel hinüber, der immer noch fraß, und forderte ihn auf, ihr zu folgen. Aber der Kleine war viel zu sehr mit der Beute beschäftigt, um den Ruf seiner Mutter hören zu können, deshalb zog sich Chui widerstrebend wieder in die Lugga zurück.

Später kletterte sie von neuem auf den Baum und riß den Kopf des Kadavers mit einem gewaltigen Ruck los. Dann begab sie sich wieder nach unten, während Dunkel sich mit den übriggebliebenen drei Beinen beschäftigte, die noch im Baum hingen. Er hatte sogar versucht, seine Mutter daran zu hindern, ihm den Kadaver abzunehmen. Aber diesmal hatte Chui ihm die Beute ganz schnell entrissen und ihm mit ihrer großen Vorderpfote eins auf den Kopf gegeben.

Chui schnupperte am Fuß des Baumstammes und fraß zwischendurch kleine Fleischstücke, die sie vorher übersehen hatte. Dann rief sie die Jungen und schlich sich vorsichtig zum Rand der Lugga. Chui blickte angestrengt nach Westen, wo die Massai-Hirten und ihre Herden auf ihrer täglichen Wanderung zu den frischen Weidegründen waren. Sie warf noch einen letzten flüchtigen Blick auf die Eingeborenen, überquerte ein Stück offenes Land und verschwand dann hinter den dichten Büschen, die weiter oben in der Lugga wuchsen. Die Jungen trotteten mit angelegten Ohren schnell hinter der Mutter her.

Als sie den schattigen, kühlen Boden der Lugga erreicht hatten, legte Chui sich hin und säugte die Jungen. Als sie fertig waren, ging sie langsam in nördliche Richtung, wobei sie immer wieder im Schatten eines Busches stehenblieb. Schließlich erreichte die Leopardin auf diese Weise langsam den alten Ruheplatz der Jungen in der Nähe des Euclea-Baums. Als sie sich dort häuslich niedergelassen hatten, ließ Chui sie allein und machte sich aufs neue davon.

Im Laufe des Nachmittags wurde die Hitze immer drückender. Kein Lüftchen regte sich, und eine dichte Wolkenschicht warf die Schwüle auf die Erde zurück. Hell war besonders unruhig, er stand immer wieder auf, lief ein paar Schritte und ließ sich dann erneut auf den Boden plumpsen. Er putzte sich, reckte sich, wälzte sich auf den Rücken und riß mit den Pfoten spielerisch Büschel der kitzelnden Grashalme aus, die um ihn herum wuchsen. Dann war er schon wieder auf den Beinen, pirschte sich an einen nahegelegenen Baum an und ließ sich vom Geräusch der Vögel faszinieren, die in der Laubkrone zwitscherten.

Hell kroch geräuschlos auf den Baum, aber die Vögel konnten ihn sehen und beobachteten ihn aufmerksam. Bevor er ihnen etwas antun konnte, flogen sie weg. Er entschloß sich zu einer Pause und legte sich in typischer Leopardenart auf einen Ast, der für ihn maßgeschneidert zu sein schien. Dabei ließ er die Vorder- und Hinterläufe faul herunterbaumeln und preßte das Kinn und den Bauch dicht an den Ast. So lag er versteckt unterhalb der Laubkrone, und nur seine weiße Schwanzspitze, die sich hin und her bewegte, war zu sehen.

Als die ersten dicken Regentropfen auf die Blätter fielen, richtete Hell sich auf und schaute sich um. Eine kühle Brise strich durch das Laub über seinen Kopf, während das sanfte Plätschern des erfrischenden Regens auf die Felsen trommelte. Hell rührte sich nicht vom Fleck, sondern schloß einfach die Augen und schlummerte unter dem Regenschirm aus grünen Blättern weiter.

Kurz nach fünf Uhr tauchte Chui wieder am Westufer der Lugga auf, nicht weit von der Stelle, an der Hell lag. Einen Augenblick lang stand sie da im sanften Licht der Nachmittagssonne und warf erst einen Blick nach Westen, dann nach Osten, bevor sie zu den Jungen lief.

Hell sah die Mutter kommen und kletterte eiligst vom Baum herunter, wobei er Dunkel beinahe auf den Kopf getreten wäre, der unten aus einem Hohlraum zwischen den Wurzeln hervorschaute, in dem er sich ausgeruht hatte. Spornkuckucke mit weißen Köpfen zwitscherten sich gegenseitig an, während die beiden Jungen um die Mutter herumwieselten, sich genüßlich an ihr rieben und sie mit ihren flauschigen Schwänzen unter dem Kinn, auf der Brust und an den Vorderläufen streichelten. Chui begrüßte ihre Jungen nicht, sie leckte sie lediglich.

In den nächsten zwanzig Minuten putzten sich Chui und ihre Jungen gegenseitig und spielten miteinander. Die Jungen machten Ringkämpfe, und Chui gab ihnen hin und wieder einen Klaps mit der Pfote und biß sie liebevoll. Ab und zu legten sich die Jungen hin und saugten, manchmal nur zwei oder drei Minuten, selten länger als zehn, wenn sie auch häufig länger an Chuis Zitzen dösten. Obschon Dunkel offenbar weniger Lust als Hell hatte, mit Chui zu spielen, entsprach er doch wohl eher dem Stereotyp, das der Mensch von den Leoparden hat: reserviert, selbstbewußt und geheimnisvoll.

Chui und Hell kämpften spielerisch mit offenen Mäulern miteinander, bis Chui den Kopf des Jungen fest zwischen ihre Vorderpfoten nahm. Jetzt, wo Hell sich nicht mehr rühren konnte, leckte sie mit ihrer großen rauhen Zunge seine Nase, seine Augen, Ohren und die Stirn, während er vollkommen stillhielt. Aber als sie ihn dann losließ, sprang Hell hoch und spielter wieder mit der Mutter und überschüttete sie mit Zärtlichkeit.

Chui putzte sich häufiger, als ich das je bei Löwen oder Geparden gesehen hatte. Manchmal leckte sie sich nur beiläufig eine Pfote oder den Hals, aber mitunter entwickelte sich das zu einer ziemlich aufwendigen Prozedur. Das Verhaltensmuster variierte je nach den äußeren Umständen und danach, welcher Körperteil geputzt werden mußte. Oft knabberte sie an ihrem Fell und benützte dabei ihre Schneidezähne, um Zekken und andere Parasiten herauszulösen oder um Schmutzkrusten aus ihrem Fell zu lockern und zu entfernen.

Die gleiche Geschmeidigkeit, mit der der Leopard sich so perfekt an seine Beute heranpirscht, um dann blitzschnell anzugreifen, erlaubte es Chui auch, sich mit seitlich ausgestreckten Vorderpfoten nach hinten zu beugen, um ihren Bauch zu putzen. Wenn sie ihre Genitalregion erreichen wollte, legte sie einfach einen Hinterlauf über die Schulter und beugte sich nach hinten, um sich sauber zu lecken. Dabei verteilte sie ihre individuellen Geruchsstoffe auf größere Teile ihres Fells.

Um beim Putzen der Extremitäten das Gleichgewicht nicht zu verlieren, hakte Chui manchmal ihre scharfen Krallen in den Rumpf oder die Schwanzwurzel und brachte so den gewünschten Körperteil in die Reichweite ihrer Zunge.

Die Zunge einer Katze ist mit zurückgebogenen haarähnlichen Zungenwärzchen – den Papillen – bedeckt. Deshalb ist sie so rauh, daß sie nicht nur als Reinigungswerkzeug, sondern auch zum Abraspeln der Fleischreste von den Knochen zu gebrauchen ist. Aber das Putzen hat bei den Leoparden nicht nur eine reinigende Funktion. Wenn Chui ihre Jungen putzte, verstärkte sie die Bindung zwischen sich und ihren Söhnen. Außerdem hat diese Prozedur wegen der Verdunstung des Speichels auch einen kühlenden Effekt und versorgt die Jungen mit zusätzlichem Vitamin D, ein Vitamin, das auf dem Fell der Tiere unter Lichteinwirkung produziert wird.

Am nächsten Morgen befanden sich die Jungen noch an derselben Stelle, und als sie sich zur Ruhe niedergelassen hatten, fuhr ich weg, um Chui zu suchen. Sie schien spurlos verschwunden zu sein, also fuhr ich wieder dorthin, wo sie Hell und Dunkel zurückgelassen hatte. Aber zu meinem Entsetzen fand ich dort nicht die beiden jungen Leoparden, sondern eine Hyäne, die mit vollem Bauch zufrieden auf der Seite lag. Einen Augenblick lang hatte ich eine Vision, was wohl in dem aufgeblähten Bauch stecken könnte.

Ich suchte über eine Stunde lang, fand aber keine Spur von den beiden Jungen und warf noch einmal einen vorwurfsvollen Blick auf den fetten Bauch der

Hyäne. In diesem Augenblick begannen in einem Baum Vögel zu zwitschern. Das waren die typischen Warnrufe, die ich schon so oft gehört hatte, wenn die Jungen in Sicht kamen. Der Baum war etwa sieben Meter hoch, und ganz oben in der Spitze lag Dunkel. Der blickte aufmerksam von seinem Aussichtsplatz hinunter und ließ die Hyäne nicht aus den Augen. Als nach und nach immer mehr Autos ankamen, zog es die Hyäne vor, sich ein Stück weiter in die Lugga zurückzuziehen. Dunkel blieb allein oben in seinem Baum und döste vor sich hin, ein kleiner, einsamer Schatten vor dem dunkelgrauen Himmel. Aber wo war Hell?

Kurz nach sechs Uhr stand die Hyäne auf, kratzte sich und schlenderte wieder zu dem Baum zurück, auf dem Dunkel immer noch saß. Vorher blieb sie aber an der Stelle stehen, an der Chui und die Jungen sich am Morgen ausgeruht hatten. Sie schnupperte, leckte am Boden und wälzte sich an der Stelle, an der die Leoparden gelegen hatten. Der Geruch der Raubkatzen schien die Hyäne zu faszinieren, sie schmatzte und fraß gierig alle Losung, die sie finden konnte. Als sie plötzlich laut niesen mußte, öffnete Dunkel erschrokken die Augen und reckte seinen Hals, um die Position des Tiers festzustellen.

Langsam bewegt sich die Hyäne auf Dunkel zu. Sie schnupperte an den Duftmarken, die sie unweigerlich zu dem Jungen führten, kletterte auf das steile Lugga-Ufer und stand jetzt direkt unter Dunkels Baum. Der junge Leopard hatte die Ohren gespitzt, gab keinen Laut von sich und ließ die Hyäne keine Sekunde aus den Augen. Nachdem sie das Gebiet sorgfältig inspiziert hatte, drehte sie sich jedoch um und entfernte sich in südlicher Richtung.

Die Windspielantilopen tauchten wieder aus dem dünnen Akaziendickicht auf, ohne jedoch das Leopardenjunge auf dem Baum zu entdecken. Die Antilopen, die nur so groß wie ein Terrier sind, bewegten sich ganz vorsichtig und suchten sich Früchte, Samen, Blüten und Blätter von verschiedenen Büschen und Kräuterpflanzen. Das Männchen, das an seinen Hörnern zu erkennen war, markierte die Stelle des Gemeinschafts-Misthaufens am Rande seines Reviers, während das Weibchen – mit dem er das ganze Leben lang zusammenlebt – und ihr gemeinsames Junges darauf warteten, es ihm gleichtun zu können.

Am nächsten Morgen war ich kolossal erleichtert, als ich Hell und Dunkel wieder zusammen sah. Sie hatten sich am Fuß eines Euclea-Baums versteckt, wo Ranken, Gräser und Laub zusammen mit den Baumwurzeln ein Dickicht bildeten, hinter dem sich eine Höhle verbarg. Es war fast unmöglich, die Jungen dort zu entdecken, und selbst das klügste und entschlossenste Raubtier hätte Schwierigkeiten gehabt, die jungen Leoparden dort herauszuholen.

Chui hastete an der Feigenbaum-Hügelkette entlang, um so schnell wie möglich zu den Jungen zu kommen und sowohl die Fliegen als auch die Autos loszuwerden, die sie verfolgten. Als sie die Stelle erreichte, an der sich der Hügelkamm mit der Lugga kreuzt, begann sie zu laufen. Dann war sie plötzlich im schattigen, kühlen Grün verschwunden. Es war gerade acht Uhr morgens.

Die Jungen beantworteten freudig den Ruf der Mutter, und bald darauf bewegten sich ihre Köpfe im gleichen Rhythmus auf und ab, während sie hungrig an Chuis Zitzen saugten. Obwohl sie ihnen kein Fleisch mitgebracht hatte und auch für sich keine

Beute geschlagen hatte, war sie dennoch in der Lage, ihre beiden vier Monate alten Jungen zumindest notdürftig zu ernähren.

Dunkels Bein war inzwischen ganz ausgeheilt, so daß er wieder richtig mit seinem Bruder spielen konnte, wobei keiner der beiden besonders zimperlich war. Früher oder später endeten diese heftigen Spiele immer damit, daß eines der Jungen entweder zu übermütig wurde oder selbst ein bißchen fester gebissen wurde, als ihm lieb war. Manchmal sah es sogar so aus, als sei es ein Nachteil, einen Bruder zu haben, weil das unweigerlich zu ernsten Verletzungen führen konnte, vor allem wenn sie zusammen auf Bäumen spielten.

Kurz nach zehn Uhr zog Chui mit den Jungen zu den Klippschlieferfelsen. Unterwegs machten sie eine Pause, um aus einem der kleinen Wassertümpel zu trinken, die sich nach den lang ersehnten Schauern angesammelt hatten. Es war heiß, und Chui hatte ungewöhnlich wenig Geduld mit den Jungen. Als sie an den Klippschlieferfelsen angekommen waren, ließ sie beide zunächst einmal saugen. Aber schon nach ein paar Minuten stand sie auf und zog weiter nach Norden, und dabei knurrte und fauchte sie die Jungen an, wenn sie mit ihrem Schwanz spielen wollten. Als Hell zur Mutter lief und noch einmal saugen wollte, wurde er barsch zurückgewiesen.

Je mehr Chui sie ablehnte, um so hektischer wurden die Jungen. Sie liefen herum und miauten kläglich. Dunkel versuchte ein weiteres Mal, an seine Mutter heranzukommen. Er legte die Ohren an und fauchte zurück, als sie ihn anknurrte. Aber damit provozierte er nur eine noch heftigere Reaktion. Chui ging mit offenem Maul auf den Kleinen los und schlug ihn mit der Pfote auf den Nacken. Der junge Leopard quietschte erschreckt und war überrascht, daß seine Mutter ihn so heftig abwehrte, obwohl sie ihn nicht wirklich verletzt hatte. Dunkel zog sich daraufhin vorübergehend zurück und legte sich auf einen Felsen im Halbschatten eines Crotonbusches. Die Entwöhnung von Hell und Dunkel würde Chui nicht leichtfallen, denn sie wollten immer noch saugen, sobald sie auch nur das kleinste Zeichen der Ermunterung bemerkten, ja selbst wenn sie sich vorher den Bauch mit Fleisch vollgeschlagen hatten.

Aus gutem Grund war Hell bedeutend vorsichtiger als Dunkel, wenn er versuchte zu saugen. Da seine Position an den Zitzen der Mutter näher an ihrem feindseligen vorderen Ende war, zog er es vor, weniger nachdrücklich zu sein. Chui zog die Beine unter sich, so daß er sich nicht mehr darunterquetschen konnte. Als Hell dann Dunkels direktere Methode anwandte, wurde ihm die gleiche Behandlung zuteil. Chui packte ihn einfach im Nacken und schleuderte ihn über die Felsen, daß er sich mehrmals überschlug. Nachdem sie ihre Milch den Jungen vierzig Minuten lang vorenthalten hatte, zeigte sie schließlich Verständnis. Sie legte sich auf die Seite und gab damit das Zeichen, daß sie bereit war, die beiden zu beköstigen.

Im Laufe des Tages brachte die Brise eine angenehme Feuchtigkeit mit sich. Alle drei Leoparden mußten inzwischen schnell atmen, um sich kühl zu halten. Dadurch machten sie einen außerordentlich gestreßten Eindruck, obwohl diese Methode sehr wirkungsvoll ist. Bei den Leoparden hat das Schwitzen zur Regulierung der Körpertemperatur nur eine geringe Bedeutung. Das Hecheln sorgt für Abkühlung, weil es die Verdunstung von Flüssigkeiten aus dem Nasentrakt, von der Zunge und aus dem Maul fördert. Chui hechelte manchmal über hundertfünfzigmal in der Minute. Der Energieaufwand ist dabei minimal, auch wenn es nicht so aussieht.

Chui achtete im allgemeinen immer darauf, jede Überanstrengung zu vermeiden. Wenn sie sich ausruhte, setzte sie sich nie für längere Zeit der direkten Sonnenbestrahlung aus, und sie vermied unnötige Anstrengungen während der heißesten Stunden des Tages. Sie trank zwar ziemlich regelmäßig, vor allem nach einer langen Wanderung am hellichten Tag, ab und an auch nach dem Essen, aber sie konnte auch über einen längeren Zeitraum ohne Wasser auskommen. Ein Leopard kann seinen Flüssigkeitsbedarf notfalls mit dem Blut und den Körperflüssigkeiten seiner Beute decken: So können sie in einigen der trockensten Gebieten Afrikas überleben – vorausgesetzt, sie vermeiden den Hitzestreß.

Chui hatte selbst Hunger, und das ständige Betteln der Jungen machte sie nervös. Es war ihr auf ihren nächtlichen Streifzügen nicht gelungen, etwas zu erbeuten. Da es jetzt kühler war, verließ sie die Jungen und folgte dem Lauf der Lugga in südlicher Richtung. Hin und wieder blieb sie stehen und sah sich in der Gegend um. Aber sie entdeckte nichts, was ihr Interesse geweckt hätte, nur ausgewachsene Gnus und ein paar Zebras. Diese Tiere waren zu groß für sie, es hatte keinen Sinn, sie zu jagen.

Letzten Endes waren es erneut die allgegenwärtigen Warzenschweine, die der Leopardin zu einer weiteren Mahlzeit verhalfen. Kurz nach zwei Uhr kam Chui mit einem Ferkel im Maul zur Dikdik-Lugga zurück. Sie sprang mit der Beute in einen weidenartigen Baum, der wie ein riesiger Galgen in einem Bogen über die Lugga ragte. Ohne zu fressen, deponierte sie das junge Warzenschwein auf einer passenden Astgabel und stieg dann wieder nach unten.

Dunkel reagierte als erster, er kletterte geschickt an der Mutter vorbei bis zu der Stelle, an der das Ferkel lag. Eine Windbö ließ den Ast, auf dem sich der kleine Leopard etwa sechs Meter über der Erde befand, gefährlich hin und her schwanken. Dunkel legte sich schnell ganz flach hin und begann, sich durch das zähe Fell zu beißen. Aber er hatte weder Stoßzähne noch Hörner, mit denen er die Beute hätte festhaken können. Und schnell kam es, wie es kommen mußte.

Dunkel kämpfte tapfer, damit der Kadaver nicht vom Baum fiel. Er hakte sich mit seinen spitzen Krallen an dem stattlichen Ferkel fest, das aber trotzdem immer weiter von dem Ast abrutschte. Es war einfach zu schwer für den jungen Leoparden.

Als der Kadaver dann schließlich zu Boden fiel, kamen überraschenderweise weder Chui noch Hell, um ihn für sich zu beanspruchen. Die jungen Leoparden hatten schon eine strenge Rangordnung bei der Fütterung aufgestellt. Derjenige, der zuerst an der frischen Beute war, nahm sie nicht nur in Besitz, sondern hatte damit auch vorübergehend einen höheren Rang und fraß, bis er satt war. Erst dann gab er friedlich die Beute frei und ließ seinen Bruder fressen. Das System hatte für beide Vorteile, denn die Zeit, in der sie sich bislang um die Nahrung gezankt hatten, wurde dadurch auf ein Minimum verkürzt. Obwohl die Beutetiere, die Hell und Dunkel in diesem Alter erhielten, häufig klein waren, reichten sie stets für beide. Allerdings nicht für ihre Mutter.

Chuis Verhalten den Jungen gegenüber war jetzt wieder entspannt und stand in krassem Gegensatz zu ihrer Reizbarkeit früher am Tag. Es war kühler geworden, und die Jungen hatten endlich Fleisch, um ihren Hunger zu stillen. Chui lag auf dem Rücken im schattigen Gras, und Dunkel hatte es sich auf ihrem Hals bequem gemacht. Das kleinere Junge hatte fast anderthalb Stunden lang gefressen, bevor es endlich satt war und Hell den Rest der Beute überließ.

Als Hell genug gefressen hatte, brachte er die Reste des Ferkels dorthin, wo Chui und Dunkel spielten. Er legte sie in zehn Meter Entfernung ab, ging zu seiner Mutter, ließ sich von ihr im Vorbeigehen das blutige Gesicht ablecken und verzog sich dann in den Schatten. Sofort erhob sich Chui und ging zu der Beute. Jetzt endlich konnte sie selbst fressen und mußte sich nicht mehr mit dem Blut und den kleinen Fleischfetzen zufriedengeben, die sie den Jungen aus den klebrigen Gesichtern geleckt hatte.

Chui fraß langsam und systematisch, hielt immer wieder zwischendurch inne und blickte sich um. Ihr war bewußt, daß sie und ihre Jungen besonders gefährdet waren, wenn sie unten auf dem Erdboden fraßen. Schnell zermalmte sie mit ihren starken Zähnen einen Beinknochen und schluckte ihn samt dem winzigen Fuß hinunter. Diese unverdaulichen Anteile der Nahrung würden allerdings bald wieder in ihrer Losung erscheinen.

Nichts würde von dem kleinen Beutetier verschwendet werden, denn Chui war immer noch hungrig. Sie biß die Magenwand auf und leerte den Inhalt, bevor sie auch diese fraß.

Dunkel gesellte sich zur Mutter und ließ seinen Schwanz wie einen haarigen Arm über ihren Rücken gleiten. Chui setzte sich hin wie eine große Hauskatze – mehr als Löwen und Geparden erinnerte sie mich an diese Tiere – und hob eine Vorderpfote, um sich sorgfältig das Gesicht zu putzen und damit anzuzeigen, daß sie ihre Mahlzeit beendet hatte.

In der folgenden Nacht ließ Chui die Jungen in der Lugga zurück und ging wieder auf Nahrungssuche. Am nächsten Morgen konnte man Hell und Dunkel schon ganz früh um eine Insel aus Steinen herumwandern sehen, die auf dem Boden der Lugga lag. Das wurde später ihr Lieblingsplatz, wenn sie sich in dieser Gegend aufhielten.

Da es ein klarer, sonniger Tag war, beschloß ich, die Mara-Büffel-Höhlen aufzusuchen. Dort hoffte ich, die andere Leopardenfamilie belauschen zu können. Man hatte mir gesagt, daß sie sich noch immer in der Gegend aufhielten, aber als ich schließlich dort ankam, hatten sich die Mutter und ihre Jungen in den Schatten und die Geborgenheit der Haupthöhle zurückgezogen.

Am Spätnachmittag fuhr ich an den Feigenbaumhügeln entlang zurück und war überrascht, Hell allein auf einer markanten Felsformation zu finden, die von einer Horde von Zwergmungos frequentiert wurde. Man erzählte mir, als ich weggefahren sei, sei Chui in die Dikdik-Lugga zurückgekehrt und habe ihre Jungen eingesammelt. Sie war dann mit ihnen zu den Zwergenfelsen gegangen, die anderthalb Kilometer östlich lagen. Aber obwohl ich die Umgebung sorgfältig absuchte, konnte ich keine Spur von Chui oder Dunkel finden.

Schließlich rollte Hell sich auf der glatten Oberfläche des Felsens zusammen. Er sah klein und sehr schutzlos aus und hatte den Kopf auf die Pfoten gelegt. Auf einmal bemerkte er eine achtzehn Monate alte Hyäne, die in das Tal lief, in dem sich bereits andere Hyänen des Hügelklans zu einer Mahlzeit versammelt hatten. Beim Anblick der Hyäne glitt Hell in echter Leopardenart von dem Felsen hinunter, hielt sich dicht am Boden und legte perfektes Pirschverhalten an den Tag. Er hätte keinen unbequemeren Ausguck wählen können – einen Wolfsmilchbaum, der dicht neben den Felsen wuchs. Er blickte nach oben durch das Labyrinth an Zweigen, die wie Finger aussahen und sich kaktusähnlich zum Himmel reckten. Aber es kam jetzt nicht auf Bequemlichkeit an, also brachte er sich mit seinen scharfen Krallen schnell in Sicherheit.

Am nächsten Morgen warfen die Wolken schon ganz früh blaue Schatten auf den entfernten Siria-Abhang. Die Feigenbaumhorde stieg gerade von ihren Schlafbäumen, als ich auf meinem Weg an den Zwergenfelsen vorbeikam. Ein Elefant und sein Kalb waren eifrig damit beschäftigt, die Büsche entlang des Hügelkamms abzufressen. Einige Schwarzfersenantilopen und ihre jungen Kitze beobachteten einen einsamen Schakal, der die Schulter und den Kopf eines glücklosen Gazellenkitzes im Maul trug und an ihnen vorbeirannte. Alle schienen hier zu sein, alle außer Hell. Heute war er spurlos verschwunden. Statt dessen fand ich Dunkel. Ich fragte mich, was das wohl zu bedeuten habe.

Dunkel war allein bei den Höhlen der Jungen, putzte sich, biß in Wurzeln und Pflanzenstengel und tat überaus beschäftigt. Kurze Zeit später ging er in westlicher Richtung an den Feigenbaumhügeln entlang. Er suchte sich einen Weg zwischen den Steinhaufen und schnupperte sorgfältig an allem, um die Witterung seines Bruders aufzunehmen. Da er klug war, bewegte er sich behutsam voran, so als wäre er unsicher, weil er nicht wußte, was ihn zwischen den Höhlen und Spalten erwartete. Als er auf seinem Weg an ihnen vorbeikam, legte er die Ohren an, duckte sich und fauchte die dunklen Öffnungen mit gebleckten Zähnen an.

Schließlich gab Dunkel seine einsame Suche auf. Er ging nicht mehr weiter. Das war eine kluge Entscheidung, denn in dieser Gegend befand sich einer der regulären Ruheplätze der Hyänen, und außerdem bestand die Möglichkeit, daß er hier einem Löwen des Schluchtrudels begegnen würde. Der junge Leopard blieb deshalb an einem Platz, an dem er sich sicher fühlte und der in der Nähe der Höhlen der Jungen lag.

Ein paar Minuten vor sechs Uhr begann ein Klippschliefer zu kreischen und veranlaßte Dunkel, nach oben zu blicken. Ich fragte mich, ob das Junge gelernt hatte, daß derartige Geräusche die Ankunft der Mutter signalisierten, denn es war tatsächlich Chui. Dunkel trottete ein paar Schritte weiter auf sie zu, blieb stehen und sah sich nervös um und galoppierte dann zu ihr hin. Sie trafen sich knapp sechzig Meter vor den Höhlen der Jungen. Dunkel war vor Freude über die Rückkehr der Mutter ganz außer sich.

Man konnte genau sehen, wie Chui immer unruhiger wurde, als ihr schließlich klar wurde, daß Hell nicht da war. Sie stand immer wieder auf, ging ein paar Schritte und kehrte erneut um. Jedesmal wenn Chui sich wieder hinlegte, versuchte Dunkel zu saugen. Und wenn er sich dann umdrehte und seinen Kopf an den ihren schmiegte, putzte sie ihn ganz gründlich. Chui richtete sich auf und suchte nach einem Zeichen des verlorenen Sohnes, der schon seit dem letzten Morgen weder von seiner Mutter noch von seinem Bruder gesehen worden war.

Eine halbe Stunde später lief Chui schnell zu den

Zwergenfelsen, und ihr ganzer Körper drückte eine gewisse Dringlichkeit aus. Bei jedem Zwischenstopp quietschte und miaute Dunkel und versuchte, an die Zitzen der Mutter zu gelangen. Aber Chui hatte es eilig, sie ließ ihren Sohn zwischen ihren Beinen durchlaufen, wie einen Zug, der durch einen Tunnel fährt. Sie wußte zwar genau, was er wollte, doch im Augenblick hatte sie andere Sorgen und beachtete ihn nicht.

Immer wieder blieb Chui stehen, schnupperte am Boden und zwischen den Felsen, um eine Spur von Hell zu finden. Als sie weiterlief, schoß eine Hyäne aus einer der vielen Höhlen, die überall auf den Feigenbaumhügeln zu finden waren. Chui starrte sie kurz und drohend an, so als wolle sie sich auf sie stürzen, und die Hyäne verschwand eilig zwischen den Felsen.

Dunkel lief schnell vor Chui her, so als hätte er etwas gesehen. Und plötzlich tauchte Hell aus dem Nichts auf und rannte auf Chui zu. Man konnte deutlich sehen, wie aufgeregt er war, als er seine Stirn am Kinn der Mutter rieb. Dunkel gesellte sich zu den beiden und preßte seinen Kopf an Hells Gesicht, dabei beschnupperte er ihn und nahm auf diese Weise wieder Kontakt zu seinem Bruder auf. Das war eine der seltenen Gelegenheiten, bei der die Jungen ein Ritual austauschten, das sie sonst nur an den Tag legten, wenn sie die Mutter begrüßten. Aber es war andererseits auch ungewöhnlich, daß die Jungen schon so früh in ihrem Leben voneinander getrennt waren.

Als ich am nächsten Morgen in aller Frühe zu den Zwergenfelsen zurückkehrte, waren Chui und die Jungen verschwunden. Ich beschloß deshalb, weiter nach Westen zu fahren und das Mara-Büffel-Weibchen und seine Jungen zu besuchen. Ich kam auf meinem Weg in nur zwanzig Metern Entfernung an den Bäumen vorbei, auf denen Chui und ihre Jungen Schutz gesucht hatten, aber ich habe sie dort nicht bemerkt.

Als ich später an diesem Morgen wieder zurückfuhr, sah ich vor mir auf dem Weg einen Wagen stehen. Chui lag dicht daneben unter einem Akazienbusch, und Hell und Dunkel hatten es sich in der Rundung ihres Körpers bequem gemacht. Ich hätte nie gedacht, Chui und ihre Jungen ausgerechnet hier anzutreffen. Die Stelle lag vier Kilometer von den Zwergenfelsen entfernt in der Nähe der Ostgrenze von Chuis Revier. Es war eine Gegend, die bei den Hyänen außerordentlich beliebt war. Der Grund, warum sie diesen gefährlichen Ausflug mit den Jungen unternommen hatte, hing in der Spitze eines nahegelegenen Baums: die Reste des Kadavers einer männlichen Thomsongazelle.

Dunkel war der erste, der sich von Chui entfernte, er ging zu dem Baum und zog sich mit seinen Krallen bis nach oben. Hell saugte weiter und trampelte auf der Brust der Mutter herum, um den Milchfluß anzuregen, während Chui seinen Kopf putzte. Als er einigermaßen satt war, kletterte Dunkel wieder vom Baum herunter und gesellte sich zu Chui, die sich putzte.

Als Chui dann fressen wollte, gingen die Jungen weg und trotteten zu einem anderen Baum, der in etwa fünfundsechzig Metern Entfernung stand. Sie ignorierten die Lockrufe der Mutter, die sie mitnehmen wollte. Hell und Dunkel wurden allerdings sehr bald nervös und rutschten schon zehn Minuten später wieder von dem Baum herunter, und zwar zunächst mit dem Kopf voran, dann seitwärts und schließlich rückwärts. Sie warfen ein paar ängstliche Blicke in die

Richtung, die die Mutter eingeschlagen hatte, und liefen dann schnell nach Osten. Man konnte deutlich erkennen, wie ängstlich und schutzlos junge Leoparden sind, wenn sie der Mutter zum erstenmal in ein unbekanntes Gebiet folgen.

Chui ließ bald von ihrer Beute ab und machte sich auf die Suche nach den Jungen. Sie blieb ständig stehen, blickte sich um und rief sie, bevor sie dann erneut mit der Nase dicht am Boden die Spur der Jungen verfolgte. Endlich wurden ihre klagenden Rufe beantwortet. Die Kleinen hatten sich zweihundert Meter von der Beute zwischen Felsen und Büschen versteckt. Sobald sie Chui sahen und ihre vertraute, beruhigende Stimme hörten, rannten sie zu ihr hin.

Die Ankunft eines Schlangenadlers, der im Sturzflug vom Himmel geschossen kam, um im Gras den Magen der Gazelle zu inspizieren, ließ Chui nach oben blicken. Als der Vogel gelandet war, raste Chui zurück und jagte dem Adler seine Mahlzeit ab. Dann kletterte sie wieder auf den Baum, und diesmal kletterten die Jungen folgsam hinter ihr her.

Die jungen Leoparden hatten offenbar schon in der Nacht von der Gazelle gefressen, denn beide hatten, wie Chui, gut gerundete Bäuche. Eine ausgewachsene männliche Thomsongazelle wiegt mindestens vierzig Pfund, und Chui hatte sich schon am Tag zuvor daran gütlich getan, bevor sie sich auf die Suche nach den Jungen gemacht hatte.

Chui blickte auf Hell hinunter, der das Fressen schon wieder sein ließ und von ihr wegtrottete. Zehn Meter vor dem Baum blieb er stehen, drehte sich um und sah seine Mutter an, gleichzeitig miaute er laut. Er fühlte sich in dieser fremden Umgebung nicht wohl, alles war für ihn völlig neu und unvertraut, und es gab keine Höhlen, in denen er sich hätte verstecken können. Dunkel kletterte gleichfalls nach unten und blieb vor dem Baum stehen, um an dem Gazellenmagen zu nagen. Schließlich kehrte er Hell den Rücken zu und trottete in westlicher Richtung davon. Er suchte sich wieder denselben Dornbusch aus, in den er sich schon vorher zurückgezogen hatte.

Chui drehte sich in dem Baum hin und her und schaute mal hierhin, mal dorthin, um den Spuren ihrer beiden Jungen zu folgen. Der Baum, auf dem sie saß, stand am Rand einer Felsformation, die eine schützende Insel in der Ebene bildete. An solchen Stellen kann ein Leopard den äußersten Rand des Weidelands beobachten, ohne daß er selbst gesehen wird. Aber es gibt auch große Gebiete in und um die Mara herum, die als Lebensraum für die Leoparden untauglich sind; zum Beispiel weite Ebenen, die nicht die Dekkung bieten, die diese Tiere brauchen, wenn sie gegen die bedeutend stärkeren und zahlenmäßig überlegenen Lölwen und Hyänen, die Herrscher im Reich der Raubtiere, bestehen wollen.

Der Tag war unerträglich heiß gewesen, eine dicke Wolkenwand hatte sich vor den blauen Himmel geschoben und das ganze Gebiet in ein Dampfbad verwandelt. Jetzt kam der Regen wie ein Kugelhagel, und auf dem trockenen Boden sprangen Staubwölkchen hoch. Der Geruch des Regens und der feuchten Erde, das melodische Tropfen auf einem Blechdach des Wagens, all das vermittelte ungeheure Erleichterung nach der drückenden Hitze.

Als der Regen schließlich aufgehört hatte, kletterte Chui von dem Baum herunter und rief ihre Jungen. Dunkel tauchte aus seinem Dickicht im Westen auf, wo er sich unter den Dornenzweigen eines Akazienbuschs untergestellt hatte, und trottete zu Chui hinüber. Als er gerade anfangen wollte zu saugen, kam eine alte Hyäne herangehoppelt. Dunkel spürte, wie sich die Muskeln seiner Mutter anspannten, und hörte das kurze Knurren, das sowohl den Jungen als auch der Hyäne galt, die sich schnell aus dem Staub machte.

Dunkel lief nicht gleich weg, als er das Raubtier sah, sondern zog es vor, weiter zu saugen. Chui folgte der Hyäne mit den Augen und sah zu, wie sie einen großen Kreis beschrieb und sich dann zu einem jüngeren Artgenossen gesellte, der auf dem schlammigen Pfad lag. Als der Regen von neuem losprasselte, machten sich beide auf den Weg nach Norden. Die jüngere Hyäne tauchte jedoch bald wieder auf, folgte den Wagenspuren und ging dem markanten Aasgeruch nach. Als sie näher kam, bleckte Chui die langen Eckzähne und fauchte drohend.

Jetzt erschien auch Hell und kletterte auf den Baum mit der Beute, während Dunkel in die entgegengesetzte Richtung floh und den Baum erklomm, auf dem sein Bruder es sich vorher bequem gemacht hatte. Die Hyäne umkreiste den Beute-Baum, während Chui sie von oben mit angelegten Ohren und offenem Maul beobachtete und dabei sehr beeindruckend knurrte. Aber die Hyäne kümmerte sich nicht um Chuis Warnung, sondern schnupperte am Fuß des Stammes herum, ob sich dort nicht ein paar kleine Stücke von der Beute fanden, die womöglich heruntergefallen waren.

Obwohl Hell auf der Spitze des Beutebaums in Sicherheit war, blickte er doch nervös auf die Hyäne herab und schaute dann kurz zu seiner Mutter. Chui lief schwankend, fast seitwärts, wodurch sie größer wirkte, als sie wirklich war, auf die Hyäne zu. Als sie den Baum erreicht hatte, blickte sie zu der Hyäne hinüber, die sie aber mit Verachtung strafte. Chui stürzte sich mit einem hustenden Geräusch auf die Hyäne und schlug die Krallen in deren Rumpf. Die Hyäne heulte auf, fuhr herum und sah die Leopardin an, bevor sie widerstrebend knurrend zur Seite auswich.

Chui wich zurück, behielt die Hyäne im Auge und setzte sich neun Meter von dem Baum entfernt hin. Es dauerte nicht lange, da kam die Hyäne wieder, und Chui knurrte, fauchte und schloß dabei die Augen. Die Hartnäckigkeit dieses Aasfressers ärgerte sie. Wieder schlich sie geduckt auf den Baum zu, setzte sich erneut hin und beobachtete den Aasfresser aufmerksam, bevor sie ein weiteres Mal angriff. Dieses Mal rührte sich die Hyäne nicht vom Fleck, sondern ignorierte Chui noch betonter als vorher und schien nicht im geringsten eingeschüchtert.

Als die Hyäne endlich verschwunden war, verließ Dunkel seinen Baum und rannte zu seiner Mutter. Aber als er sie erreicht hatte, blieb er nicht stehen, sondern lief gleich weiter zu dem Beutebaum, auf dem Hell geduckt zwischen den Zweigen lag. Bald fing es wieder an zu regnen, so daß Chui sich gezwungen sah, unter die Dornbüsche zu kriechen.

Als ich früh am nächsten Morgen ankam, saßen sie zu dritt auf dem Beutebaum. Dunkel war damit beschäftigt, an den Resten des Kadavers herumzunagen, während Hell und Chui sich auf den langen Ästen an der Ostseite des Baums häuslich niedergelassen hatten. Nachdem sie ihre Krallen an einem Ast geschärft hatte, stieg Chui nach oben zu Dunkel. Es dauerte nicht lange, dann kletterte Hell hinter ihr her. Die drei Leoparden fraßen gemeinsam, jeder hatte seinen bestimmten Platz an verschiedenen Ecken der

Beute, Hell und Dunkel zu beiden Seiten der Mutter. Auf diese Weise konnte Chui bei einem Streit zwischen den beiden schlichtend eingreifen. Und das sollte auch sehr bald nötig sein.

Chui nahm den Kadaver und versuchte, ihn an eine höhere Stelle des Baums zu bringen. Aber die beiden Jungen bissen sich in ihrem Teil der Beute fest und leisteten erbitterten Widerstand, so als hinge ihr Leben davon ab. Dunkel fauchte sogar die Mutter an. Chui fauchte zurück.

In der folgenden Stunde kamen verschiedene Tiere an dem Baum vorbei. Ein afrikanischer Hase brachte sich in Sicherheit, als ein Schakal auf der Bildfläche erschien und Chui veranlaßte, die Ohren interessiert zu spitzen. Aber der kluge Schakal erkannte die Gefahr, und als er die Leoparden gewittert hatte, überließ er die Fleischreste, die unter dem Baum lagen, gern mutigeren Artgenossen. Hyänen schlichen herum und fraßen alles, was sie finden konnten, ohne sich um Chuis drohendes Fauchen zu kümmern. Raubvögel, die über ihnen kreisten, warfen ihre Schatten auf die Szene. Hell miaute Chui kläglich an, offensichtlich ging es ihm nicht gut. Aber das war noch nicht das Schlimmste, denn er kletterte anschließend von dem Baum herunter, und Dunkel, der Angst hatte, allein zurückzubleiben, folgte seinem Bruder. Sollten sie die Hyäne übersehen haben, die kaum zwanzig Meter von ihnen entfernt war?

Als Hell rückwärts den Baum hinunterkletterte, hob die Hyäne den Kopf und starrte ihn an. Der kleine Leopard hockte sich hin und urinierte, bevor er und Dunkel direkt auf die Hyäne zugingen; sie bewegten sich zögernd und blieben zwischendurch immer wieder stehen.

Die Hyäne schien der Anblick der beiden Leopardenjungen, die auf sie zukamen, zu überraschen und zu verwirren. Hell kroch noch sechs Meter weiter und legte sich dann geduckt vor die Hyäne, die gähnte und dabei ihre starken Zähne fletschte. Womöglich war sie durch Chui, die im Baum saß, eingeschüchtert, obwohl diese keinen Warnlaut von sich gab und auch keine Anstalten machte, den Baum zu verlassen, um den Jungen zu Hilfe zu eilen.

Die Hyäne stand auf, und im gleichen Augenblick rannte Dunkel zum nächsten Baum. Hell hielt noch ein bißchen länger aus und beobachtete mit großer Aufmerksamkeit, wie die Hyäne ihn drohend umkreiste. Dann sauste er zum nächsten Akazienbaum und kletterte gleich bis in die Spitze. Als die Hyäne verschwunden war, stieg Hell wieder nach unten und trottete zu dem Baum hinüber, auf dem sein Bruder Schutz gesucht hatte. Es dauerte nicht lange, da kletterten die beiden wieder munter auf den Ästen herum.

Gegen zehn Uhr war die Beute völlig abgenagt. Chui rief die Jungen zu sich und zog mit ihnen zwischen den Felsen und Dornbüschen, mit denen der flache Hügel bedeckt war, nach Norden. Sie ging langsam und vorsichtig, und sie hatte auch guten Grund dazu, denn in dieser Gegend wimmelte es von Hyänen.

Die Leoparden drangen tiefer in das Dickicht ein; Chui ließ eine Gruppe von vier Hyänen, die kaum neunzig Meter entfernt waren, nicht aus den Augen. Gerade als es so aussah, als würden die Leoparden unentdeckt passieren können, schlug eine Antilopenherde Alarm. Eine der Hyänen stand sofort auf und versuchte, die Ursache für die Unruhe der Antilopen zu ergründen. Diese Buschtelegrafie macht es den

Keine Sekunde lang ließ Chui die Menschen aus den Augen.

Oben: Leopardenwäsche. Unten: Die Spiele trugen dazu bei, daß sich die Bindung zwischen Mutter und Jungen verstärkte.

Chui legte sich hin und ließ die Kleinen saugen.

Sie schärfte ihre Krallen am Stamm eines Crotonbusches.

Hell hätte keinen unbequemeren Ausguck wählen können.

Hell und Dunkel hatten sich zwischen den Felsen versteckt.

Rechts: Chui ignorierte den Geländewagen, der vorbeifuhr. Unten: Die Leopardenmutter mit einem bereits halb gefressenen Antilopenkitz.

Raubtieren doppelt schwer, sich unentdeckt fortzubewegen, denn sie werden entweder von den Beutetieren oder von den Konkurrenten entdeckt.

Chui beobachtete die Hyänen, die warnende, kehlige Knurrlaute von sich gaben, während die beiden Jungen nervös an beiden Seiten neben ihr saßen und bereit waren, notfalls in Sekundenschnelle zu fliehen. Chui schlich sich weiter voran, und die Jungen verfolgten aufmerksam jede ihrer Bewegungen. Sie machten einen weiten Bogen um den Ruheplatz der Hyänen, aber die waren viel zu neugierig, als daß sie das Interesse an den Leoparden so leicht verloren hätten. Wo Leoparden waren, gab es manchmal auch Aasreste, abgesehen davon, daß sich eine hungrige Hyäne auch an ein Leopardenjunges heranwagte.

Die erste Hyäne lief im Galopp auf die Leoparden zu. Chui saß da und blickte sie fauchend an, wodurch die Jungen kostbare Sekunden gewannen, um sich auf einen Baum zu flüchten. Aber die Hyäne ließ sich durch Chuis Drohgebärden überhaupt nicht beeindrucken, ihr Interesse galt ausschließlich den Jungen. Chui umkreiste sie und brachte sich in eine Position zwischen den Hyänen und ihren Jungen. Eine zweite Hyäne kam gerannt und gesellte sich zu ihrem Klangenossen. Sie rückte Chui noch dichter auf den Pelz, während sie am Boden schnuppernd der Spur der jungen Leoparden folgte. Die beiden hatten sich auf zwei verschiedenen Wolfsmilchbäumen in Sicherheit gebracht.

Als die Hyänen wieder zu ihrem alten Rastplatz zurückgekehrt waren, lief Chui ein Stück nach Norden und beschleunigte ihre Gangart, als sich ein Schwarm Tsetsefliegen auf sie stürzte. Dann kletterte auch sie auf einen Wolfsmilchbaum, die vorherrschende Baumart auf dieser Seite des Hügels. Winzige grüne Finger wuchsen an den trockenen, silbrigen Spitzen dieser kaktusartigen Bäume. Der Regen hatte dieses Wunder bewirkt.

Die Jungen lagen deutlich sichtbar auf den blattlosen Ästen des Baums, den sich jeder ausgesucht hatte. Sie schauten sich über die Distanz von fünfzehn Metern an und gaben mit ganz hohen Stimmen Kontaktrufe von sich, die vom Wind klar und deutlich zu mir getragen wurden, dazwischen miauten sie fast unhörbar. Hin und wieder machten sie eine Pause, um sich zu putzen oder an ihrem Schwanz zu knabbern. Dann kletterten sie wieder auf dem Baum herum und suchten sich einen schattigen Platz.

Um die Mittagszeit verließ Hell den Euphorbia-Baum und verschwand in einem nahegelegenen Dikkicht. Dunkel sah zwar, daß sein Bruder wegging, aber er blieb trotzdem, wo er war, denn er hatte endlich Schatten unter einem Ast gefunden. Drei Stunden später verließ auch Chui eilig ihren Baum und versteckte sich in einem fünfzig Meter entfernten Akaziendickicht. Hier döste sie, während Dunkel auf seinem Baum blieb, ohne zu wissen, daß die Mutter in der Nähe war.

Kurz vor sechs Uhr erschien wieder eine der Hyänen. Während sie unten an den Felsen ein paar Meter von dem Baum entfernt herumschnüffelte, wurde sie von Dunkel aufmerksam beobachtet. Ein Bussard mit weißem Bauch, der am Rand eines Crotonbuschs saß, nicht weit von der Stelle, wo Chui lag, ließ seinen Ruf erschallen. Als sie das Geräusch hörte, öffnete sie die Augen und blickte einer weiteren Hyäne, die ihrer Spur in das Dickicht gefolgt war, direkt in die dunklen Augen. Die Hyäne schnupperte an den Büschen und zog anschließend auf der Suche nach etwas Eßbarem weiter.

Bevor es völlig dunkel wurde, stand Chui auf und ging lautlos zu dem Baum, auf dem Dunkel wartete. Das Junge war immer noch auf der Hut und warf erst einen vorsichtigen Blick in die Runde, bevor es sich traute, den Ruf der Mutter zu beantworten. Als Dunkel von seinem Baum herunterkletterte, kam auch Hell aus seinem Versteck gelaufen und rief die Mutter, bevor er sich zu den beiden gesellte. Bevor sie sich wieder auf den Weg machten, legte Chui eine Pause ein, um sich zu entleeren. Diesmal gab sie sich allerdings keine Mühe, ihre Losung zu vergraben.

Von weitem hörte man die klagenden Rufe einer Hyäne. Chui hatte zwischen den Felsen eine passende Stelle gefunden und ließ sich dort nieder. Die Jungen nahmen schnell ihre angestammten Plätze ein und begannen zu saugen, während Chui den Oberkörper auf die Ellbogen gestützt hatte und Wache hielt. Noch einmal hörte man den Schrei des Bussards, das war das Signal, daß wieder ein Tag zu Ende ging.

Am nächsten Morgen konnte man beobachten, wie die Leoparden auf dem Rückweg zur Dikdik-Lugga an den Feigenbaumhügeln vorbeizogen. Für die Jungen ging eine lange und gefährliche Reise in einen bis dahin völlig unbekannten Teil des Reviers ihrer Mutter zu Ende. Obwohl sie noch so jung waren, hatten sie schon eine große Entfernung zurückgelegt. Ich hatte deshalb berechtigte Zweifel, ob ich ihren Spuren noch viel länger würde folgen können.

Instinkt und Erfahrung

Chui blieb nur so lange in der Dikdik-Lugga, bis sie und die Jungen das Topikalb gefressen hatten, dem sie an den Feigenbaumhügeln aufgelauert hatte. Jetzt wo Hell und Dunkel ihre Beweglichkeit unter Beweis gestellt hatten und ohne Schwierigkeiten auf Bäume klettern konnten, schien sich Chui wieder so zu verhalten wie die anderen erwachsenen Leoparden. Innerhalb ihres Reviers zog sie von einem Platz zum anderen, machte Beute, wann immer es möglich war, füllte sich den Bauch für einen oder drei Tage, und zog dann wieder weiter.

Dieser neue Lebensabschnitt barg für Hell und Dunkel viele Gefahren. Obwohl sie allmählich mit einigen elemantaren Dingen aus der Welt der Mutter vertraut waren, mußten sie doch noch eine Menge lernen und viele Erfahrungen sammeln, bevor sie wirklich selbständig waren. Es war nicht leicht, erwachsen zu werden, aber da sie nun allmählich stärker wurden und Gefahren schneller wittern konnten, würden sie schnell lernen, für sich selbst zu sorgen.

Am dritten Morgen, nachdem Chui das Topikalb getötet hatte, führte sie ihre Jungen vorsichtig aus dem Crotondickicht und trat die lange Wanderung entlang der Feigenbaumhügel an. Gegen neun Uhr machten sie hoch oben auf dem Hügelkamm im Schatten der

Felsen Rast. Wie immer lag Hell dichter an Chui. Dunkel, der von all dem Neuen, das er um sich herum sah und hörte, abgelenkt war, beschloß, allein auf Entdeckungsreise zu gehen. Wo auch immer er hinkam, löste er Reaktionen aus: Eidechsen huschten weg, Vögel zwitscherten und hüpften über ihm in den Akazienbüschen von Zweig zu Zweig, und Zwergmungos surrten und plapperten in ihren sicheren Verstecken in den Felsspalten.

Als sich Chui und Hell wieder auf den Weg machten, wurde Dunkels Forscherdrang jäh unterbrochen. Eine Hyäne tauchte plötzlich auf dem Hügelkamm auf. Der bloße Anblick dieses Raubtiers mit dem schäbigen Fell reichte Dunkel völlig: Er lief so schnell er konnte den felsigen Abhang hinunter und brachte sich auf einem schlanken Akazienbusch in Sicherheit.

Zum Glück beachtete die Hyäne das erschreckte Leopardenjunge kaum und zog weiter. Dunkel wartete so lange, bis er sicher war, daß die Gefahr vorüber war, und kletterte dann wieder von dem Busch herunter und rannte hinter seiner Mutter her. Aber er war kaum unten, da fand er sich Auge in Auge mit einer anderen Hyäne. Einen Augenblick lang starrten die beiden sich an, und noch bevor die Hyäne ihn angreifen konnte, drehte sich Dunkel um und machte sich davon; zuerst ging er, dann trabte er und schließlich galoppierte er so schnell er konnte den Hügel hinab. Er suchte sich wieder denselben Busch aus, aber diesmal kletterte er bis ganz oben in die Spitze. Dort hing er, dreieinhalb Meter über der Erde, und schaute sich ängstlich um.

Chui und Hell zogen weiter nach Osten. Dunkels Verschwinden schien ihnen keine Sorgen zu machen, sie waren offenbar mehr daran interessiert, das Ziel ihrer Reise zu erreichen. Eine junge Hyäne heftete sich an ihre Fersen, hielt aber Abstand und schien von ihrem Geruch fasziniert zu sein. Als sie die Höhlen der Jungen erreicht hatten, schnupperte Chui prüfend am Stamm des Feigenbaums, um festzustellen, ob womöglich ein fremder Besucher dort gewesen war. Das Ergebnis schien sie zufriedenzustellen, denn sie sprang in den Baum und ließ sich in ihrem ›Lehnstuhl‹ nieder. Hell hatte diesmal offenbar nichts dagegen, ganz allein auf dem Top Rock im Schatten unterhalb der Mutter zu liegen, während Dunkel fast anderthalb Kilometer von den beiden entfernt friedlich in dem stachligen Akazienbusch schlummerte.

Vom Schlafbaum der Paviane schallte das unnatürliche Plappern der Meerkatzen herüber, die in Abwesenheit ihrer größeren Verwandten die reifen Früchte plünderten. Nach und nach verstummten sie, und einen Augenblick lang war es ganz still, schien die Zeit stillzustehen. Wolken zogen am Himmel auf, und eine angenehme kühle Brise brachte Linderung von der Mittagshitze.

Chui ruhte sich den ganzen Nachmittag über im Schatten der Blätter und Äste des Feigenbaums aus. Aber gegen halb fünf tauchte dann der erste Pavian auf. Er setzte sich unten vor den Stamm des Baums und blickte nach oben. Seine scharfen Augen hatten den Schatten des Raubtiers, das dort oben ausgestreckt lag, sofort ausgemacht. Er kletterte auf die unteren Äste des Baums und begann, halbreife Feigen zu fressen. Ein kleinerer Pavian sprang auf die Äste an der anderen Seite des Baums und half seinem Artgenossen dabei, an den Ästen zu rütteln und den Leoparden zu erschrecken.

Ein paar Minuten später verließen die beiden den

Baum wieder. Wie Feuerwehrleute rutschten sie am Stamm herunter. Man konnte Chui die Entspannung deutlich ansehen, als die Paviane sich davonmachten. Aber der Friede währte nicht lange, denn der jüngere Pavian kehrte alsbald zurück. Diesmal kletterte er bis auf einen Meter an Chui heran, die ihn so lange anfauchte, bis er sich etwas weiter weg auf einem Ast unter ihr in Sicherheit gebracht hatte. Der Rest der Horde zog langsam durch das Akaziendickicht nach Osten zum südlichen Teil der Hügelkette. Nachdem sie Chuis Standort geortet hatten, schien sie ihre Anwesenheit nicht weiter zu stören. Auch der junge Pavian verließ bald den Baum und schloß sich der Horde an, die sich auf dem Weg zu ihrem Schlafplatz befand.

Als die Sonne hinter den grauen Wolken unterging, stieg Chui auf die unterste Astgabel des Feigenbaums. Durch das dichte Laubdach beobachtete sie aufmerksam die Paviane, die auf ihren Schlafbaum kletterten. Ein paar blieben noch unten, putzten sich und murmelten dabei, während es langsam dunkel wurde.

Am nächsten Morgen spielten Hell und Dunkel auf den kahlen Ästen eines kleinen Baums achthundert Meter westlich der Höhlen der Jungen, nur ein paar Meter von dem Akazienbusch entfernt, in dem Dunkel Unterschlupf gefunden hatte. Chui war offenbar in der Nacht den ganzen Weg zurückgelaufen und hatte Dunkels Spur verfolgt und ihn gerufen, um ihn schließlich wieder mit seinem Bruder zu vereinigen. Jetzt war Chui allerdings nirgendwo zu finden.

Gegen acht Uhr ruhten die Jungen sich aus. Sie lagen lang ausgestreckt mit geschlossenen Augen in der Nähe eines Termitenhügels und hatten den Kopf auf die Pfoten gebettet. Sie erschraken fürchterlich, als plötzlich ein gestreifter Mungo aus dem Hügel herausgeschossen kam. Die Jungen wurden von der plötzlichen Bewegung so überrascht, daß sie fast übereinander purzelten. Einen Sekundenbruchteil saßen sich Mungo und Leoparden Auge in Auge gegenüber. Aber der Bann war gebrochen, als der Mungo schnell wieder in seinem unterirdischen Gang verschwand. Nachdem sich die Jungen einigermaßen von dem Schrecken erholt hatten, krochen sie zu der Stelle hin, um das Versteck des Mungo zu untersuchen, wurden aber sofort von einem wilden, warnenden Geschnatter begrüßt, das ihnen aus der Tiefe der verborgenen Kammern des Baus entgegenschallte.

Eingeschüchtert zogen sich die Jungen zu ihrem Baum zurück, dessen Wurzeln eine Felsplatte fein säuberlich in der Mitte gesprengt hatten. Dadurch war ein schmaler Spalt entstanden, der gerade breit genug war, daß die beiden sich hineinquetschen konnten. Das war ein ideales Versteck, hier war es kühl und hier waren sie sicher.

Ohne daß die schlafenden Jungen etwas davon merkten, tauchte bald darauf im Westen eine Elefantenherde auf. Die Dickhäuter hatten ihre Reise in der Nähe der Musiara-Marsch begonnen und zogen jetzt zielsicher an der Hügelkette entlang und machten überall Rast, wo die Vegetation ihnen Nahrung bot. Immer näher kamen diese Giganten mit ihrem wiegenden Gang. Allein das Geräusch, das die Elefanten verursachten, wenn sie ganze Dornbüsche und andere Pflanzen ausrissen, ihr tiefes grollendes Brummen, hätte ausgereicht, jeden zu erschrecken. Das war mit Sicherheit nicht der richtige Augenblick, um auf den

Ästen eines dünnen Baums oder eines Buschs von den Dickhäutern im Schlaf überrascht zu werden.

Der größte Elefant, eine riesige Kuh, blieb stehen, um am Rand eines Crotondickichts nur ein paar Meter von den Jungen entfernt zu fressen. Hell und Dunkel müssen gespürt haben, wie die Erde bebte, als ein Ast unter dem Gewicht des Elefantenfußes brach. Nachdem die Elefantenfamilie das Dickicht verwüstet und kahlgefressen hatte, marschierte sie im Gänsemarsch durch eine offene Stelle im Hügelkamm weiter und suchte sich neue, grüne Weidegründe, während die beiden Jungen gesund und munter in ihrem Felsenversteck saßen.

Die Mungos, die sich in der Tiefe des Termitenhügels verborgen hatten, waren unruhig. Gewöhnlich suchten sie um diese Zeit schon das Land unterhalb der Feigenbaumhügel nach Insekten und anderer Nahrung ab. Nur während der heißesten Tageszeit zogen sie sich zur Mittagsruhe ins Gebüsch oder in ihren Bau zurück. Aber sie hatten Angst vor den Leoparden, die selbst als Jungtiere den Mungos überlegen waren. Deshalb warteten sie so lange, bis sie sich sicher fühlten.

Kurz vor zwei Uhr erschien eine spitze Schnauze an einem der Luftlöcher, die sowohl den Eingang als auch den Ausgang aus dem Termitenhügel darstellten. Vorsichtig blickte sich der Mungo um, um zu sehen, ob ihm Gefahr drohte. Die beiden Jungen schliefen fest und rührten sich nicht einmal, als er leise aus seinem Bau kroch. Bald darauf folgte ein Dutzend weiterer Mungos aus dem Inneren des Termitenhügels und rannte gemeinsam in das fünfundzwanzig Meter entfernte Akaziendickicht. Endlich kamen sie zu ihrem Fressen.

Der Nachmittag brachte Regen, der allerdings nicht lange anhielt, da er von einer steifen Brise aus Osten vertrieben wurde, die die dunklen Wolken wieder zum Siria-Abhang zurückblies und den Himmel wieder strahlend blau werden ließ.

Dunkel tauchte als erster auf. Er fand schnell einen passenden Kieselstein, mit dem er spielen konnte und den er im Maul zu der Felsspalte trug, in der er geschlafen hatte. Als er den Stein fallen ließ, polterte er geräuschvoll von der Felskante herunter, was Dunkel veranlaßte, sich wieder auf ihn zu stürzen. Als er den Stein poltern hörte, kam Hell verschlafen unter seinem Felsen hervor. Dunkel kroch auf ihn zu und stürzte sich dann auf seinen Bruder, der gerade gähnen wollte, und warf ihn zu Boden.

Als sie plötzlich das Kichern der Hyänen des Hügelklans hörten, horchten sie beide auf. Vor dem Geräusch hatten sie Respekt, soviel hatten sie schon gelernt. Dunkel setzte sich als erster in Bewegung und kletterte wieder auf den Baum. Hell folgte ihm, und beide stiegen bis in die allerhöchsten Äste des kahlen Baums mit der silbernen Rinde. Hier waren sie sicher.

Der Himmel hatte sich erneut etwas zugezogen, und weiter weg, am Siria-Abhang regnete es schon wieder. Dunkel legte den Kopf auf einen Ast, schloß die Augen und entspannte sich. Hell war dagegen inzwischen hellwach und kletterte auf einen Ast direkt über seinem Bruder. Das größere Junge war ein sehr lebhaftes Kind. Zuerst versetzte er Dunkel mit der Pfote einen leichten Klaps, und als der darauf nicht reagierte, stellte er sich einfach auf den Kopf seines Bruders. Dunkels Versuche, Hells Zänkereien einfach nicht zu beachten, frustrierten Hell so sehr, daß er sich eine neue Position suchte, von der aus er Dunkel noch besser erreichen konnte.

Zwischen den beiden wuchsen so viele kleine Zweige, daß es für Hell nicht leicht war, einen richtigen Angriff zu starten. Schließlich löste er das Problem, indem er an eine Stelle kletterte, die unterhalb von Dunkel lag, und von der aus er Kopf und Hals des Bruders ungehindert treffen konnte. Dunkel hatte den Kopf nach oben gewandt, so daß Hell ihn spielerisch in seine weiche Kehle beißen konnte, anschließend zerrte er dann mit größter Heftigkeit an den Ästen.

Nach Anbruch der Dunkelheit kehrte Chui zu den Jungen zurück und führte sie wieder in die Dikdik-Lugga. Ich sah sie am Fuß der Hügelkette nicht weit vom Kampi ya Chui wieder. Sie lagen dort zusammengerollt unter einem großen Akazienbusch.

Chui stützte sich auf die Ellbogen, hielt den Kopf nach vorn gebeugt, und die Augen schienen ihr zuzufallen. Hell und Dunkel dösten zufrieden an den Zitzen der Mutter, während man in der Ferne die Hyänen kichern hörte. Chui drehte sich zwar nicht um, wandte aber die Ohren in die Richtung, aus der das Geräusch kam. Es war offenbar Zeit, sich einen weniger exponierten Platz zu suchen.

Chui schritt langsam auf den Hügelkamm zu, während die Jungen zu einem teilweise umgestürzten Pappea-Baum trotteten. Dunkel stieg auf den dicken, abgebrochenen Ast, und Hell kletterte an ihm vorbei auf den eigentlichen Stamm. Da kam Chui zurück und beschnupperte den unteren Teil des Stamms. Sie schien es eilig zu haben weiterzukommen, aber jetzt hatte Hell sich verstiegen und hing in einer engen Astgabel ganz oben in der Krone des Baums. In seiner Not rief er Chui, die unten saß und zu ihrem Sohn hinaufblickte; dann lockte sie ihn zweimal, um ihn zu ermuntern, wieder herunterzuklettern. Schließlich schaffte er das auch.

Dunkel war auf dem abgebrochenen Ast geblieben und schaute zu seiner Mutter herab, die einen Meter unter ihm stand. Chui rieb sich das Gesicht, die Stirn und den Hals an der Unterseite des Astes, den ein anderer Leopard kürzlich markiert hatte. Dann drehte sich sich um, hob den Schwanz in einem Bogen und fügte der Markierung des anderen Leoparden ihre eigene Duftmarke hinzu.

Zwei- oder dreimal ging Chui entschlossen auf den Hügelkamm zu, lockte die Jungen und versuchte alles, um sie dazu zu bringen, ihr zu folgen. Aber jedesmal, wenn sie losziehen wollte, fiel den Jungen ein neues Spiel ein. Schließlich wandte Chui massivere Methoden an, biß die Jungen, warf sie um, wälzte sie über die Erde, kniff sie und nahm Hell sogar ins Maul. Die Jungen protestierten quietschend, obwohl sie sich so verhielten, als sei das auch nur ein neues Spiel. Dann riß Chui sich schließlich mit einem Sprung von ihnen los und rannte den Autopfad entlang, der über den Hügelkamm führte. Und diesmal galoppierten die Jungen hinter ihr her, um sie einzuholen.

Als Chui sich kurz auf einen Termitenhügel setzte und den weiteren Weg auskundschaftete, zeigte sich am Horizont unter den grauen Wolken ein dünner Lichtstreifen. Die Jungen gesellten sich zu ihr, und alle drei blickten sie gebannt zur Dikdik-Lugga hinüber, die man von dort aus schon sehen konnte. Aber Chui drehte sich um und ging in östlicher Richtung an den Feigenbaumhügeln entlang.

Es war sehr heiß, am blauen Himmel waren ein paar Dunststreifen zu erkennen. Die Jungen trotteten mit gesenkten Köpfen und offenen Mäulern hinter Chui her. Als sie an dem Felsmassiv angekommen waren, das die Mitte der Feigenbaumhügel markierte, blieben Hell und Dunkel stehen, um sich im Schatten eines verrotteten Baumstumpfs auszuruhen. Als Chui merkte, daß sie allein war, kehrte sie zu der Stelle zurück, an der die hechelnden Jungen lagen. Sie waren völlig erschöpft.

In der Zwischenzeit zogen die Massai und ihre hungrigen Rinder an der Westseite der Dikdik-Lugga vorbei und machten an den grünen Ufern des Tümpels Pause, um die Tiere grasen zu lassen. Chui hatte ihre Ankunft womöglich schon gewittert, wahrscheinlich hatte sie die Kuhglocken von weitem gehört und beschlossen weiterzugehen.

Als Chui sich wieder auf den Weg machte, trödelten die Jungen hinterher, sie beschnupperten alles und untersuchten die Höhlen und die Felsvorsprünge. Doch als die Mutter sich etwa hundert Meter von den Jungen entfernt hatte, rannten sie schnell hinter ihr her. Dunkel holte sie ein, lief ihr in den Weg und zwang sie stehenzubleiben. In der Zwischenzeit war Hell auf die obersten Felsen des Hügelkamms geklettert und hatte dabei eine ganze Welle von rostbraunen Zwergmungos aufgestört, die sich blitzschnell in Sicherheit brachten. Die winzigen Tiere reagierten mit einem Trommelfeuer von Warnrufen, als sie sich in die Felsspalten geflüchtet hatten.

Hell war fasziniert von der Reaktion, die er ausgelöst hatte. Seine Körperhaltung veränderte sich völlig, und er ging mit gespitzten Ohren und hocherhobenem Kopf vorsichtig weiter. Auch Dunkel konnte den Geräuschen, die aus den Felsspalten nach außen drangen, nicht widerstehen. Schnell schloß er zu seinem

Bruder auf und beteiligte sich an der Untersuchung des Gebiets. Beide liefen dicht nebeneinander wie zwei Bluthunde.

Chui ging einfach weiter, ohne diese Demonstration kindlicher Neugier zu beachten. Sie hatte nur ihr Ziel im Sinn. Ihre Reise verlief in Etappen, von einem schattigen Platz zum nächsten, aber stets warteten bereits die Tsetsefliegen auf die Leoparden und zwangen sie weiterzuziehen. Sie setzten Chui anscheinend mehr zu als den Jungen.

Hell und Dunkel gingen voraus, aber Chui überholte sie sehr bald, da die Stiche der Fliegen sie schneller laufen ließen. Als sie sich unter einen Busch legte und Rast hielt, trotteten die Jungen Seite an Seite weiter, so als wüßten sie genau, wohin die Reise ging. Chui stand wieder auf und folgte ihnen und gab Lockrufe von sich. Antilopen stießen ihre Warnrufe aus, und im Süden schnaubten die Topis und Zebras, aus allen Richtungen waren Warnungen zu hören. Chui blieb stehen und prüfte, ob nicht irgendwelche Gefahren vor ihnen lauerten.

Schließlich erreichten sie die Höhle der Jungen. Dunkel ließ sich direkt vor seiner Mutter hinfallen, die einen vorsichtigen Schritt über das erschöpfte Junge machte und sich oben auf die glatte Steinfläche der Top Rocks legte, wo es kühl war und wo sie nicht von Fliegen belästigt wurde.

Die Jungen lagen hechelnd Seite an Seite, nur einen Meter von der Mutter weg, deren Kehle wegen der Hitze pulsierte. Dunkel kuschelte sich in eine schattige Mulde, die seiner Körperform fast perfekt entsprach. Dann stand Chui auf und inspizierte die Krone des Feigenbaums. Drei- oder viermal blickte sie nach oben, bevor sie schließlich auf die unterste Astgabel sprang. Eine Gruppe von vier Klippschliefern sah aus ihrem Versteck an der Westseite des schmalen Felsvorsprungs, wie Chui auf den Baum sprang. Einer von ihnen stieß einen kreischenden Warnruf aus. Aber als die drei Leoparden sich nicht mehr bewegten, hörten auch die Warnrufe auf. Nur einen Meter neben Dunkel hob eine männliche Siedleragameneidechse ruckartig den Kopf und äußerte deutliche Zeichen für einen Angriff. Als aber ein Schlangenadler oben am schwülen Himmel auftauchte, brachte sie sich schnell in Sicherheit, sie konnte es sich nicht leisten, eine solche Bedrohung zu ignorieren. Dunkel richtete sich auf und beoachtete die Agamen, dann blickte er nach oben in die Bäume und rief zweimal. Hell hörte ihn und kam aus seiner Höhle, in der er sich zur Ruhe begeben hatte. Beide Jungen verrenkten sich die Hälse, um Chui oben auf dem Felsen sehen zu können. Aber sie zog es vor, die beiden nicht zu beachten, also gingen sie bald wieder weg und legten sich zusammen in den Schatten hinter dem Top Rock.

Endlich kam der Regen und brachte Abkühlung. Hell tauchte auf und wanderte unruhig umher. Dann kletterte er plötzlich in den Feigenbaum. Wenn Chui sich weigerte herunterzukommen, mußte er eben zu ihr klettern. Der junge Leopard stieg immer höher, mitunter über ganz dünne Äste, bis er schließlich knapp zwei Meter von Chui entfernt war und nicht mehr weiter konnte. Einen Augenblick später kam Dunkel hinter ihm her.

Als Hell merkte, daß er Chui so nicht erreichen konnte, ging er auf demselben Weg zurück und wechselte vom eigentlichen Stamm auf einen dicken Ast auf der Westseite des Baums. Dunkel war inzwischen in derselben Sackgasse aus dünnen Zweigen angelangt, die Hell von der Mutter getrennt hatte, denn bisher hatten beide Jungen es noch nicht geschafft, den Weg zu finden, den Chui benützte.

Sie lag mit geschlossenen Augen auf ihrem Ast und schenkte den Jungen keine Beachtung. Hell untersuchte derweil alle möglichen Routen über die Äste, die an der Westseite wuchsen. Es war wie in einem Labyrinth: Obwohl die beiden immer wieder dicht an die Mutter herankamen, konnten sie sich doch nie wirklich erreichen. Sie waren hungrig und wollten saugen, deshalb miauten sie, um Chui auf sich aufmerksam zu machen. Endlich schaffte es Hell, die Mutter über eine andere Route zu erreichen, doch der Empfang fiel alles andere als freundlich aus. Chui fauchte und wies das Junge zurück. Es war offensichtlich, daß sie nicht in ihrer Ruhe gestört werden wollte. Schließlich kletterten die beiden wieder nach unten und ließen Chui in Ruhe.

Der Dezemberregen begann jetzt Wirkung zu zeigen. Hier und da entstanden in den Luggas wieder schlammige Wasseransammlungen. Der Lehmboden wurde sumpfig und braun und war mit einem labyrinthartigen Zickzackmuster von Spuren der verschiedensten Tiere und Vögel bedeckt. Hauchdünne Insektenflügel, die wie feine Spitze aussahen, und von Ameisen und Termiten abgeworfen worden waren, bedeckten den Boden wie große Schneeflocken.

Chui lag auf einem Fels in der Lugga, hoch über dem feuchten Boden. Eine leicht Brise wehte durch das lange weiße Haar an ihrer Brust und an ihrem Bauch. Um ihre Zitzen herum war es schmuzig-braun und vom Säugen der Jungen verklebt. Teilnahmslos sah sie zu, wie zwei Dutzend Steppenadler über ihr kreisten. Ihr Erscheinen ließ nicht auf frische Beute schließen, sondern eher auf die aufgedunsenen Körper der geflügelten Termiten, die für viele Vögel und andere Tierarten ein nahrhaftes Futter abgeben.

Anderthalb Kilometer weiter unten an den Feigenbaumhügeln versammelten sich die Paviane am Honigbaum, um frische Früchte zu pflücken. Die anderen saßen unten herum und verzehrten die zappelnden Termiten, die sich zwischen den Hunderten von abgelegten Flügeln einiger ihrer Artgenossen, die wieder zur Erde zurückgekehrt waren, verfangen hatten. Der einsame schlanke Mungo lief geschäftig an den Zwergfelsen hin und her, wo sich seine kleineren Vettern versammelt hatten, um sich an dem plötzlichen Überfluß an nahrhaften Insekten gütlich zu tun.

Chui kletterte aus der Lugga und legte sich auf einen alten Termitenhügel. Nachdem das riesige Bauwerk vielen Generationen als Zuhause gedient hatte, war es bereits vor langer Zeit von seinen Architekten und Baumeistern verlassen worden. Die spitzen kleinen Erdhügel waren schon längst eingeebnet worden, so daß inzwischen nur noch eine bequeme grasbewachsene Plattform übriggeblieben war. Solche verlassenen Termitenhügel findet man überall in der Mara. Sie sind eine willkommene Aussichtsplattform für Löwen, Geparden, Topis und Kongonis – manchmal sogar für Leoparden.

Fünfundzwanzig Meter weiter tauchten mehrere Zebramangusten aus ihrem unterirdischen Bau auf und umrundeten geschäftig einen anderen Termitenhügel. Eine von ihnen hob geschickt den Stein hoch und kratzte mit ihren langen gebogenen Klauen emsig in der freigelegten Erde, um Insekten und Larven aufzustöbern.

Als es schließlich anfing zu regnen, nieselte es zunächst nur. Dunkel stand auf und schüttelte sich die feinen Regentropfen aus dem Fell. Die Vögel fingen an zu singen: Anstatt nur zu klappern, ließen die Klapperlerchen ihr sanftes *tuuu, tuuu* ertönen, und schiefergraue Blaßuhus sangen im Duett. Chui saß mit gebeugtem Kopf und geschlossenen Augen da und sah aus wie ein müder Pendler auf einer langen Eisenbahnfahrt. Aber solange sie in der Nähe der Jungen war, fand sie keine Ruhe. Dunkel schmiegte sich an sie und sie hob den Schwanz und legte ihn um seinen Hals. Als Hell das sah, lief er auch sofort zu seinem Bruder, und beide spielten mit Chuis Schwanz. Eine graue Wolkenwand bedeckte den Himmel, und es hörte nicht auf zu nieseln. Chui setzte sich hin und putzte sich. Die Jungen spielten an dem Termitenhügel.

Manchmal beteiligte sich Chui mit Begeisterung an solchen Spielen. Für mich war es immer ein besonderes Vergnügen, dabei zuschauen zu dürfen, denn die Geburt der Jungen hatte mir den Blick für einen anderen, zuvor verborgenen Aspekt von Chuis Welt eröffnet. Hinter dem kühlen, reservierten Äußeren lag eine Wärme verborgen, die mich völlig gefangennahm. In unserer Vorstellung sind Leoparden kaltblütige Killer, aber tief unter dem gefleckten Fell lebt noch ein anderer Leopard. Es war für mich ein großes Privileg, beobachten zu können, wie eines der verschlossensten Wesen des Tierreiches alle Vorsicht über Bord warf und auf eine Weise herumtollte und herumalberte, die ich nie für möglich gehalten hätte.

Vor meinen Augen wälzten sich alle drei Leoparden auf dem nassen Boden, sie waren nur noch eine einzige Masse aus Vorderpfoten, Hinterpfoten und Fell. Die Jungen jagten hintereinander her wie Geparden, kamen dann wieder zu Chui zurück, die ihrerseits davonrannte und von den beiden verfolgt wurde. Als sie plötzlich stehenblieb, prallten Hell und Dunkel aufeinander und plumpsten Chui vor die Füße. Als sie dann wieder wegrannten, stürzte sich Chui erneut auf sie, wälzte Dunkel auf den Rücken und biß ihn sanft. Dann ging sie weg. Chui erreichte durch dieses Verhalten, daß sie von den Jungen nicht ignoriert und nur als Attrappe für ihr Spiel betrachtet wurde. Abwechselnd wurde gejagt, gesprungen, gebalgt und gebissen, wobei sich das jeweils zu kurz gekommene Junge immer wieder schnell von hinten anpirschte.

Am nächsten Morgen befanden sich Mutter und Junge noch am gleichen Platz und spielten die gleichen Spiele. Es hatte die ganze Nacht über geregnet, und der Boden war naß und glitschig. Der Himmel über der Lugga war grau verhangen, aber das schien den Leoparden nichts auszumachen, sie wurden dadurch eher noch unternehmungslustiger.

Chui legte eine Pause ein, um sich zu putzen. Jedesmal wenn ein Junges angelaufen kam, wich sie aus. Dann setzte sie sich wieder hin und sah zu, wie die beiden miteinander spielten. Hell nahm einen Anlauf und sprang Chui auf die Schultern. Dort saß er wie ein Jockey und hielt sich mit den Vorderpfoten an ihren Nackenhaaren fest. Chui warf Hell ab und kroch auf Dunkel zu, dabei vollführte sie schlangenartige Bewegungen und wälzte sich am Boden. Als er dann zu ihr hinrannte, sprang sie auf und lief weg. Chui stieg kurz in einen Crotonbusch, bevor sie zu der Lichtung ging, auf der ein einsamer Akazienbusch wuchs. Sie setzte sich mit gebeugtem Kopf hin und wartete auf den unvermeidlichen Angriff der Jungen. Als sie sich auf sie stürzten, blieb sie bis zum letzten Augenblick unbeweglich sitzen und vollführte dann mit aneinandergelegten Hinterpfoten und elegant gebogenem Schwanz einen Sprung zur Seite. Dunkel griff mit seinen Vorderpfoten ins Leere, während seine Mutter mit einem federnden Satz auf die Spitze des anderthalb Meter hohen Buschs sprang, einen Augenblick lang dort hin und her schaukelte und dann aufs neue weich auf der Erde aufsetzte.

Nach und nach nahm das hektische Tempo der Spiele ab. Chui ging mit Hell zur Lugga hinuter. Dunkel blieb liegen, wo er war, er war nicht mehr so abhängig von der Mutter. Aus dem Akaziendickicht im Westen waren die Alarmrufe der Meerkatzen zu hören. Und sie waren ihrerseits ein Grund zur Besorgnis für die Haubenwürger, die in denselben Büschen nisteten. Da sie ihre Eier und Nester schützen wollten, beschimpften die Würger die Affen lautstark. Ein Meerkatzenweibchen, das sein Junges vor der Brust trug, galoppierte über die offene Ebene, während sie von einem der wilden Haubenwürger verfolgt wurde, der sie beschimpfte und ihr mit dem Schnabel auf den Kopf hackte.

Von Osten kam leichter Wind auf, der sich bald zu einem Sturm entwickelte, der wie ein Bienenschwarm durch die Lugga hindurchfegte und Regen mitbrachte. Jetzt prasselte der Regen auf Chui, die einen Augenblick sitzenblieb und sich naßregnen ließ. Aber es war nicht nur ein Schauer; Chui wurde das offenbar doch zu viel, und sie suchte sich einen besser geschützten Platz in der Lugga. Schließlich ließ der Regen nach, es tröpfelte nur noch, und Chui kroch wieder zum Rand der Büsche.

Kurz nach zwei Uhr richtete sie sich plötzlich auf, als ob sie ein Geräusch gehört hätte. Bienenfresser mit goldfarbenen Schwingen flogen ganz dicht über Chui hinweg, aber der Leopard beachtete sie nicht. In der steinernen Einöde der Felsen und Dornbüsche, die den Westhang des Hügels bedeckten, tauchten Zebras und Topis auf. Sie rannten aufgescheucht umher, und Chui betrachtete sie mit einer Mischung aus Neugier und Sorge. Irgend etwas hatte sie zu diesem Aufbruch veranlaßt.

Bald fing es von neuem an zu regnen, so daß Chui sich wieder unter die Büsche legen mußte. Aber sie blieb wachsam und blickte ständig in die Richtung, aus der die Zebras und Topis gekommen waren. Hell und Dunkel kümmerten sich überhaupt nicht darum, ihr einziges Interesse bestand darin, an Chui zu saugen, obwohl die ihre Beine angezogen hatte und nicht sehr kooperationsbereit war.

Plötzlich drang eine seltsame Mischung aus hohem Jaulen und Quietschen zu den Leoparden herüber. Chui setzte sich sofort aufrecht hin. Die Zebras stürmten in alle Himmelsrichtungen auseinander und rasten in nur hundert Metern Entfernung zwischen den Felsen hindurch.

Chui warf noch einen letzten Blick dorthin, bevor sie sich umdrehte und tief geduckt in die entgegengesetzte Richtung fauchte. Sie bewegte sich blitzschnell und die Jungen suchten daraufhin zwischen den Felsen im Bett der Lugga Schutz. Der Grund für den Alarm wurde bald sichtbar. Drei große Warzenschweine und drei Ferkel, die von vier Massaihunden verfolgt wurden, tauchten am steinigen Horizont auf.

Der Leithund hatte bald eins der Ferkel eingeholt, das nicht so gut laufen konnte und von der Jagd erschöpft war. Aber bevor der Hund sich seine Mahlzeit sichern konnte, kam die Mutter angeprescht, grunzte angriffslustig und zwang so den Hund, von dem Ferkel abzulassen, so daß es sich zu seinen Verwandten in einen nahgelegenen Bau flüchten konnte.

Anstatt unter der Erde zu bleiben, stürzten die erschreckten Warzenschweine sofort wieder aus dem Bau heraus. Dort warteten die Hunde auf sie.

Vor allem ein Hund mit braunen und weißen Flekken ließ nicht locker, sondern trieb die größten Schweine vor sich her, bevor er seine Taktik änderte und sich wieder auf das erschöpfte Ferkel stürzte. Einen Augenblick lang hielt der Leithund das quiekende Ferkel an seinem Hinterlauf fest, bis dann zwei ausgewachsene Warzenschweine zurückgerannt kamen, sich auf den Hund stürzten und ihn umwarfen. Aber dieser spezielle Mischling war kein Anfänger in der Technik der Schweinejagd. Blitzschnell stand er wieder auf den Beinen und jagte trotz einer klaffenden Wunde, aus der das rote Blut über seine weiße Schulter lief, hinter seinen Angreifern her.

In diesem Augenblick lief ein Massai-Junge aufgeregt den Hügel hinunter. Er war mit Pfeil und Bogen bewaffnet und wollte sich nur zu gern an der Jagd beteiligen. Doch er hatte sich so darauf konzentriert, die Hunde anzufeuern, daß er zunächst den Wagen, der hinter einem großen Akazienbusch versteckt war, nicht sah. Als ihm bewußt wurde, daß er ungebetenen Besuch hatte, rannte er barfuß wie er war weg, wobei er sich geschickt einen Pfad zwischen den Felsen hindurch suchte.

Wenn die jungen Massai, die gewöhnlich mit den verschiedensten Waffen für das Leben im Busch ausgerüstet waren, die Kuhherden ihrer Väter hüten mußten, vertrieben sie sich verständlicherweise oft die Langeweile, indem sie sich ein geeignetes Ziel für ihre

Pfeile, Speere oder Wurfstöcke suchten. Man konnte häufig beobachten, daß die Massai-Jungen die Jagd auf Warzenschweine als Sport betrieben. Manchmal verfolgten sie die Tiere bis zu ihrem Bau und versuchten dann, sie mit dem Speer zu erlegen – deshalb widerstrebte es den Warzenschweinen auch, bei einer solchen Gelegenheit unter der Erde zu bleiben. Wenn die Jungen von Hunden begleitet wurden, kamen sie leicht an eine Mahlzeit.

Zwei Jahre zuvor waren angeblich zwei Gepardenjunge aus einem Wurf direkt an der Nordgrenze des Reservats von einem Massai-Hunderudel getötet worden. Die Hunde könnten auch den Leopardenjungen gefährlich werden, wenn sie sich aufs offene Land hinauswagen würden oder noch zu jung wären, um auf Büsche oder Bäume zu klettern. Obwohl Chui und ihre Jungen sich völlig an die Autos gewöhnt hatten, reagierten sie doch noch immer so, wie sie es in frühester Jugend gelernt hatten. Leoparden vermeiden in der Regel den Kontakt mit Menschen, und Chui reagierte genauso vorsichtig wie das Mara-Büffel-Weibchen oder jeder andere Leopard, wenn er einem Menschen begegnete, der zu Fuß ging.

Chuis Flucht sollte nicht die Hunde oder den Massai von ihren Jungen ablenken. Chui war so schnell und unauffällig geflohen, wie sie konnte, und hoffte, nicht entdeckt zu werden. Mit den Jungen in der Lugga zu bleiben, wäre ein sinnloses Unterfangen gewesen, denn wegen der langen Trockenzeit gab es dort keine schützende Vegetation mehr: Sie hätte sich nirgendwo verstecken können, keine Höhle war groß genug, um sie vor den Hunden oder einem Menschen, der zu Fuß ging, zu schützen. Aber für Hell und Dunkel gab es noch solche Plätze, sie hatten sich in Sicherheit bringen können, bis die Gefahr vorüber war.

Letzten Endes war Chuis Sicherheit wichtiger als die der Jungen, denn sie waren noch viel zu klein, um schon für sich selbst sorgen zu können, wenn ihre Mutter nicht mehr lebte. Mit ihren fünf Monaten konnten die beiden noch nicht zur Vermehrung der Leopardenpopulation beitragen. Chui dagegen könnte, falls die Jungen sterben oder getötet werden sollten, in verhältnismäßig kurzer Zeit einen neuen Wurf zur Welt bringen. Für jeden einsamen Jäger ist es außerordentlich wichtig, Verletzungen zu vermeiden. Chui kannte ihre Grenzen. Wenn sie gezwungen wäre, sich zu verteidigen, würde sich zeigen, daß sie ein äußerst gefährlicher Gegner war. Aber abgesehen davon war das Weglaufen offensichtlich die beste Methode, das eigene Überleben zu garantieren. Das Wort Feigheit gibt es in der Tierwelt nicht.

In der Nacht hatte es in Strömen geregnet. Am Tag nach einem solchen Guß zeigt sich die Mara nicht von ihrer besten Seite. Große Gebiete waren unpassierbar, und das Autofahren wird zu einer schwierigen Aufgabe. Die Wagen bleiben stecken, und die Scheiben sind wegen der Feuchtigkeit ständig beschlagen. Zum Glück trocknet alles sehr schnell wieder, wenn der Regen aufgehört hat. Anscheinend macht dann alles nach der drückenden Hitze, die dem Gewitter vorausgegangen war, einen erfrischten Eindruck.

Früh am Heiligabend wurde Chui gesehen, wie sie Hell und Dunkel von der Dikdik-Lugga abholte und mit ihnen in östlicher Richtung am Feigenbaumhügel entlangging. Später, am gleichen Tag wurde sie von einem Topimuttertier gejagt, die ihr junges Kalb erbittert verteidigte und Chui zwang, sich mit den Jungen in die Büsche zu flüchten.

Jetzt saß Chui hoch oben auf dem östlichen Teil des Feigenbaums. Im Norden suchten sich Marabus und weiße Störche ihre Nahrung im Akaziendickicht und versammelten sich dort zu einem Festschmaus, der aus einer riesigen Menge von Heerwürmern bestand, die wie dunkle Samenköpfe auf den Grashalmen saßen.

Nachdem es den ganzen Tag über schon so ausgesehen hatte, als ob es regnen würde, fing es jetzt endlich an. Die Störche versammelten sich in den Baumkronen, wo sie im Wind wie schwarzweiße Fahnen hin und her schwankten, während es langsam immer dunkler wurde.

Wieder einmal wurde es Abend, die Sonne ging unter und der Regen ließ nach. Chui stand auf und ließ die beiden spielenden Jungen allein. Hell und Dunkel sahen, daß die Mutter wegging, und schlichen sich dann heimlich hinter ihr her. Als sie bis auf zehn Meter herangekommen waren, blieben sie stehen, als ob sie genau wüßten, daß sie die Mutter nicht begleiten durften.

Chui saß leicht gebückt da. Es donnerte, und die Regentropfen auf ihrem Fell glänzten silbrig. Sie drehte sich um und sah ihre Jungen an. Dieser kurze Blick genügte, um den Bann zu brechen. Hell pirschte sich sofort an die Mutter heran. Chui machte einen unentschlossenen Eindruck. Sollte sie den Nachwuchs wieder in die Höhlen der Jungen bringen oder versuchen, sich allein auf den Weg zu machen? Zweifellos wollte sie lieber allein gehen.

Chui trottete vorsichtig weiter und senkte den Kopf so, daß man sie nicht sehen konnte, wenn sie hinter einer Bodenwelle herging oder von einem anderen natürlichen Hindernis verdeckt wurde. Die Jungen konnten die dunkle Silhouette der Mutter vor der untergehenden Sonne sehen. Aber als sie dann endgültig verschwunden war, war es auch um das Selbstbewußtsein der beiden geschehen. Ohne die Mutter fühlten Hell und Dunkel sich in der freien Wildbahn plötzlich sehr allein und schutzlos. Sie liefen zu den Höhlen der Jungen zurück.

Dunkel blieb unterwegs einmal mit erhobener Vorderpfote stehen und spitzte die Ohren. Alles, was er hören konnte, waren die Geräusche der Löwen und Hyänen – und das reichte aus, um einem kleinen Leoparden angst zu machen. Aber als die Jungen sich bis auf dreißig Meter der vertrauten Umgebung des Feigenbaumhügels genähert hatten, kehrte ihr Selbstbewußtsein zurück, und sie fingen sofort wieder an, sich gegenseitig zu belauern.

Ich konnte mir nichts Schöneres vorstellen, als den Weihnachtstag mit Chui und ihren Jungen zu verbringen. Meine Freunde meinten, das wäre doch ein ziemlich eigenartiges Benehmen und ich würde mich beinahe so ungesellig verhalten wie der Leopard. Es wäre doch sicher nicht schlimm, wenn ich die Leoparden einmal einen Tag nicht sähe, sagten sie. Es war nicht so, daß ich die Leoparden den Menschen vorgezogen hätte, aber meine Kontakte mit Menschen waren besser zu planen als die mit den Leoparden. Ich wußte genau, daß Chui mit ihren Jungen veschwinden könnte und ich sie dann womöglich nicht mehr finden würde. Früher war es oft so gewesen, daß auf einen Tag, an dem ich einen Leoparden gesehen hatte, Monate folgten, in denen ich keinen mehr von ihnen zu Gesicht bekam. Deshalb war jeder Tag, an dem ich meine Beobachtungen machen konnte, für mich kostbar.

In der letzten Nacht hatte es heftig geregnet, und jetzt war alles naß und grau. Die Jungen hatten sich auf den Cub Rock gelegt, das war eine Steinplatte, die das Dach einer Höhle bildete, die an einer Seite offen war und sich auf halber Höhe des Hügelkamms unter Chuis Feigenbaum befand. Mit klatschnaßem Fell kuschelten sie sich aneinander.

Ein rotbäuchiges Schwalbenpaar flog emsig hin und her und baute sein Nest aus Schlamm an den Felsplatten unterhalb des Top Rock. Diese anmutigen Vögel steuerten ihr neues Heim von unten an und blieben flatternd in der Luft auf einer Stelle stehen, um neues Material an das Bauwerk zu kleben. Sie hatten sich eine Stelle ausgesucht, an der sie vor den meisten Räubern sicher sein konnten. Selbst Hell und Dunkel, die außerordentlich gelenkig waren, konnte das Nest nicht erreichen, obwohl sie interssiert zusahen, wie die Vögel kamen und gingen.

Es fing wieder an zu regnen, in der Ferne hörte man einen Kuckuck rufen, und in den Akazienbüschen unterhalb des Hügelkamms standen ein paar Topis ziemlich verloren herum. Nur die Störche, die neben dem Autopfad entlangstaksten und in dem Regen auf Nahrungssuche waren, machten einen geschäftigen Eindruck.

Nach fast vier Stunden hörte der Regen endlich auf. Die Felsen glänzten schwarz, und ein Raubadler hatte sich vorübergehend auf einem dieser Steine niedergelassen und putzte sich eifrig das nasse Gefieder. Die grünen Blätter des Feigenbaums glänzten, während andere, zumeist braune auf der Erde herumlagen. Büffel tauchten auf, riesige, massige Tiere, die wie wandernde Felsblöcke aussahen und das zähe Gras abfraßen, das zwischen den Felsblöcken wuchs.

Dunkel schlängelte sich aus der trockenen Höhle heraus, sah sich um und hoffte, seinen Bruder in der Nähe zu entdecken. Aber Hell war schon auf den Hügelkamm geklettert. Dunkel schlich sich weiter, warf aber immer erst einen vorsichtigen Blick auf jede neue Felsstufe, während er zu seinem Bruder hinaufkletterte. Ich dachte bei mir, daß ein einzelnes Leopardenjunges doch ein sehr einsames Leben haben mußte, wenn die Mutter so viele Stunden pro Tag weg war und es kein Geschwister hatte, mit dem es spielen konnte.

An einem solchen Tag, an dem die Leoparden grau und eintönig aussahen, leuchtete nur die weiße Unterseite ihrer Schwänze zwischen den düsteren Felsen wie ein Leuchtturm. Aber ihre Unternehmungen waren alles andere als langweilig. Hell entdeckte zum Beispiel einen Felsen, den man hin und her kippen konnte, weil ein kleinerer Stein darunterlag, eine perfekte Wippschaukel. Hell schaute nach hinten und versuchte dann, die Felsplatte wieder hochzuheben, was schwierig war, da er ja noch darauf saß. Er fand eine sehr originelle Lösung, indem er die Platte mit beiden Pfoten umfaßte und hineinbiß, woraufhin er dann mehrere Purzelbäume schlug.

Eines ihrer Lieblingsspiele bestand darin, bestimmten Pflanzen eins auf den Kopf zu geben – anders kann man dieses Spiel nicht nennen. Der junge Leopard machte dabei einen übertriebenen Luftsprung und landete dann nicht gerade sehr elegant auf dem Bauch auf einer der großblättrigen, erstaunlich biegsamen Clerodendron-Pflanzen, die am Rand der Höhlen der Jungen wuchsen. Sobald er die Stengel fest zwischen den Vorderpfoten hatte, schlug er einen Purzelbaum nach hinten oder nach vorn und packte die Pflanze auch noch mit den Hinterpfoten. Dann ließ er sie wieder los, wartete aber nur so lange, bis sie sich wieder ein wenig aufgerichtet hatte, um ihr erneut eins auf den Kopf zu geben.

Eine Zeitlang rannte Dunkel allein in der Gegend herum, während Hell sich hinter einem Felsen mit etwas anderem beschäftigte. Plötzlich brach die Hölle los. Die Jungen fauchten und knurrten sich mit flach angelegten Ohren an und bekämpften sich ernsthaft mit Zähnen und Klauen. Sie wären fast den Hügel heruntergefallen und waren nur noch wütend tobendes Bündel. Der Kampf dauerte etwa eine halbe Minute, und Hell hatte ihn offenbar verursacht, aber Dunkel leistete seinem Bruder erbitterten Widerstand. Schließlich löste sich das kleinere Junge und trottete völlig niedergeschlagen am Fuß de Hügel entlang zum Cub Rock. Hell zog sich wieder hinter den Felsen zurück, wo der Streit angefangen hatte.

Die Ursache für diese Gewalttätigkeiten mußte so interessant sein, daß es sich lohnte, dafür zu kämpfen. Ich hatte bisher solche Kämpfe zwischen den Jungen immer nur beobachtet, wenn es um Nahrung ging, nie wegen eines nichteßbaren Spielobjekts. Hell hatte möglicherweise einen Leckerbissen versteckt, den ich nicht sehen konnte: vielleicht eine Eidechse, einen Käfer oder einen Fetzen Fleisch von einer alten Beute.

Die Jungen legten sich vierzig Meter voneinander entfernt hin, und ein paar Minuten später kroch Dunkel in seine Höhle. Hell ging auf ihn zu, verschwand dann aber hinter dem Cub Rock und kletterte ganz nach oben auf den Hügelkamm. Dort blieb er ein paar

Minuten, kam dann wieder zurück und rollte sich hinter seinem Bruder zusammen.

Der Kampf schien die jungen Leoparden vorübergehend etwas mitgenommen zu haben, denn sie blieben danach fast zwei Stunden lang in ihrem Versteck. Als sie wieder auftauchten, trennten sie sich, und jeder putzte sich, um die Spannung abzureagieren. Als Hell dann am Fuße des Hügelkamms entlangtrottete, folgte Dunkel ihm, und es dauerte nicht lange, da spielten sie beide wieder miteinander, als hätte der Kampf nie stattgefunden.

Doch als sie sich dem Felsen näherten, ging es plötzlich von neuem los. Sie schlugen sich gegenseitig mit den Pfoten, bissen einander und bedrohten sich mit aufgesperrtem Maul. Aber diesmal war der Streit schnell zu Ende, und auch diesmal war es Dunkel, der sich an einen ruhigeren Platz zurückzog. Es mußte irgend etwas mit Futter zu tun haben.

Kurz vor sechs Uhr kletterte Dunkel, von seinem Bruder gefolgt, auf den Top Rock, wobei er sich geschickt einen Weg über die steile Westseite der Höhle suchte. Noch ein paar Wochen zuvor, wäre ihnen das unmöglich gewesen, aber inzwischen konnten sie so etwas schon ziemlich gut. Sie stiegen auf den Feigenbaum und tummelten sich mit großem Selbstbewußtsein auf der Ostseite des Baums, wo Chui sich nachmittags am liebsten ausruhte. Inzwischen gab es keine Stelle mehr, die sie nicht erreichen konnten, sie drehten und wendeten sich, stiegen hintereinander her und vollführten atemberaubende Kletterkunststücke.

Sie waren so in ihr Spiel vertieft, daß sie die Ankunft der Paviane erst bemerkten, als von unten das warnende Bellen eines Affen zu hören war. Aber das reichte aus. Jetzt war keine Zeit mehr, vorsichtig rückwärts nach unten zu klettern. Sie sprangen mit dem Kopf voran nach unten, ohne ein einziges Mal innezuhalten und sich den günstigsten Weg zu suchen. Bis zum Top Rock, auf dem drei Paviane saßen, wurden sie nur noch von ihren Instinkten gesteuert. Aber die jungen Leoparden waren so schnell und so geschickt, daß sie unbehelligt an den überraschten Primaten vorbeisausten, obwohl die nur Meter von ihnen entfernt waren.

Die Jungen hatten Glück gehabt, daß die Paviane noch jung waren. Es waren keine großen Weibchen unter ihnen, die den Angriff hätten führen können. Wie der Blitz rannten die Leoparden in ihr jeweiliges Versteck: Hell in die senkrechte Höhle und Dunkel zum Cub Rock. Ein paar Minuten später waren sie schon wieder draußen und spielten miteinander, putzten sich und suchten ihr Fell nach Flöhen ab, obwohl beide auf der Hut blieben und die Paviane im Auge behielten, die auf ihrem Weg zum Honigbaum im Süden am Hügelkamm entlangzogen.

Hell und Dunkel waren inzwischen mit den verschiedenen Versteckplätzen, die sie im Falle einer drohenden Gefahr aufsuchten, äußerst vertraut. Sie reagierten mittlerweile auch nicht mehr spontan auf die Angst des anderen. Sie verschafften sich jetzt erst einen genaueren Überblick über die Situation und rannten nicht mehr sofort in das nächste Versteck, es sei denn, sie würden von Pavianen bedroht.

Ich hatte Chui seit zwei Tagen nicht mehr gesehen, aber das war an sich nichts Ungewöhnliches. Sie ließ die Jungen jetzt häufiger einen Tag lang allein, und die beiden hatten es bisher immer noch geschafft, die vielen Stunden des Alleinseins heil zu überstehen. Ich fand in der näheren Umgebung keine Spur von ihr, und da es noch früh am Morgen war, beschloß ich den Mara-Büffelfelsen einen Besuch abzustatten. Selbst wenn ich Chui dort nicht finden sollte, könnte ich möglicherweise die andere Leopardenfamilie zu Gesicht bekommen. Mein Erstaunen war groß, als ich direkt neben dem Baum, auf dem Chui vor drei Wochen ihre Thomsongazelle gelagert hatte, einen Wagen entdeckte. Und da war sie auch. Diesmal hatte sie ein frisch getötetes Antilopenkalb auf den Baum geschleppt. Knapp sechzig Meter davor stand ein Antilopenweibchen und gab vor dem Baum, auf dem Chui saß, nasale Warnrufe von sich.

Chui begann zu fressen, sah aber immer wieder nervös nach Nordwesten. Als ich ihrem Blick folgte, entdeckte ich vier Löwen, die dem Schluchtrudel angehörten, in der offenen Ebene, umgeben von einer buntgescheckten Schar von Geiern. Die Löwen hatten in der Nacht einen Büffelbullen getötet und sich neben dem Kadaver zur Ruhe gelegt: Es waren eine ausgewachsene Löwin und drei junge Männchen im Alter von etwa drei Jahren.

In ein paar hundert Metern Entfernung näherten sich aus dem Akaziendickicht, das den Eingang zur Leopardenschlucht umgab, gemächlich die beiden Männchen des Schluchtrudels der Beute. Sie standen in der Blüte ihrer Jahre – prächtige Tiere, bedeutend schwerer und kräftiger als die drei jungen Männchen. Einer von den beiden – der mit der dunklen Mähne – war sieben Wochen zuvor an Chuis Feigenbaum vorbeigekommen.

Die Büffelherde, aus der die Löwen sich ihr Opfer geholt hatten, stand auf der Ebene und beobachtete sie. Auf ein subtiles Zeichen, das nur ihre eigene Art wahrnehmen konnte, gingen sie auf die Raubtiere los und vertrieben sie, wobei sie den geduldig wartenden Geiern ungewollt die Möglichkeit verschafften, an die Beute heranzukommen und davon zu fressen.

Es waren nur fünfundzwanzig Büffel, für Mara-Verhältnisse eine kleine Herde, aber groß genug, um die Löwen in Schwierigkeiten zu bringen. Als die Löwin den Versuch machte, wieder zur Beute vorzudringen, griffen die Bullen sie nochmals an und vertrieben sie erneut.

Die Löwin machte einen sehr nervösen Eindruck, und dazu hatte sie guten Grund, denn sie konnte aus den Augenwinkeln sehen, wie das Löwenmännchen mit der dunklen Mähne selbstbewußt auf sie zusteuerte. Die drei jungen Männchen standen auf und liefen schnell auf den felsigen Hügel zu, der sich am Rand der Ebene befand, nicht weit von der Stelle entfernt, wo Chui auf ihrem Baum lag und sie beobachtete.

Der Dunkelmähnige bewegte sich bedächtig und wußte ganz offensichtlich, was er wollte. Er reckte den Kopf nach oben, und das dunkle Haar seiner Mähne wehte im Wind. Das Maul hatte er nach vorn geschoben und die Schultern hochgezogen. Für die anderen Löwen war die Drohung, die sein Verhalten ausdrückte, leicht zu erkennen, aber die Büffel ließen sich dadurch nicht beeindrucken, sondern griffen ihn sofort an, woraufhin er in einem weiten Bogen um sie herumgaloppierte. Aber der Dunkelmähnige war nicht an den Büffeln interessiert, sondern an den jungen Löwenmännchen. Er stürmte los und brüllte dabei laut hinter den flüchtenden Löwen her. Sein Kumpan mit der hellen Mähne fiel sofort mit ein und kam zu ihm gelaufen, um sich an der Jagd zu beteiligen. Der Löwe mit der hellen Mähne schwenkte nach

Süden und verfolgte eins der jungen Männchen durch das felsige Gelände nur ein paar Meter von Chuis Baum entfernt. Der Dunkelmähnige schlug einen Haken, und beide Löwen trieben ihr unglückliches Opfer in die Enge, wobei sie sich für so große Tiere enorm schnell bewegten.

Als der junge Löwe merkte, daß er in einer hoffnungslosen Situation war, wälzte er sich demütig auf die Seite, fletschte die Zähne und gab dabei knurrende Laute von sich – er kam mit ein paar schnellen Prankenhieben und einem Biß in den Rücken davon. Obwohl er demselben Rudel angehörte wie die beiden älteren Männchen, zeigte ihm ihre zunehmende Feindseligkeit, daß es für ihn und seine Kollegen Zeit wurde, ein Nomadenleben aufzunehmen: Sie wurden gezwungen, das Rudel zu verlassen und so lange umherzuziehen, bis sie in der Lage waren, um die Führung eines eigenen Rudels zu kämpfen.

Während dieser aufregenden Ereignisse hatte Chui ruhig auf ihrem Ast gelegen und aufmerksam zugeschaut, wie die Löwen ihre Gegenspieler verfolgt hatten. In der ganzen Verwirrung war das Antilopenweibchen, dessen Kalb Chui hatte, gezwungen worden, seine einsame Wache aufzugeben.

Eine Stunde später erschien sie wieder neben demselben Akazienbusch, neben dem sie vorher gestanden hatte, blickte zu Chuis Baum hinüber und stieß immerfort Lockrufe aus. Das Geräusch, das sie dabei machte, war eine Mischung aus Blöken und Grunzen und wurde ständig wiederholt. Es war, als glaube sie, ihr Kalb käme auf ihren Ruf hin wieder zu ihr.

Antilopenmütter lassen ihre neugeborenen Kälber in der Regel an einem geschützten Platz zurück und gehen zu ihrer Herde, um zu grasen und wiederzukäuen. Zwischendurch besuchen sie ihre Jungen, um sie zu säugen. Ich habe häufig solche Kälber zwischen den Felsen der Leopardenschlucht und längs der Feigenbaum-Hügelkette liegen sehen. Für ein erfahrenes Raubtier, das die Tarnung des jungen Tiers durchschaute, waren sie eine leichte Beute. Dieses Weibchen hatte vermutlich nicht gesehen, wie Chui ihr Junges getötet hatte, und konnte das Kalb an der Stelle, an der sie es zurückgelassen hatte, nicht mehr finden. So etwas kam wahrscheinlich häufig vor.

Eine kleine Antilopenherde tauchte unter den Akazienbüschen auf und wollte das einsame Weibchen mitnehmen. Aber der Mutterinstinkt war noch zu stark, als daß sie die Geborgenheit der Herde aufgesucht hätte. Sie blieb nur ein paar Minuten bei ihren Artgenossen und kehrte dann wieder um und ging diesmal noch näher an Chuis Baum heran.

Endlich kam die Sonne wieder hinter den Wolken zum Vorschein und Chui kletterte zu ihrer Beute hinauf. Sie beugte sich über den Kadaver, riß Haarbüschel aus und zog die Haut teilweise ab, um an das zarte Fleisch zu gelangen.

Als Chui satt war, war nicht mehr viel von dem etwa zehn bis zwölf Pfund schweren Antilopenkadaver übrig. Nachdem sie sich das Gesicht und die Pfoten sorgfältig geputzt hatte, hockte sie sich hin und schärfte ihre Krallen an der Rinde eines dicken Astes.

Chui befand sich am Rand ihres Reviers, deshalb setzte sie sorgfältig verschiedene Markierungen, bevor sie den Ort verließ. Als sie von dem Baum geklettert war, entleerte sie als erstes ihren Darm. Dann ging sie zu dem Baumstamm und markierte ihn in Nasenhöhe eines Leoparden mit vier oder fünf Urinspritzern. Kurz danach bespritzte sie auf die gleiche Weise einen niedrigen Busch. Aber ihr Schwanz nahm meine Aufmerksamkeit gefangen, denn als sie wegging, trug sie ihn so hoch erhoben, wie ich es noch nie bei ihr gesehen hatte.

An der Haltung und den Bewegungen eines Katzenschwanzes kann man den Grad der Erregung des Tieres ablesen. Leoparden haben im Verhältnis zu ihrer Körpergröße einen längeren Schwanz als Tiger oder Löwen, und er ist mit Sicherheit auffälliger. Wenn ein Leopard wütend ist und angreift, richtet er seinen Schwanz in einem Bogen auf, so daß die weiße Unterseite sichtbar wird, die im Sprung wie eine weiße Fahne aussieht. Leopardenweibchen tragen den Schwanz manchmal auch hoch erhoben, wenn sie von ihren Jungen begleitet werden. Für sie bedeutet er ein Signal, der Mutter zu folgen. In diesem Fall ist die weiße Unterseite gewöhnlich nur von hinten zu sehen. Jetzt aber spielte es keine Rolle, ob man Chui von vorn, von hinten oder von der Seite betrachtete, die weiße Unterseite und die Schwanzspitze hoben sich im Zwielicht, zu einer Zeit, in der womöglich auch andere Leoparden aktiv wurden, wie ein Scheinwerfer vor dem Hintergrund ab.

Die Antilopen ergriffen die Flucht und wiesen mir mit ihren Warnrufen den Weg, den Chui eingeschlagen hatte. Sie lief in einem großen Bogen südlich um die Leopardenschlucht herum zu den Feigenbaumhügeln zurück, wo die hungrigen Jungen auf sie warteten. Aber Chui ging nicht direkt zu ihnen. Sie suchte erst noch einmal ihren Baum auf und fraß sich satt. Am nächsten Morgen war von dem Kadaver nur noch ein Hautfetzen zu sehen, der an den Zweigen baumelte. Als sie zu den Höhlen der Jungen zurückkehrte, war für die beiden nichts mehr übrig. Nichts außer Chuis Milch.

Der Kampf ums Fressen

Es war ungefähr halb sechs Uhr morgens, als ich das Kichwa-Tembo-Camp verließ. Im Licht der Autoscheinwerfer konnte ich zahlreiche Tiere sehen, die meinen Pfad kreuzten. Eine Antilopenherde blieb von dem Licht geblendet erschreckt stehen. Als ich die Scheinwerfer ausschaltete, fanden die Antilopen ihre Orientierung sofort wieder und verschwanden in der Dunkelheit. Giraffen, Gazellen, Zebras, Gnus und Löwen verfolgten meinen Weg in der Morgendämmerung.

Chui bestimmte meine tägliche Strecke, da sie ständig zwischen dem Feigenbaum-Hügelkamm und der Dikdik-Lugga hin und her pendelte. Wenn ich abends ins Camp zurückfuhr, war ich ziemlich sicher, daß ich sie und ihre Jungen am nächsten Morgen wiederfinden würde. Wenn ich Glück hatte, war es mir vergönnt, morgens oder abends eine Stunde lang mit Chui und ihren Jungen allein zu sein. Bei solchen Gelegenheiten fauchte und knurrte Chui nicht wütend, sondern beachtete mich kaum. Es war nicht so, daß Chui mich erkannte, aber nur ein Auto oder ein paar, die keinen Lärm machten, beeinflußten ihr Verhalten kaum.

Jeden Morgen kam ich mit der freudigen Erwartung an, was der neue Tag mir wohl zu bieten haben würde.

Vielleicht etwas Neues: Vielleicht würde es mir vergönnt sein, einen Einblick in ein neues, zuvor unbekanntes tierisches Verhalten zu gewinnen, oder ich könnte womöglich ein Ereignis fotografieren, das noch nie fotografiert worden ist. Es war bei mir eigentlich immer so, daß ich nie wußte, was mich erwartete. Aber bei den Leoparden war das noch ausgeprägter. Sie waren eben etwas Besonderes.

Solche Gedanken gingen mir durch den Kopf, als der Wagen an den vertrauten Zweigen der Dornbüsche entlangschrappte, die den schmalen Pfad zum Feigenbaum-Hügelkamm säumten. Paviane und Warzenschweine hatten ihre Schlafplätze bereits verlassen und bereiteten sich auf einen neuen Tag vor, bei dem es immer nur um eines ging: Fressen, Fressen, Fressen.

Ich hielt an und warf einen Blick auf die Felsen unter dem Feigenbaum, ob ich womöglich dort ein Lebenszeichen entdecken könnte. Nichts. Die Jungen lagen wahrscheinlich noch behaglich und warm zusammengerollt in einer ihrer Höhlen und waren noch nicht bereit, den angebrochenen Tag zu begrüßen. Die Sterne verblaßten langsam am blauen Himmel, und die wärmende afrikanische Sonne blinzelte aufmunternd über den Horizont, während ich meine Suche nach Chui fortsetzte. Ich hätte nur zu gern eine Tasse Kaffee getrunken, aber ich durfte keine Zeit verlieren. Ich würde später noch einmal nach den Jungen sehen.

Gegen sieben Uhr fuhr ich über den Hügelkamm zurück. In einem solchen Fall betrachtete ich die Bäume durch meinen Feldstecher, folgte jeder Lugge und sah unter jeden Busch. Dann suchte ich das Gelände im Zickzack-Kurs ab und hoffte, dort auf eine Spur von Chui zu stoßen. In acht von zehn Fällen fand ich nichts, und bei anderen Leoparden wäre die Ausbeute sogar noch magerer gewesen.

Aber an diesem besonderen Tag hielt ich nicht nur an, um einen verdächtigen Schatten oder einen schwanzähnlichen Ast zu untersuchen. Heute war sie tatsächlich da. Ich kann mir in Afrika keinen schöneren Anblick vorstellen als einen Leoparden, der, ohne von irgendwelchen Schatten verdeckt zu sein, im orangefarbenen Licht des frühen Morgens auf einem kahlen Ast liegt.

Chui lag in einem der Drei Bäume, eingerahmt von den offenen Zweigen wie in einem bunten Fenster. Nicht auf dem Eleaodendron-Baum, auf den sie sich vor der Büffelherde geflüchtet hatte, sondern auf der Pappea, die noch vor einem Monat kein einziges Blatt getragen hatte. Jetzt bildete die Krone ein hellgrünes Laubdach.

Sie richtete sich auf, aber sie sah nicht mich an, sondern zwei Hyänen, die vier Meter unter ihr herumliefen und zu ihr hinaufblickten, weil ihre Nasen ihnen sagten, daß dort oben Fleisch sein müsse. Neben Chui lag ein halbgefressenes Antilopenkitz.

Der unwiderstehliche frische Fleischgeruch war für eine der beiden Hyänen kaum auszuhalten. Der Räuber mit dem struppigen Fell stellte sich einen Augenblick lang auf die Hinterbeine und kratzte mit seinen stumpfen und hundekrallenähnlichen Klauen an der rauhen Oberfläche des Baumstamms.

Chui fauchte und knurrte die übelriechende Kreatur an, die von unten hochstarrte. Eigentlich hatte sie keinen Grund, sich Sorgen zu machen. Solange sie oben auf dem Baum blieb, war sie mit ihrer Beute sicher. Als sich die Hyänen davon überzeugt hatten, daß hier nichts für sie zu holen war, zogen sie sich wieder zu ihrem Ruheplatz zwischen den Felsen zurück.

In manchen Teilen Afrikas, in denen die Leoparden die Konkurrenz von Löwen oder Hyänen nicht fürchten müssen, fressen sie häufig ihre Beute auf dem Erdboden, weil in diesen Gebieten kaum die Notwendigkeit besteht, sie auf Bäumen zu lagern. Aber in der Mara ist das anders.

Chui hatte sich entspannt auf dem bequemen Ast ausgestreckt, hatte das Kinn nach vorn gelegt und ließ alle vier Pfoten an den Seiten des Asts herunterhängen. Sie betrachtete eine Antilopenherde, die am Rande des Akaziendickichts graste und den Blick auf den Hügelkamm verdeckte, der etwa hundert Meter entfernt war. In dieser Herde stand auch das Weibchen, dessen Kitz jetzt neben Chui hing.

Als der nächste Wagen kam, schloß Chui einfach die Augen und ignorierte ihn. Die Insassen blieben still, wie verzaubert vom Anblick dieses wunderschönen gefleckten Raubtiers, dessen Fell in der Morgensonne einen goldenen Glanz hatte. Von weitem hörte man, wie sich eine weißbäuchige Trappe mit einem Rotflügelfrankolin um die Luftherrschaft stritt. Klapperlerchen flatterten unentwegt umher, und Ringeltauben ließen ihr beruhigendes Gurren hören.

Schließlich gaben sich die Antilopen der Beschäftigung hin, die den größten Teil ihres Lebens ausmachte. Wie alle Pflanzenfresser verbrachten sie den größten Teil des Tages damit zu fressen, denn pflanzliche Nahrung besitzt nicht einmal ein Zehntel des Proteins, das Fleisch enthält. Deshalb können sich Fleischfresser wie Chui den Luxus leisten, den größten Teil des Tages zu ruhen, während die Pflanzenfresser sechzehn bis achtzehn Stunden täglich grasen müssen.

Chui hatte den eiweißreichen Teil des Rumpfes und der Schenkel des Antilopenkalbs bereits verzehrt. Damit würde sie so lange auskommen, bis sie das nächste Tier schlagen konnte. Sie lagerte ihre Beute auf Bäumen, um sie vor Rivalen zu schützen und um mehr Zeit für die Jagd zu haben.

Auch wenn es so aussah, als ob es in Chuis Revier keinen Mangel an Beutetieren gäbe, muß man die jahreszeitlichen Schwankungen berücksichtigen. In den seltensten Fällen war Nahrung im Überfluß vorhanden, und mitunter wurde sie sehr knapp. Fleischfresser benötigen infolgedessen weit größere Reviere als Pflanzenfresser mit einem vergleichbaren Körpergewicht.

Chui gähnte und putzte sich die Innenseite ihres Vorderlaufs. Mit eleganter Leichtigkeit drehte sie sich auf dem Ast um und schnupperte an dem Antilopenkitz. Fast pedantisch pflückte sie an den Stellen, an denen sie schon gefressen hatte, das weiche Fell von dem Kadaver, genau wie sie das mit den Klippschliefern und Hasen gemacht hatte. Sie bleckte die Zähne, und ihr Gesicht verzog sich angewidert. Dann riß sie mit den Schneidezähnen die Haare, die mit Speichel zusammengeklebt waren, büschelweise aus. Sie fielen wie Flugsamen nach unten und bildeten dort ordentliche kleine Haufen, die dem Beobachter auch dann noch wertvolle Hinweise gaben, wenn der Leopard selbst schon verschwunden war.

Chui rückte den Kadaver wieder zurecht, drehte sich dann um und gab zwei Lockrufe von sich. Sie hatten den gleichen beschwörenden Klang, den ich schon so oft gehört hatte, wenn sie die Jungen rief: *aaauuuaauuu!*

In Sekundenschnelle tauchte Dunkel aus seinem

Versteck in den oberen Zweigen des Baums auf. Er mußte schon die ganze Zeit dort gelegen und alles beobachtet haben, was sich unter ihm abspielte. Er rieb sich zur Begrüßung freundlich an der Mutter, bevor er sich an ihr vorbeidrängte, um an die Beute zu kommen.

Chui legte sich wieder hin und war froh, ihre Ruhe zu haben, während ihr Junges sich den Bauch vollschlug. Aber wo mochte Hell sein? Er war sicher nicht in demselben Baum, an dem Chui jetzt ihre Krallen schärfte.

Bald fielen Chui die Augen wieder zu. Die Sonne stieg höher, und statt des goldenen Glanzes warf sie jetzt scharfe schwarze Schatten auf das gefleckte Fell des Leoparden. Dunkel unterbrach sein Festmahl einen Augenblick lang und wandte sein blutiges Gesicht der Sonne zu. Kleine rote Tropfen glitzerten wie winzige Rubine an seinem Maul und den Schnurrhaaren.

Unbeholfen packte der junge Leopard die Antilope am Nacken und versuchte, sie zu bewegen. Chui beobachtete das Ganze mit leichter Besorgnis, denn der Kadaver rutschte bedenklich zu einer Seite, wodurch Dunkel vorübergehend das Gleichgewicht verlor und beinahe mitsamt der Beute vom Baum gefallen wäre. Glücklicherweise besaß Dunkel schon eine erstaunliche Kraft in den Hinterläufen und in den Hals- und Kiefermuskeln. Er ließ nicht los und versuchte verzweifelt, das Kitz wieder in die richtige Position zu bringen. Schließlich schloß das erschöpfte Junge mit dem Kadaver seinen Kompromiß: Er lag zwar nicht dort, wo Dunkel ihn haben wollte, aber er konnte jetzt zumindest nicht mehr herunterfallen.

Dunkel war ganz offensichtlich von dem Kadaver

fasziniert und versuchte immer wieder, ihn wegzuziehen oder am Nacken oder an der Kehle hochzuheben. Ich hatte ein ähnliches Verhalten schon einmal bei den Jungen des Mara-Büffel-Weibchens beobachtet. Wenn ihnen ein frisch getötetes Antilopen- oder Gnukalb vorgelegt wurde, brach bei dem weiblichen Jungen erst einmal hektische Aktivität aus, bevor es sich zum Fressen niederließ. Möglicherweise reagieren die jungen Leoparden auf diese Weise ihren frustrierten Jagdtrieb ab und vervollkommnen dabei gleichzeitig ihre angeborenen Fähigkeiten. Diese Ersatzhandlungen, die sich auf das Jagen und Töten der Beute beziehen, erhöhen vielleicht auch die Freßlust des jungen Raubtiers.

Als er satt war, ließ Dunkel sich anderthalb Meter von Chui entfernt auf einem Ast nieder. Die beiden Leoparden lagen sich wie Buchstützen Kopf an Kopf gegenüber. Aber der Friede währte nicht lange. Chuis Augen öffneten sich blitzschnell, als sie das Geräusch der riesigen Schwingen eines Raubadlers auf sich zukommen hörte. Zweimal überflog der hungrige Vogel den Baum und nutzte bei seinen Manövern den Wind so geschickt aus, daß er den Kadaver in aller Ruhe betrachten konnte. Chui sprang sofort in die Mitte des Baums und schlug mit der Pranke nach dem Adler.

Der Anblick und die Geräusche, die die Mutter bei der Verteidigung ihrer Beute machte, waren zuviel für Dunkel. Er war zwar inzwischen schon viel zu groß, um noch als Beute für den Raubadler in Betracht zu kommen, aber die geballte Feindseligkeit versetzte ihn in Angst, und er kletterte wie der Blitz nach unten und lief an einen Platz, den er selbst für sicherer hielt.

Als der Adler verschwunden war, stieg Chui wieder

auf die untere Astgabel und blickte nach Osten, wo Dunkel geduckt zwischen den Felsen lag. So ganz allein und ungeschützt wirkte er doch noch sehr klein und sehr verletzlich. Aber anstatt wieder zur Mutter zu laufen, drehte Dunkel sich um und trottete noch weiter weg. Chui sah ihm besorgt nach, als er in dem Felsenlabyrinth, nicht weit von der Stelle, an der die beiden Hyänen des Hügelklans sich zur Ruhe begeben hatte, aus ihrem Blickfeld verschwand.

Chui rief hinter ihm her, aber Dunkel hatte sie entweder nicht gehört oder den Ruf einfach nicht beachtet. Jetzt packte Chui die Antilope mit den Zähnen am Nacken, drehte sich auf der engen Astgabel um und suchte sich den günstigsten Weg für den Abstieg. Sie preßte sich mit dem Bauch dicht an den Stamm und glitt mit einer fließenden Bewegung senkrecht nach unten, wobei sie den Kadaver, der schlaff nach unten hing, fest zwischen den Zähnen gepackt hielt. Es wäre für die Leopardin bedeutend einfacher gewesen, die Beute einfach fallen zu lassen und dann schnell hinterherzuklettern, aber Chui wollte nicht riskieren, daß eine Hyäne ihre Mahlzeit bekam.

Chui ließ den Kadaver zu Boden sinken und sah sich nervös um. Sie rief noch einmal, und diesmal kam ein Junges angerannt, aber nicht aus der Richtung der Felsen, in die Dunkel sich geflüchtet hatte. Statt dessen kam es aus den Dornbüschen angaloppiert, dort wo die Antilopenherde früher am Morgen gegrast hatte. Es hatte sofort auf den Anblick und den Lockruf der Mutter reagiert, die neben dem Baum stand. Es war Hell.

Chui sah sich um und rief noch einmal. Aber von Dunkel war nichts zu sehen, und sie konnte nicht noch länger warten. Am Boden war sie mit ihrer Beute und einem Jungen an der Seite sehr verletzlich. Sie mußte sich schnell an einen sicheren Platz begeben, bevor die Hyänen, Löwen oder Paviane sie fanden.

Aber Hell hatte ganz andere Absichten als seine Mutter. Wahrscheinlich hatten ihm die Hyänen angst gemacht und ihn dadurch von Chui getrennt, entweder noch bevor die Mutter die Beute auf dem Baum in Sicherheit gebracht hatte oder danach. Während Dunkel sich den Bauch vollgeschlagen hatte, hatte Hell geduldig auf einem Akazienbusch warten müssen. Jetzt hatte er nur noch die Beute im Sinn. Er nahm die Antilope beim Nacken und begann, den Kadaver wegzuziehen, genau wie seine Mutter es getan hätte. Aber dies war weder der richtige Ort noch der richtige Zeitpunkt zum Üben. Chui war im Augenblick nur an einem Versteck interessiert, und das waren die Höhlen der Jungen. Der Drang, sich zu verstecken und die Beute in Sicherheit zu bringen, war stärker als alles andere.

Deshalb riß Chui Hell die Antilope unter der Nase weg, wobei sie keinen Hehl daraus machte, wie dringend die Angelegenheit für sie war. Sie lief schnell damit davon, und ihre kräftigen Nackenmuskeln halfen ihr, den Kadaver so hoch zu halten, das er nicht mit dem Boden in Berührung kam. Chui hatte den Schwanz in einem hohen Bogen aufgerichtet, und seine weiße Unterseite markierte ihren Weg, während Hell neben ihr hertrottete.

Zehn Minuten, nachdem sie von dem Baum heruntergeklettert war, verschwand Chui hinter dem Hügelkamm. Es war gerade neun Uhr und der Leopard, die Beute und das Junge waren in Sicherheit. Chui ließ die Antilope in einer grasbewachsenen Vertiefung hinter dem Top Rock fallen und legte sich auf die glatte Felsoberfläche direkt daneben. Hell fing sofort an zu fressen.

Chui setzte sich auf, putzte sich eine Vorderpfote und ging dann zum Feigenbaum hinüber, während sie gleichzeitig ihr klagendes *aauuaauuauu* von sich gab. Einen Augenblick lang blickte sie nach oben und betrachtete die einladenden Äste. Aber sie konnte sich noch nicht zur Ruhe legen. Offensichtlich fehlte etwas. Sie blickte in die Ferne – über die Felsen und die verstreuten Akazienbüsche – und suchte eine Spur ihres fehlenden Jungen.

Hell verzog sich allein in den Schatten der kleinen Vertiefung im Top Rock, die für ihn maßgeschneidert zu sein schien, und in der sich auch Dunkel gern ausruhte. Chui dagegen fand keine Ruhe, und es dauerte nicht lange, da begann sie einen Streifzug durch alle Höhlen der Jungen zu machen. Sie gab Lockrufe von sich und achtete nicht auf die erschreckten Warnrufe der Antilopen, die sie beim friedlichen Grasen gestört hatte.

Erst sah Chui in der horizontalen Höhle nach, aber dort fand sie nur ein paar Agamen und frische Klippschlieferlosung. Eine kurze Inspektion der vertikalen Höhle förderte ebenfalls nichts Interessanteres zutage als kühle Leere. Chui lief durch das Gestrüpp in der Felsenfestung, die ihr so vertraut war, auf den Hügelkamm zurück. Hell stand auf und lief mit klagendem Miauen hinter seiner Mutter her.

Es sah so aus, als hätte Chui absolut keine Ahnung, wo Dunkel geblieben sein könnte. Dabei hatte sie selbst gesehen, wie er zwischen den Felsen hindurch zu den Drei Bäumen gegangen war. Hatte Chui womöglich damit gerechnet, daß Dunkel allein zu den Höhlen der Jungen zurückfinden würde? Jetzt vermißte sie ihn jedenfalls, das konnte man deutlich erkennen.

Hell sah nicht einmal, daß die Mutter wegging. Gerade hatte sie noch vor ihm gesessen, und im nächsten Augenblick war sie plötzlich verschwunden. Ich hatte einmal gelesen, daß die Leopardenweibchen ein bestimmtes Zeichen benützen, womit sie den Jungen mitteilen, daß sie der Mutter nicht folgen sollen. Ich habe keine Beweise dafür finden können. Chui fauchte und knurrte ihre Jungen an, wenn sie sie nicht säugen wollte oder keine Lust hatte, sich in den Schwanz beißen zu lassen, oder wenn sie ganz einfach nur ihre Ruhe haben wollte. Aber sie benützte keines dieser akustischen Signale, sobald sie die Jungen verließ. Wenn sie sich schnell und geräuschlos entfernte, konnten ihr die Jungen ohnehin nicht folgen, zumindest solange sie noch so klein waren.

Hell lief ziemlich verloren in der Gegend herum. Schließlich legte er sich hin und fand sich damit ab, daß er allein war. Er lag rittlings auf einem der unteren Äste des Kletterbaums und blickte geduldig nach Norden, wohin Chui verschwunden war.

Schon bald stellte sich heraus, daß es zu warm war, um sich ungeschützt der Sonne auszusetzen, also stand der fette, kleine Leopard auf und marschierte träge zum Feigenbaum zurück. Sein Bauch war voll, und schon der bloße Gedanke, etwa mit dem Antilopenkadaver zu spielen, der da vor ihm lag, war viel zu anstrengend. Hell ging weiter bis zur Basis der vertikalen Höhle, blieb stehen und schnupperte erst sorgfältig am Gras, bevor er sich in den Schatten eines schlanken Buschs setzte. Feine weiße Wolkenfäden zogen am blauen Himmel entlang, und schon bald machte es sich das Junge bequem, rollte sich zusammen, schloß die Augen und wartete auf die Rückkehr der Mutter.

Chui ließ sich von ihrem Geruchssinn leiten und stieß ab und an Lockrufe aus. Sie suchte sorgfältig zwischen den Felsen in der Gegend, in der sie ihn zuletzt gesehen hatte, und ging häufig wieder ein Stück zurück, um auch in der engsten Höhle und hinter dem kleinsten Busch nachzuschauen. Es war fast elf Uhr, als sie ihn endlich fand. Er saß hoch oben in den dornigen Zweigen eines Akazienbuschs. Dunkel konnte seine Mutter von oben kommen sehen und knurrte sie unfreundlich an. Er wartete, bis sie fast direkt unter ihm stand, und kletterte dann schnell nach unten und rieb sich aufgeregt an ihrem Gesicht und an ihrer Kehle. Als er aber saugen wollte, führte ihn Chui eiligst in die Höhlen der Jungen zurück, wo sie sicher waren. Auf dem Weg dorthin mußte sie eine allzu neugierige Hyäne vertreiben.

Chui saß wieder auf dem Top Rock und leckte ihre beiden Jungen. Endlich konnte sie sich ausruhen. Ein kühler Wind wehte über den Hügelkamm. Chui streckte sich im Schatten des Feigenbaums aus; langsam verebbte ihr Hecheln. Sie machte keine Anstalten, von ihrer Beute zu fressen oder sie auf den Baum zu tragen, denn die Jungen hätten wahrscheinlich dafür gesorgt, daß sie sofort wieder heruntergefallen wäre, denn die Antilope war klein und hatte keine Hörner, mit der man sie zwischen zwei starken Ästen festhaken konnte.

Chui kletterte auf den Feigenbaum. Sie lag fast völlig im Schatten in ihrem ›Lehnstuhl‹, einem dicken Ast, von dem sie alle vier Beine an einer Seite hinabbaumeln ließ. Die weiße Unterseite ihres Kinns und ihrer Kehle hatte sie nach oben gedreht, so daß sie hell in der Sonne leuchtete. Hin und wieder warf sie einen Blick hierhin und dorthin oder putzte eine verklebte Stelle in ihrem Fell, ansonsten ruhte Chui sich aus. Unter ihr taumelte schwerfällig eine große Schildkröte zwischen den Felsen durch. Aber sie wurde nicht bemerkt.

Das Leben ging weiter. Das scheinbar leere Gebiet füllte sich wieder mit Vögeln und anderen Tieren. Wenn sich irgendwo ein Vakuum bildete, dann nur um wieder Leben anzuziehen. Es gab nichts Konstantes. In solchen Situationen möchte man am liebsten immer weiterfahren weil nichts zu sehen ist. Aber wenn man sich nur einen Augenblick Zeit nimmt und anhält, wird man feststellen, daß es überall und zu jeder Zeit etwas Interessantes zu sehen gibt.

Eine halbe Stunde, nachdem die Schildkröte verschwunden war, bewegte sich eine Antilopenherde auf die Höhlen der Jungen zu. Die Tiere hatten ihre großen, innen mit Haaren bewachsenen Ohren aufmerksam gespitzt. Nur noch zwölf Meter von dem Feigenbaum entfernt, blieben alle gleichzeitig wie auf ein Kommando stehen: Ihre empfindlichen Nasen hatten die vertraute Witterung eines Leoparden aufgenommen. Ängstlich versuchten sie, die Gefahrenquelle zu orten, und spannten gleichzeitig alle Muskeln an, um explosionsartig fliehen zu können, falls sich das Raubtier zeigen sollte.

Vorsichtig, unendlich vorsichtig blickten sie über die Hügelkuppe, ohne Chuis wachsame Augen sehen zu können, die sich hinter dem Laub verbargen. Einen Augenblick lang klapperten die zierlichen spitzen Hufe der Antilopen auf den Felsen, als sie sich drängelten und gegenseitig anrempelten. Und dann ergoß sich plötzlich eine Kaskade aus Leibern wie karamelfarbene Lava über die Felsen. In graziösen Sprüngen flohen sie blind vor einer Gefahr, die sie nicht einmal sehen konnten. Chui blickte hinter ihnen her und schloß dann die Augen wieder, um sich in ihre eigene Dunkelheit zurückzuziehen.

Aus den grauen Wolken, die den blauen Himmel inzwischen fast ganz bedeckt hatten, prasselte plötzlich Regen auf die Erde nieder. In den Tälern im Süden zeigten sich die weißen Flecken der Cycnium-Blumen im grünen Gras, die aufgeblüht waren, um die Ankunft des Regens zu begrüßen. Paviane drängten sich, um die zarten Blumen zu pflücken und gierig ins Maul zu stopfen.

Hell lag auf der Seite oben auf dem Top Rock und beobachtete seine Mutter in ihrem Baum. Er rief sie nicht, er wollte nur ausruhen und ließ eine Pfote und den Kopf von der Felsplatte herunterhängen. Für einen kleinen Leoparden war so viel Interessantes zu sehen, daß Hell sich selten länger als ein paar Sekunden auf eine Sache konzentrieren konnte. Über ihm zog wieder ein Schlangenadler seine Kreise und hielt nach Beute Ausschau, während ein gescheckter Steinschmätzer am Fuß des Hügels herumhüpfte und -flatterte und Insekten suchte. Und wie immer huschten Agamen über die Felsen.

Chui war immer noch hungrig, im Gegensatz zu den aufgeblähten Bäuchen der Jungen war ihr Magen leer. Aber sobald sie sich Dunkel näherte, der auf einem Beinknochen herumkaute, drehte sich das Junge um und versperrte ihr mit seiner Flanke den Zugang zum Futter. Chui legte sich neben ihn und paßte genau auf. Als sie sich dann vorbeugte, um an den Knochen zu schnuppern, verpaßte ihr der junge Leopard mit seinen elfenbeinfarbenen scharfen Krallen blitzschnell einen Schlag auf die Nase, so daß Chui einen Sprung zur Seite machte.

Trotz ihres Hungers respektierte Chui die Besitzgier ihres Sohnes und wartete geduldig auf die Gelegenheit, sich selbst ein Stückchen stehlen zu können. Eine Zeitlang verhielt sie sich beinahe unterwürfig, hatte den Kopf auf die Seite und auf eine Vorderpfote gelegt, so als würde sie jeden Augenblick damit rechnen, daß der junge Leopard sie wieder drohend anknurrte.

Von weitem hörte man Kuhglocken und Muhen, ein Zeichen dafür, daß der Tag zu Ende ging und die Massai-Hirten ihre Herden langsam zurück in die von Dornbüschen umgrenzten Gehege trieben. Und genauso langsam und bedächtig tauchten drohende Schatten aus den Dornbüschen auf. Kurz nach sechs Uhr zeigte sich der erste Pavian und ging wachsam am Fuß des Hügels entlang.

Einer von ihnen, ein Männchen, kletterte in einen Akazienbusch, bleckte seine furchterregenden Zahnreihen und begann, Rindenstücke abzubeißen. Ein anderer pflückte geschickt mit Daumen und Zeigefinger frisches Gras. Die Horde kam langsam immer näher, und drei größere Männchen marschierten entschlossen auf die Stelle zu, wo Chui und Hell jetzt lagen.

Chui hob kurz den Kopf. Als sie ihn wieder senkte, bewegte sich ihr langer Schwanz, so daß die weiße Unterseite sichtbar wurde und sich hell von dem dunklen Felsgestein abhob. Der Anblick dieses Schwanzes genügte dem ersten Pavian, er bellte eine Warnung, worauf Chui sofort wieder den Kopf hob.

Hell kuschelte sich noch näher an die Mutter, und Chuis Schwanz peitschte auf die Felsen.

Die Horde war jetzt alarmiert und hatte Chuis Anwesenheit entdeckt. Eins der jüngeren Männchen rannte zu ihr den Hügel hinauf. Der Pavian blieb nur einmal kurz stehen, um ein Vogelnest aus einem der Büsche zu holen, die Chuis Junge bei ihren ausgelassenen Spielen immer platt machen wollten. Noch im Laufen drückte er sich das Nest ans Maul und verzehrte den Inhalt. Das Nest der rotbäuchigen Schwalben, das sich in der Nähe unter einem Felsvorsprung befand, war allerdings selbst vor dem opportunistischsten Pavian sicher.

Als ständig mehr Paviane anrückten, flüchtete Hell sich in die Höhlen der Jungen, während Dunkel, der weiter an seinen Knochen nagte, noch einen Augeblick wartete, bevor auch er die Flucht ergriff. Ein großes Männchen gesellte sich zu dem jungen Pavian, blieb stehen und richtete sich auf den Hinterbeinen auf, um einen besseren Überblick zu haben.

Eins der größten Männchen stolzierte um den Top Rock herum, während die anderen auf die Hügelkuppe kletterten und sich auf Chui zu bewegten. Wie eine Armee von Ameisen rückten sie unaufhaltsam vor. Aber Chui war hungrig. Sie hatte geduldig zuschauen müssen, wie ihre Jungen sich den Bauch vollgeschlagen hatten, und jetzt, wo sie sich in die Höhlen der Jungen geflüchtet hatten, konnte sie wenigstens die mageren Reste der Beute verzehren. Chui hatte nicht die Absicht, das Feld zu räumen.

Inzwischen hatten die Paviane die Leopardin beinahe völlig eingekreist, und immer mehr Affen kletterten noch in den Feigenbaum über ihr. Sie stolzierten vor ihr auf und ab, bleckten die Eckzähne, ließen ihre weißen Augenlider blitzen und sprangen mal hierhin, mal dorthin. Sie spulten ihr gesamtes Einschüchterungsprogramm vor Chui ab. Aber das reichte trotzdem nicht, sie in die Flucht zu treiben.

Der strenge Geruch der Pavianlosung wehte über den Hügelkamm, als die Mehrzahl der Horde ihren Weg fortsetzte. Einige setzten sich hin und putzten sich; andere knurrten und kreischten über irgendeinen für mich nicht erkennbaren Verstoß gegen die Paviansitten. Die hartnäckigsten Paviane – meistens die jüngeren Tiere – gingen bis auf zehn Meter an die Leopardin heran, aber schließlich beschlossen auch sie zu gehen.

Graue Nebelschwaden verdeckten den Siria-Abhang, und nur das Knirschen und Knacken kleiner Knochen und das entfernte Murmeln der Paviane war zu hören. Die Sonne verwandelte sich allmählich in einen riesigen rosaroten Ball, der langsam am grauen Himmel erlosch und den Dunst über sich in ein safrangelbes Licht tauchte.

Als es dunkler wurde, kletterten die Paviane nach und nach in ihren Feigenbaum, um dort zu schlafen. Von weitem wurde das Heulen einer Hyäne vom Wind herübergetragen und mischte sich mit den leiseren Geräuschen der Rinder. Im Süden grollte der Donner und verlieh den Blitzen, die den dunklen Nachthimmel durchzuckten, eine Stimme.

Nicht weit entfernt im Westen standen zwei Hyänen Seite an Seite. Sie streckten sich und begrüßten sich anschließend, indem sie ihre Hinterläufe schrägstellten und sorgfältig an der Genitalregion des anderen schnupperten, um so die Bindung an die Mitglieder des Klans aufzufrischen. Während der Hitze des Tages hatten sich die Hyänen im Schutz einer großen Felsplatte aufgehalten, die im kühlen Schatten eines Crotonbuschs lag. Andere Mitglieder des Hügelklans – dazu gehörten auch die beiden, die morgens unter dem Baum gestanden hatten, auf dem Chui ihre Beute gelagert hatte – wurden langsam ebenfalls wach und verließen ihre Ruheplätze in der Umgebung der Feigenbaumhügel. Jetzt war ihre Stunde gekommen.

Die beiden Hyänen zogen auf ihrer nächtlichen Futtersuche nach Osten. Sie hatten einen schlurfenden Gang, der darüber hinwegtäuschte, daß sie notfalls schnell wie der Wind laufen konnten. Ihre stark entwickelten Vorderläufe ließen die Hinterläufe schwach erscheinen, aber das waren sie keineswegs.

Die Hyänen hatten die Geräusche der wütenden Paviane und ihr warnendes Bellen gehört. Obwohl sie die Geräusche kannten, hatten sie ihnen offensichtlich keine Beachtung geschenkt. Als sie sich jetzt beinahe lässig der Stelle näherten, wo Chui für sie unsichtbar in ihrem Versteck lag, vernahmen sie das einladende Geräusch knackender Knochen.

Dunkel saß da und sah, wie die erste Hyäne auf dem Hügelkamm auftauchte. Es fiel dem jungen Leoparden nicht schwer, die geduckte Silhouette der Hyäne zu erkennen, aber die Vorsicht bremste seine Neugier. Als die Hyäne direkt auf ihn zukam, war das Junge klug genug, sich in eine der Höhlen zu flüchten.

Chui knurrte. Sie war nicht bereit, wegen einer Hyäne das Feld zu räumen. Als diese sich auf sie stürzen wollte, um ihr den Antilopenknochen, der vor ihr lag, wegzunehmen, machte sie einen Satz nach vorn und knurrte sie an. Widerstrebend gab die Hyäne nach und knurrte Chui ihrerseits warnend an. Aber sie zog sich nur ein paar Schritte zurück, denn jetzt tauchte auf der Kuppe die zweite Hyäne auf. Gemeinsam bereiteten sie knurrend und heulend einen neuen Angriff auf Chui vor. Die Geräusche allein waren schon furchterregend und bedrohlich.

Es gibt kaum etwas Ausdrucksvolleres als das Gesicht eines Leoparden, der gleichzeitig wütend und ängstlich ist: Die Ohren liegen flach am Kopf an, und die blaßgrünen Augen blitzen. Die Zähne sind gebleckt und sehen wie spitze Glassplitter zwischen den schwarzen Lippen aus. Chui kochte vor Wut, schützte aber ihr verletzliches Hinterteil, indem sie es eng an den Erdboden preßte. Doch die Hyänen waren genauso entschlossen wie sie, und als sich schließlich eine dritte Hyäne zu ihnen gesellte, griffen sie an. Das Tier, das Chui am nächsten war, stürzte sich auf den Kadaver. Chui sprang die Hyäne an, aber zur gleichen Zeit wurde sie von der zweiten von hinten angefallen und in den Rumpf gebissen. Als sie spürte, wie die kräftigen Zähne der Hyäne in ihr Fleisch eindrangen, sprang Chui hoch, drehte sich in der Luft und stellte sich ihrem Angreifer. Bevor sie sich allerdings mit einem Prankenschlag revanchieren konnte, hatte sich das Tier bereits kichernd aus ihrer Reichweite zurückgezogen.

Chui jagte halbherzig hinter einem der Aasfresser her. Sie protestierte heftig aus ein paar Metern Entfernung, aber das nützte auch nichts. Die Hyänen waren allzu selbstbewußt, sie wußten genau, daß sie als Gruppe dem kleineren Raubtier überlegen waren.

Nachdem die größte Hyäne, ein Weibchen, den Rest des Kadavers verspeist hatte, zog sie in Richtung Suckling Rocks West ab und schnupperte an der schmalen Spalte, die in die vertikale Höhle führte.

Chui knurrte warnend aus ihrem dunklen Versteck, jetzt dachte sie nur noch an die Sicherheit der Jungen.

Es war für eine Hyäne unmöglich, ins Innere der Höhle einzudringen, in der Hell und Dunkel sich versteckt hatten, aber Chui wollte kein Risiko eingehen. Sie setzte mit einem gewaltigen Sprung über den Top Rock und vergrub ihre Klauen im Körper der Hyäne und warf sie um. Diese rollte sich herum, lief heulend ein paar Meter zurück und gab dann wieder ein tiefes Knurren von sich. Andere Mitglieder des Klans, die oben auf den Felsen standen, unterstützten sie kichernd und heulend, als sie die Kampfgeräusche von unten hörten. Aber schließlich verschwanden sie alle wieder. Für Chui und die Hyänen hatte die Nacht gerade erst begonnen.

Später ging Chui mit den Jungen im Schutz der Dunkelheit wieder zur Dikdik-Lugga zurück. Sie war vorsichtig und nahm den Weg durch das Labyrinth der Dornbüsche am Rand des Hügelkamms. Als es dann Morgen wurde und die Paviane ihre Schlafplätze verließen und mit wachem Blick zu den Höhlen wanderten, schliefen Chuis Junge schon friedlich zwischen den Felsen auf dem Grund der Lugga über anderthalb Kilometer weit weg.

Es war fast vier Uhr nachmittags, als die stotternden Warnrufe der Meerkatzen mich zu Chuis Ruheplatz führten. Sie saß schwer atmend auf einem Euclea-Baum. Dunkel war schon bei seiner Mutter und mühte sich mit einer jungen Antilope ab, die Chui gerade getötet hatte.

Der schlanke Hals der Antilope war zwischen den höchsten Ästen des Baums eingeklemmt, hing aber dort nicht sehr fest. Dunkel zog und zerrte so heftig an dem Kadaver, daß er ihn schließlich nicht mehr halten konnte. Er fiel herunter und schlug einen Meter neben Hell auf, der dort saß und geduldig auf sein Fressen wartete. Hell ließ sich nicht zweimal bitten, sondern nahm die Beute sofort in Besitz.

Dunkel war in Sekundenschnelle vom Baum geklettert. Aber er kam zu spät. Jetzt mußte er zuschauen und warten und sich von Hell von der Beute wegscheuchen lassen. Dunkel zog sich auf den Baum zurück, schnupperte mal hier, mal da, leckte an dem angetrockneten Blut, das die Antilope auf dem Ast verloren hatte. Es sah fast so aus, als wäre er überrascht, daß die Beute nicht mehr da war. Aber der Beweis lag unten auf der Erde, und schließlich gab er es auf und gesellte sich zu Chui, die in der Lugga im Schatten der überhängenden Büsche lag.

Es war die verzauberte Stunde am Ende eines Tages. Wunderschönes sanftes Licht schien durch die Wolken und verwandelte die ganze Szenerie, es ließ die Farben der grünen Laubdächer der Bäume intensiver leuchten und färbte den grauen Himmel purpurrot. Die Feigenbaumhorde zog über die östliche Ebene nach Süden, wo sie in Kampi ya Chui ihre Schlafplätze aufsuchten. Zum Glück entdeckten sie Chui und ihre Jungen nicht, die sich in der Dikdik-Lugga versteckt hatten.

Eine Nachtschwalbe erhob sich in die Lüfte und gab ihr gut getarntes Versteck zwischen dem toten Laub und den dunklen Felsen preis. Ein paar Sekunden lang setzte sie sich auf einen dünnen Ast dicht über der Stelle, an der Hell lag. Dann wurde die unheimliche Stille plötzlich durch ein Geräusch unterbrochen, das sich anhörte, als ob ein winziger Dieselmotor angeworfen würde. Der kleine Leopard sah nach oben, um festzustellen, woher das vertraute Geräusch kam.

Aber im gleichen Augenblick war es wieder still und die Nachtschwalbe flog davon.

Alle Autos waren verschwunden, und Chui und die Jungen waren nur noch von den Geräuschen der afrikanischen Nacht umgeben. Die Tagvögel verstummten langsam, und statt ihres Gesangs waren jetzt die melancholischen Laute der Nachtschwalben und Uhus zu hören. Bäume und Luggas hallten wider vom Quaken der Baumfrösche, dem Summen der Insekten und dem leisen Brummen eines Löwen.

Chui atmete langsamer, legte träge den Kopf auf die Pfoten und döste vor sich hin. Das plötzliche Knacken eines Astes ließ sie hochfahren. Mit weit geöffneten Augen fauchte und knurrte sie die unförmige Gestalt an, die weiter unten in der Lugga auftauchte. Dann drehte sie sich um und lief zu ihrer Beute. Dort saß Dunkel bereits rittlings auf der Antilope und versuchte, sie auf das steile Ufer zu ziehen. Chui hatte kostbare Sekunden verloren, in denen sie mit ihrer Beute auf den nächsten Baum hätte flüchten können. Jetzt mußte sie sie so gut wie möglich verteidigen.

Die männliche Hyäne kümmerte sich nicht um Chuis warnendes Fauchen, sondern kam entschlossen näher. Als sie den Antilopenkadaver erst einmal sehen konnte, stürzte sie sich gleich darauf. Dunkel gab Fersengeld und kletterte auf den nächsten Baum, auf dem Hell schon geduckt lag. Sie waren beide klug genug, es ihrer Mutter zu überlassen, sich mit dem Angreifer herumzuschlagen, und Chui war nicht bereit, die Beute kampflos aufzugeben.

Die Situation etnwickelte sich schnell zu einer Rauferei: das tierische Gegenstück einer Wirtshausschlägerei. Ich hatte schon häufiger gesehen, daß Hyänen wagemutig und mit erstaunlicher Wildheit kämpften, aber ich hatte Chui noch nie so unbeugsam erlebt. Die einbrechende Dunkelheit schien ihre Agressivität zu erhöhen. Als die Hyäne versuchte, die Antilope wegzuziehen, ging die Leopardin aus der Verteidigung zum Angriff über, stürzte sich mit ihren Pranken auf die Hyäne und vergrub ihre Eckzähne, die wie Dolche wirkten, in deren Nacken. Die Hyäne hatte Glück, daß ihr muskulöser Nacken durch dichtbehaartes Fell geschützt war. Trotzdem wälzte sie sich einen Augenblick lang heulend mit Chui auf dem Boden. Die Geräusche, die beide dabei von sich gaben, waren furchterregend.

Beide Tiere kämpften mit äußerster Wildheit um den Besitz der Antilope, sie erinnerten an hungrige Löwen, die sich um ein kleines Beutetier stritten. Aus Angst, den Kadaver zu verlieren, wagte es keiner von beiden, ihn loszulassen, etwa um den anderen zu beißen. Die Hyäne war mindestens fünundzwanzig Pfund schwerer als Chui, und die Kraft ihrer Kiefer war ungeheuer. Aber die Beute gehörte Chui und was die Kraft ihrer Muskeln anging, konnte sie sich mit jeder Hyäne messen. Der Leopard zerrte die Beute mitsamt der Hyäne zu dem Euclea-Baum, auf dem die Antilope ursprünglich gehangen hatte. Zentimeter um Zentimeter zwang Chui sie, ihr zu folgen.

Schließlich ließ die Hyäne die Beute los und biß Chui brutal in den Hinterlauf. Die Leopardin ignorierte den Schmerz und blieb nicht einmal stehen, im Augenblick gab es für sie nichts Wichtigeres als ihre Beute. Die Hyäne ahnte, daß sie den Kampf verlieren würde, und stürzte sich noch einmal auf die Antilope und biß sich mit ihren starken Zähnen in dem herunterhängenden Hinterlauf fest. Aber Chui hörte nicht auf zu ziehen und kam langsam immer näher an den

Baum heran. Plötzlich spürte sie, wie der Widerstand hinter ihr nachließ. Die Hyäne flog nach hinten und hatte den Hinterlauf der Antilope immer noch zwischen den Zähnen. Chui kletterte schnell auf den Baum – sie war zu erschöpft, um hochspringen zu können –, und die Hyäne rannte mit ihrem eigenen Anteil an der Beute davon.

Chui ruhte sich oben in dreieinhalb Meter Höhe einen Augenblick lang aus. Sie atmete schwer durch ihre großen Nasenlöcher. Ihre Hinterläufe zitterten noch von der Anstrengung des Kampfes, und sie hatte Schwierigkeiten, auf der Astgabel das Gleichgewicht zu halten. Aber entscheidend war, daß sie den größten Teil der Beute noch fest zwischen den Zähnen hatte.

Eine Minute später war die Hyäne schon wieder zurück und suchte am Boden der Lugga nach weiterer Nahrung. Doch es war zu spät. Chui stieg noch höher hinauf. Auch wenn die Verletzung am Hinterlauf ihr womöglich starke Schmerzen bereitete, konnte sie das doch nicht am Fressen hindern. Sehr bald gab das Geräusch zerreißenden Fleischs und splitternder Knochen Zeugnis davon. Diesmal hatte sie den Spieß herumgedreht. Alles was diese Hyäne oder irgendein anderes Mitglied des Feigenbaumklans in dieser Nacht von Chuis Beute abbekommen würde, wären Fleischfetzen, die vom Baum heruntergefallen waren, nachdem Chui und ihre Jungen sich sattgefressen hatten.

Ein besonders interessanter Gegenstand meiner Beobachtungen waren die komplizierten Beziehungen zwischen den Leoparden und den Hyänen. In der Regel gewinnt eine einzelne Hyäne den Streit mit einem Leoparden um die Beute, und wenn die Hyänen in der Überzahl sind, steht der Ausgang des Kampfes ohnehin von Anfang an fest – es sei denn, der Leopard kann sich frühzeitig auf einen Baum flüchten. Chui war besonders gefährdet, da sie Junge hatte, die es häufig fertigbrachten, die Beute von dem Baum fallen zu lassen, auf dem sie sie abgelegt hatte, vor allem wenn die Kadaver klein waren. Die Jungen konnten besser fressen, wenn die Beute unten auf dem Erdboden lag. Aber im Alter von vier Monaten hatten Hell und Dunkel auch schon das Bedürfnis, kleinere Fleischportionen auf Bäumen zu lagern, obwohl ihre Versuche nicht sehr erfolgreich waren.

Die Angewohnheit, sich gegenseitig das Futter zu stehlen, hat zweifellos die Beziehung zwischen den verschiedenen Arten der großen Fleischfresser stark beeinflußt. Im Allgemeinen besteht eine direkte Beziehung zwischen dem Gewicht und der Körpergröße verschiedener Raubtiere und ihrer Fähigkeit, Kämpfe um die Nahrung zu gewinnen. Hyänen – die in den meisten Fällen schwerer sind – lassen sich kaum durch einen Leoparden einschüchtern und betrachten ihn als potentiellen Futterbeschaffer. Aus diesem Grund interessieren sie sich immer für den Aufenthaltsort eines Leoparden, da die Möglichkeit bestand, bei ihm eine Mahlzeit zu ergattern.

Zweifellos kannten die Mitglieder des Hügelklans Chui, und ihre Reaktion auf diesen speziellen Leoparden war teilweise von früheren Erfahrungen bestimmt. Das gleiche traf bei den Auseinandersetzungen mit den Pavianen der Feigenbaumhorde zu. Bei allen Kämpfen zwischen den beiden Arten beeinflußte die Intensität des Hungers, die Anzahl der Hyänen und die Tatsache, wem die Beute ursprünglich gehört hatte, das Ergebnis des Kampfes. Man hat Leoparden beobachtet, die einer Hyäne ihre Beute abgejagt und den gestohlenen Kadaver auf dem nächsten Baum in Sicherheit gebracht haben. Aber in den meisten Fällen verliert der Leopard seine Mahlzeit – und nicht die Hyäne, die in der Mara das häufigste große Raubtier ist.

Ich glaube, die Tatsache, daß Chui und das Mara-Büffel-Weibchen es schafften, ihre Jungen außerhalb des geschützten Mara-Reservats erfolgreich großzuziehen, ist von großer Bedeutung. Löwen und Hyänen scheinen Schwierigkeiten zu haben, Konflikten mit den Mara-Hirten aus dem Weg zu gehen. Sie können sich offenbar nicht so gut vor ihnen verstecken wie die verschlossenen, einzeln lebenden Leoparden und Geparden. Deshalb hatten die Leoparden außerhalb des Reservats weniger Konkurrenz durch diese mächtigen Rivalen, die im Schutz des geschützten Gebiets noch zahlreicher vertreten waren.

Am nächsten Morgen waren Hell und Dunkel wieder zwischen den verschieden geformten Felsblöcken im ausgetrockneten Bett der Lugga. Es war heiß, und es regte sich kaum ein Lüftchen, das Kühlung gebracht hätte. Die Jungen lagerten schläfrig mit dicken Bäuchen dicht nebeneinander im Schatten ihrer augenblicklichen Bleibe. Als Hell sich auf den Rücken drehte und die Pfoten zum Himmel streckte, hörte man westlich der Lugga ein Topi schnauben. Chui kam zurück.

Die Jungen fingen an zu spielen, die Rückkehr der Mutter hatte ihnen neue Energie gegeben. Chui lag bei ihnen am Ufer der Lugga. Hell kringelte sich um ihren Hals, während Dunkel sich auf den Rücken rollte, ihr Gesicht zwischen seine Pfoten nahm und übermütig

Links: Der Schwanz ist eines der auffälligsten Merkmale des Leoparden. Unten: Meine langen Schatten verrieten den Giraffen meinen Standort.

Die kräftigen Nackenmuskeln halfen Chui, ihre Beute über lange Strecken zu tragen.

Hyänen interessierten sich immer für Leoparden, die ein Tier gerissen hatten.

Oben: Auf den Felsen jagten die Jungen hin- und herflitzenden Eidechsen nach. Unten: Raufen war nach wie vor ihre Lieblingsbeschäftigung.

Links: Der Leopard ist wohl die grazilste Raubkatze des afrikanischen Kontinents.
Unten: Eine fremde Leopardin war mit ihrem Jungen in Chuis Revier eingedrungen.

Hell zeigte nicht die geringste Spur von Angst vor dem Adler.

strampelte, während Chui zur gleichen Zeit seinen weißen Bauch leckte.

Es war kurz nach drei Uhr, als Chui sich entschloß zu gehen. Sie machte sich auf den Weg nach Norden, woher sie gekommen war, und die beiden Jungen jagten hinter ihr her. Als sie an dem Klippschlieferfelsen vorbeikamen, und Hell und Dunkel, die vorher ausgelassen neben ihr hergetollt waren, stehenblieben, um selbst etwas auszukundschaften, drehte Chui sich um und rief sie zu sich.

Der Übermut der Jungen war bald vorüber, weil es ihnen schwer fiel, herumzutollen und gleichzeitig mit der Mutter Schritt zu halten. Ein Hase sprang plötzlich aus seinem Versteck in einem Grasbüschel hoch, und die beiden Jungen vergaßen einen Augenblick lang ihre Müdigkeit und drehten sich um und blickten hinter ihm her, wie er mit Sprüngen, die irgendwie komisch und übertrieben wirkten, davonlief. Aber je länger die Reise dauerte, um so mehr ermatteten die beiden Jungen. Manchmal stand Chui schon wieder auf, um den schattigen Platz zu verlassen, an dem sie sich ausgeruht hatte, bis die Jungen sie eingeholt hatten. Das war möglicherweise Chuis Methode, sie in Bewegung zu halten; jedenfals kamen sie auf diese Weise nie zum Saugen.

Ein paar hundert Meter weiter wurde das schützende Buschwerk der Dikdik-Lugga nach und nach dünner, so daß die Leoparden schließlich gut zu sehen waren. Chui schlich sich schnell über das offene Stück Land, um wieder in den Schutz der Dornbüsche zu gelangen, die an den felsigen Hügeln im Westen wuchsen und in denen es von Fliegen wimmelte. Hell und Dunkel liefen, so schnell sie konnten, hinter der Mutter her und machten einen völlig erschöpften Eindruck. Schließlich ging Chui wieder in die Lugga zu der Stelle, wo die Crotonbüsche ganz dicht standen.

Dort lag im Schatten der Büsche unter einem umgestürzten Baum ein frisch getötetes Antilopenmännchen, das die Beine steif in die Luft streckte, so daß es wie ein umgekehrter Tisch aussah. Eine Zeitlang ruhte Chui sich ein paar Meter neben dem Kadaver aus, der von Fliegen umschwärmt war, bevor sie sich daran machte, die Eingeweide herauszuziehen. Kaum hatte sie das Fell mit ihren speziellen Fleischfresserzähnen aufgerissen, da bohrte Hell sich schon unter ihrem Bauch durch, um gleich zu fressen. Und Dunkel saß schon rittlings auf dem aufgedunsenen Bauch der Antilope.

Anfangs stritten sich die Jungen nicht um die Beute. Aber als Chui zur Seite ging, um sich das Gesicht und die Pfoten zu putzen, fingen sie an, sich gegenseitig anzuknurren und anzufauchen. Chui stand auf und marschierte zum Ufer der Lugga, um zu trinken. Als Hell das sah, verließ auch er den Kadaver und gesellte sich zu seiner Mutter. Gemeinsam schlappten sie das kühle Naß und ersetzten die Flüssigkeit, die sie auf dem langen Weg zu dem Beutetier verbraucht hatten.

Die Jungen fielen in ihr normales Freßschema zurück. Während einer das Futter verließ, um zu trinken oder Kontakt mit der Mutter aufzunehmen, schlug sich der andere den Bauch voll. Chui warf einen Blick auf die Akazien und Crotonbüsche, die um sie herum wuchsen, aber am meisten interessierten sie die Bäume. Sie bückte sich, packte die Antilope mit den Zähnen an der Brust und zog mit aller Gewalt, um sie von den Ästen loszubekommen, in denen sie festhing. Aber sie hatte das schwere Tier ursprünglich so gut versteckt, daß es jetzt fest eingeklemmt war. Chui blieb nichts anderes übrig, als so schnell wie möglich zu fressen. Mit den Zähnen riß sie den Rumpf der Antilope auseinander, so daß ihr Gesicht sich schließlich in eine blutige Maske verwandelte. Dann versuchte sie noch einmal vergeblich, den Kadaver loszubekommen.

Von weitem hörte man das Bellen eines Schakals. Chui blickte sich nervös um und rückte geduckt noch näher an den Kadaver heran. Sie hatte Angst, entdeckt zu werden. Bald konnte man auch das Heulen der Hyänen weiter unten in der Lugga hören, die aus ihrer Ruhe aufgestört worden waren, weil ein Mitglied des Klans ein Antilopenkitz gestohlen hatte, das ein paar Schakale gerade getötet hatten.

Dunkel war in der Zwischenzeit auf einen toten Baum geklettert, der etwa neun Meter südlich von Chuis Platz stand, und hatte sich in eine Astgabel gelegt, deren einer Ast abgebrochen war. Als Hell das allzu vertraute Heulen und Kichern hörte, rannte er zu Dunkels Baum und kletterte hinauf. Im gleichen Augenblick kam eine Hyäne des Hügelklans angaloppiert. Chui rührte sich nicht, ihre Umrisse waren vor den immer länger werdenden Schatten des Crotonbuschs deutlich zu erkennen.

Als es um die Leoparden herum immer dunkler wurde, stimmten die gestreiften Eisvögel ihr letztes Abendlied an. Chui lag dicht neben ihrer Beute, währnd sich die Jungen mit ihren vollen Bäuchen auf ihrem luftigen, sicheren Schlafplatz vom Wind in den Schlaf schaukeln ließen.

Im Laufe der Nacht fand der Hügelklan die Überreste von Chuis Beute. Der Wind hatte die Fragen ihrer Nasen beantwortet und sie direkt an der Stelle geführt, wo der Magen und die stinkenden Eingeweide auf dem Boden der Lugga lagen. Aber Hell und Dunkel beachteten die Hyänen kaum, denn sie saßen bereits sicher auf ihrem Baum, zusammen mit Chui und dem Rest des Kadavers. Es war nur noch so wenig übriggeblieben, daß ich mich fragte, ob Chui wohl wieder so eine Art Tauziehen mit den Hyänen veranstaltet hatte, oder ob sie und die Jungen es tatsächlich geschafft hatten, so viel zu fressen. Möglicherweise war ein Teil des Kadavers vom Baum gefallen, und die Hyänen waren schon einmal dort gewesen und hatten ihn verschlungen.

Als der Morgen anbrach, lag Dunkel immer noch an derselben Stelle wie am Abend. Der blutige Kadaver war sicher an einem Horn im Baum festgeklemmt. Über ihm hatte sich Hell wie ein kleiner Zirkusartist rittlings auf ein Horn der Antilope gesetzt. Mir wurde vom bloßen Zusehen schwindlig, wie er da oben gefährlich zwischen den Ästen hin und her schwankte. Sein Bauch war schon so dick, daß er zu platzen drohte, aber wie jedes andere Raubtier in einer solchen Situation, hörte auch er nicht auf zu fressen. Es könnte Tage dauern, bis er wieder Fleisch bekommen würde, und die Nahrung würde seinen geschwollenen Magen schnell wieder verlassen.

Chui lag zusammengerollt unter einem schützenden Vorhang aus orangefarbenen und grünen Blättern in der Nähe des Stamms. Ein grollendes Knurren konfrontierte die beiden Jungen wieder mit der Wirklichkeit: Zwei große Hyänen näherten sich Chuis Versteck. Sie kümmerten sich nicht um Chuis Warnung, sondern beschnupperten eifrig die Stelle, an der die Beute gelegen hatte. Als sie wieder verschwunden waren, verließ Chui den Crotonbusch und fraß einen Fleischfetzen, der vom Baum heruntergefallen war.

Aber plötzlich ließ sie ihre Mahlzeit im Stich und kroch zurück in ihr schattiges Versteck. Die Feigenbaumhorde kündigte ihr erstes Erscheinen an diesem Tag an. Man konnte schon von den Felsenhügeln im Westen ihr Bellen und Schreien hören.

Langsam näherten sich die Paviane Chui und ihren Jungen. Der Anblick und die Geräusche dieser Primaten machten die Jungen sichtlich nervös. Sie fühlten sich in dieser Gegend, die ihnen nicht vertraut war, nicht sicher und suchten verzweifelt ein Versteck. Aber in diesem Teil der Lugga gab es weder Felsen noch Höhlen. Auf Bäumen waren sie zwar vor den Hyänen sicher, aber das war kein Platz für kleine Leoparden, wenn die Feigenbaumhorde in der Nähe war. Hell und Dunkel gerieten in Panik, sie wußten nicht, wo sie hinlaufen sollten. Sie kannten Chuis Geheimrezept noch nicht, denn diese blieb einfach ganz ruhig an derselben Stelle liegen und tat nichts, womit sie die Aufmerksamkeit auf sich gelenkt hätte.

Dunkel legte die Ohren an und trottete nervös am Rand der Lugga entlang. Sein Bruder lief im Galopp hinterher. Zum Glück konnten die Paviane die jungen Leoparden nicht sehen, und die verschiedenen Autos, die hin- und herfuhren, um eine bessere Sicht zu haben, zwangen die Paviane, ihre Reise möglichst schnell fortzusetzen.

Als die Paviane nicht mehr zu sehen waren, schlich sich Chui vorsichtig zu ihren Jungen. Aber die Anwesenheit der Mutter konnte Hell und Dunkel nicht über den Vorfall hinwegtrösten, deshalb trotteten sie sofort in die Büsche. Sie kamen allerdings nicht weit, denn je weiter sie sich entfernten, um so mehr schwand ihr Selbstbewußtsein. Schließlich drehte

Dunkel sich um und lief zu der Stelle zurück, wo Chui lag und aufpaßte.

Allmählich beruhigten sich die Jungen, die Erinnerung an den Anblick und die Geräusche der Hyänen und Paviane verblaßte langsam. Chui putzte Hell, der sich vor ihr auf den Rücken gewälzt hatte und das blutige Gesicht der Mutter zwischen beide Pfoten nahm und ableckte.

Dann gingen sie zu der Felseninsel zurück, die knapp einen Kilometer entfernt war und von den Jungen zum Lieblingsruheplatz in der Dikdik-Lugga erkoren worden war. Hell und Dunkel schienen zu merken, daß sie eine Richtung einschlugen, die ihnen zusagte, die sie kannten. Das bedeutete nicht, daß der Weg leicht gewesen wäre, denn ihnen war warm und ihre Bäuche waren voll. Aber diesmal liefen die Jungen weiter, wenn Chui eine Pause einlegte, weil sie unbedingt dorthin wollten.

Sobald sie auf der vertrauten Felseninsel angekommen waren, ließen Hell und Dunkel sich erschöpft auf den kühlen Boden der Lugga fallen. Endlich war die angsterfüllte Hetze von Busch zu Busch vorbei, dieses nagende Gefühl, lieber woanders sein zu wollen. Die Jungen konnten sich jetzt endlich ausruhen. Vielleicht nur ein paar Stunden, vielleicht aber auch ein paar Tage. Das hing von Chui ab.

Als die Jungen sich zur Ruhe gelegt hatten, kehrte Chui zu ihrer Beute zurück. Da nur noch Haut und Knochen übrig waren, fraß sie nicht lange. Als sie wieder von dem Baum heruntergeklettert war, warf sie noch einen letzten Blick in die Baumkrone, von wo sie der nackte Schädel der Antilope wie eine Totenmaske anstarrte. Dann drehte sie sich um und gab sich keine Mühe, sich zu verbergen, obwohl die Warnrufe der

Antilopen sehr bald die Aufmerksamkeit einer Hyäne erregten, die ihr kurze Zeit folgte. Chui beachtete sie nicht, denn jetzt waren weder die Beute noch die Jungen bedroht. Doch die Hyäne war früher am Tag bereits in der Nähe des Kadavers gewesen und witterte den Blutgeruch, der noch an Chuis Fell haftete. Sie drehte sich um und lief zu der Stelle zurück, an der Chui gefressen hatte.

In den letzten vier Tagen hatte Chui ein ausgewachsenes Antilopenmännchen und zwei Antilopenkälber getötet. Und es war nichts umgekommen, obwohl die Hyänen sich große Mühe gegeben hatten, den Leoparden die Beute zu stehlen. Die Antilopenkälber wurden in der Regel vollständig aufgefressen, denn Chui knackte die papierdünnen Schädel, und nur ein Beinknochen oder ein Stück Haut blieb gelegentlich übrig. Die größeren Beutetiere konnten sie allerdings nicht vollständig verzehren – obwohl Chui in der Lage war, etwa ein Fünftel oder sogar ein Viertel ihres Körpergewichts an Fleisch zu fressen. Ungefähr dreißig Prozent einer solchen Beute waren ungenießbar – Schädel, Knochen und der Inhalt des Verdauungstrakts. Wenn sie allein war, kam Chui mit einem Thomsongazellenbock gewöhnlich drei Tage aus, mit einem Antilopenmännchen sogar noch länger. Kleinere Beutetiere wurden in der Regel innerhalb von vierundzwanzig Stunden verzehrt. Innerhalb einer Woche hatten die Mara-Büffel-Leopardin und ihre Tochter eine Windspielantilope, eine männliche Thomsongazelle, zwei Gnukälber und ein Antilopenkitz getötet. Abgesehen von der Windspielantilope, die ihnen von Hyänen gestohlen worden war, waren alle eßbaren Teile dieser Tiere am Ende des achten Tages aufgefressen. Es war wirklich nicht leicht, die schnell wachsenden Leopardenjungen immer satt zu bekommen.

Jetzt, eine Stunde bevor die Nacht anbrach, zog Chui weiter. Im Dämmerlicht sah sie nur noch grau aus, ihre Flecken waren nicht mehr zu erkennen. Als sie in der Nähe des Ruheplatzes der Jungen in der Lugga angekommen war, blieb sie stehen und rief sie zu sich. Chui wußte genau, daß sie direkt vor ihr lagen, und beide liefen auch wie auf Kommando sofort aus den Felsen zu ihr hin. Sie kletterte aus der Lugga heraus und legte sich auf einen Termitenhügel, wo die Jungen saugen konnten. Es dauerte nicht lange, da schliefen beide zufrieden und glücklich am wohlgerundeten Bauch der Mutter.

Wachsende Unabhängigkeit

Die Felseninsel war nach wie vor das Lieblingsversteck der Jungen. Solche Plätze waren für das Überleben der kleinen Leoparden von größter Bedeutung und hatten sich unauslöschlich in ihr Bewußtsein eingeprägt, weil sie ihnen Schatten und Sicherheit boten.

Wenn sie sich in der Mittagshitze ausruhten, sah es so aus, als schliefen sie fest. In Wirklichkeit dösten sie aber nur vor sich hin. Wichtige Geräusche, Geräusche, die eine Gefahr oder die Rückkehr der Mutter ankündigten, registrierten sie sofort.

Hell schlief jetzt tagsüber weniger und war aktiver als Dunkel. Er war ein zappeliger, unruhiger Kerl und stand oft ganz plötzlich auf, um überhängende Äste zu packen oder mit Steinen zu spielen, hinter Vögeln und Mungos herzupirschen, oder ganz einfach nur, um seinen Bruder zu ärgern. Gewöhnlich versuchte Dunkel, diese nicht böse gemeinten Störungen zu ignorieren und weiterzuschlafen. Manchmal entwikkelte sich allerdings ein solcher kurzer Kontakt zu einem regelrechten Ringkampf. Dunkels Verhalten ähnelte tatsächlich dem des männlichen Jungen in der Mara-Büffel-Felsen. Er war auch nicht mehr so abhängig von der Mutter.

Man hatte mir berichtet, daß die beiden Mara-Büffel-Jungen während ihrer ersten Lebensmonate unzertrennlich gewesen seien und so miteinander gespielt und geschlafen hätten, wie ich das bei Hell und Dunkel häufig beobachtet hatte. Aber als sie älter wurden, kam eine Zeit, da ging das größere, männliche Junge allein weg oder blieb verschwunden, wenn es mit Mutter und Schwester auf einem Streifzug gewesen war. Als er acht Monate alt war, verbrachte er immer mehr Zeit allein. Mit elf Monaten waren die Jungen kaum noch zusammen, obwohl sie sich noch in demselben Gebiet aufhielten. Sie schliefen in der Regel auch allein, außer wenn sie in der großen Höhle waren. Im Gegensatz zu den kleineren Jungen veranstalteten sie kaum noch Ringkämpfe. Gelegentlich kletterten sie noch gemeinsam auf einen Baum, um Vögel zu jagen, hetzten sich gegenseitig die Crotonbüsche rauf und runter oder flitzten über die Felsen hinter Eidechsen her. Während manche Aktivitäten der jungen Leoparden einen eher spielerischen Charakter hatten, schienen sie sich ansonsten jetzt doch mehr für das Auskundschaften ihrer Umgebung zu interessieren und spielten nicht mehr so häufig miteinander. Ihre Beziehung zueinander war in gewisser Weise distanzierter geworden. Vor allem für das männliche Junge hatte das Leben eine ernstere und unpersönlichere Wende genommen, ein Zeichen für seine Entwicklung zum Einzelgänger.

Um vier Uhr war es immer noch sehr heiß und kein Lüftchen regte sich, das die drückende Hitze hätte lindern können. Aber als der Himmel dann immer grauer wurde, kühlte es sich doch ein wenig ab, und Hell und Dunkel machten sich wieder auf den Weg. Eine Zeitlang liefen sie ganz ruhig zwischen den Felsen umher, spielten mit einem Stein, setzten sich hin und putzten sich eine schmutzige Pfote oder stellten dem Bruder ein Bein. Das zunächst vielversprechende Gewitter zog jedoch vorbei und brachte nur eine sanfte, kühle Brise, die durch die Crotonbüsche strich und die Hyänen aufstörte, die in deren Schatten auf das verlockende Zeichen der Beute eines anderen Tieres warteten. Die in pastellfarbenes Licht getauchten Bäume schwankten und gaben dabei melancholisch seufzende Geräusche von sich. Vorübergehend machte die Mara einen friedlichen Eindruck.

Kurz nach sechs Uhr tauchten Hell und Dunkel auf dem Ostufer der Lugga auf. Dunkel marschierte provozierend vor Hell her. Als sie näher an meinen Wagen herankamen, flog ein kleiner Bienenspecht ganz dicht über den Kopf des kleineres Jungen hinweg. Dunkel vollführte einen kurzen Sprung und jagte ohne große Begeisterung hinter dem winzigen Vogel her.

Ich rührte mich nicht, während die Leoparden sich immer näher an meinen Wagen heranwagten. Es war ein atemberaubender Anblick, die beiden so aus der Nähe zu sehen. Ich war an die Distanz gewöhnt, die meine Beobachtungen durch das Fernglas oder Teleobjektiv mit sich brachte. Aber jetzt konnte ich fast ihre langen, steifen Schnurrhaare und die tiefschwarzen Flecken und Rosetten anfassen, zwischen denen immer noch Grannen wuchsen. Ich konnte ihnen direkt in die haselnußbraunen Augen blicken, in denen eine jugendliche Neugier zu entdecken war, die sich auf den seltsamen großen grünen Kasten richtete, der jeden Tag kam und sie beobachtete.

Hell blieb hin und wieder halb geduckt stehen. Das Auto faszinierte ihn, aber er war auf der Hut. Dunkel kam noch näher heran, schwankte ein wenig hin und her und reckte seinen Hals. Schließlich nahm er seinen ganzen Mut zusammen und preßte die Nase gegen den Vorderreifen.

Die Kühnheit der Jungen, die so nah an den Wagen herangekommen waren, hatte bei mir Besorgnis ausgelöst. Wenn Chui hier gewesen wäre und dieses Verhalten erlebt hätte, hätte sie womöglich den Wagen angegriffen, um ihre Jungen davon abzuhalten, sich in eine ihrer Meinung nach gefährliche Situation zu begeben. Und was noch schlimmer war, die Jungen könnten von einem Auto unabsichtlich verletzt werden, wenn sie so nahe herankrochen.

Jetzt, im Alter von fünfeinhalb Monaten, sahen die Jungen allmählich wie richtige Leoparden aus. Sie machten plötzlich einen schlankeren, hochbeinigeren Eindruck, ähnlich wie hochaufgeschossene Teenager. Ihre Bäuche, gestern noch wohl gefüllt, waren jetzt schlank und gespannt, denn sie verdauten selbst die größte Mahlzeit sehr schnell. Trotzdem würde es noch zwei Jahre dauern, bis sie ganz ausgewachsen sein würden.

Es gab dort auf halbem Weg zwischen dem Termitenhügel und dem Bett der Lugga, eine besondere Felsplatte, auf der die jungen Leoparden am liebsten lagen. Auf der Platte war nur Platz für ein Junges, und sobald eines sich darauf niedergelassen hatte, begann automatisch das Spiel ›König der Burg‹. Eines von beiden pirschte sich gewöhnlich von der Luggaseite an den Felsen heran, wobei es verschiedene Aufstiegsrouten benützte und ließ sich manchmal absichtlich von den Felsen herunterkugeln. Das schien ihnen mindestens soviel Spaß zu machen wie das eigentliche Spiel. Danach folgte eine wilde Hetzjagd, um zu ermitteln, wer zuerst auf der Burg war. Der Gewinner legte sich dann hin, ließ den Kopf nach unten hängen und warf seinem Bruder majestätische Blicke zu. Das ganze Spiel wurde endlos oft wiederholt.

Nachts spielten die Jungen mit Unterbrechungen, in denen sie sich putzten oder zusammenrollten und schliefen. Manchmal saßen sie auch nur ganz still da und lauschten aufmerksam den Geräuschen der Nacht, deren Bedeutung sie interpretierten und die ihre Aktionen bestimmten. Wenn sich Hyänen oder Löwen näherten, versteckten sich die Jungen schnell an einem sicheren Platz im Bett der Lugga oder in den Ästen eines Baumes. Manchmal starrten sie angestrengt in die Dunkelheit, um herauszufinden, ob vielleicht die Mutter zurückkherte. Chui suchte allerdings meistens ziemlich weit von ihnen entfernt nach Nahrung für die immer hungrigen jungen Mäuler.

Als die Sonne aufging, jaulten die Schakale nördlich von Hell und Dunkel in der Dikdik-Lugga. Von weitem konnte man die Marsch-Löwen hören. Die Jungen schienen diese Geräusche allerdings nicht zu beachten, denn sie widmeten sich wieder ganz ihrem Spiel ›König der Burg‹.

Kurz nach acht Uhr kam Chui. Sie wurde von den gleichen Schakalen angekündigt, die schon früh am Morgen zu hören gewesen waren. Schakale und Leoparden interessieren sich sehr füreinander, wenn auch aus ganz unterschiedlichen Gründen. Obgleich sich Fleischfresser, die miteinander rivalisieren, gelegentlich gegenseitig umbringen, lehnen sie es in der Regel ab, das Fleisch des anderen zu verzehren. Von Leoparden weiß man allerdings, daß sie kleine Fleischfresser töten und fressen, so zum Beispiel Ginsterkatzen, Mungos, Zibetkatzen, Servals, Wildkatzen, Füchse und Schakale. Auch Löwenjunge, Geparden, Windhunde und Haushunde stehen gelegentlich auf ihrem Speisezettel.

Jedesmal wenn ein Schakal auftauchte, reagierte Chui mit großem Interesse und versuchte, ihm eine Falle zu stellen. Meistens gelang es ihr nicht, den Gegenspieler zu töten, und sie mußte anschließend das bellende Geschimpfe über sich ergehen lassen, das ich jetzt hören konnte. Die Schakale reagierten nicht nur so, wenn sie gejagt wurden: Schon der Anblick oder der Geruch eines Leoparden reicht aus, um diese Reaktion auszulösen, und der Leopard sucht sich dann gewöhnlich schnellstens einen ruhigeren Platz. Ab und an gelingt es den Schakalen, ein Stück der Beute eines Leoparden zu ergattern oder sogar unbewachte Leopardenjunge zu töten, wenn sie noch ganz klein sind. Es läuft also durchaus nicht immer so, wie die Leoparden es gern hätten.

Später am Morgen ging Chui mit den Jungen nach Osten zum Feigenbaumhügel. Sie hatten diese Reise schon öfter gemeinsam unternommen. Einschließlich der Ruhepausen im Schatten und der Umwege, die sie machten, um möglichen Gefahren auszuweichen, benötigten Chui und die Jungen eineinviertel Stunden, um die Zwergenfelsen zu erreichen.

Chui beschnupperte vorsichtig die Umgebung und sprang dann in die smaragdfarbene Krone eines Pappea-Baums. Unten vor dem Baum befand sich eine flache Mulde, die mit jungem frischem Gras bewachsen und von Felsblöcken umgeben war. In dieser schattigen Arena verbrachten die Jungen jetzt die heißen Stunden des Tages. Sie legten sich flach hin und preßten ihre Wangen auf das kühle Gras, während über ihnen die Wolken am Nachmittagshimmel aufzogen.

Wenn Gefahr drohte, konnten sie sich schnell auf den Baum flüchten, auf dem Chui lag.

Hin und wieder versuchten die Jungen, die Aufmerksamkeit der Mutter zu erregen, indem sie sie entweder riefen oder zu ihr auf den Baum kletterten. Aber dann fauchte und knurrte Chui, um ihnen klarzumachen, daß sie allein sein wollte.

Es war eine Erleichterung, als das Gewitter endlich losbrach. Die eiskalten Hagelkörner fielen wie weiße Murmeln vom Himmel. Sie prallten von den Felsen ab und übertönten beinahe den Donner, der von weitem zu hören war, und verliehen den Felsen einen funkelnden grauen Glanz. Die Jungen lagen geduckt Seite an Seite mit dem Rücken zur Felswand. Ein kleiner trokkener Fleck war um sie herum zu sehen und markierte die Umrisse des Felsens, der sie vor dem Regen schützte.

Als der Regen schwächer wurde und es nur noch nieselte, begannen die Jungen wieder zu spielen, wobei die erfrischende Kühle ihnen neue Kraft verlieh. Sie schlichen unter der Felsplatte umeinander herum, immer im Kreis, und jeder hatte dabei den Schwanz des anderen im Maul. Dunkel änderte aber bald die Spielregeln, ließ Hells Schwanz los und packte ihn statt dessen an einem Hinterlauf. Hell hüpfte wie ein Kreisel herum, hielt immer noch den Schwanz seines Bruders im Maul, während er gleichzeitig verzweifelt versuchte, das Gleichgewicht zu halten.

Die Stelle, an der die Jungen spielten, glich einer riesigen, steinernen Rutschbahn, die in einer etwa zwei Meter tiefer liegenden Felsplatte auslief. Nach dem Regen glänzte der Felsen schwarz und war sehr glatt geworden. Dunkel versuchte verzweifelt, seinen malträtierten Schwanz aus Hells Zähnen zu befreien. Er zog und zerrte mit aller Kraft, um loszukommen; da ließ Hell plötzlich los, und das kleinere Junge rutschte ungewollt den Felsen bis zu dem unteren Absatz hinunter. Bevor sich Dunkel wieder hochrappeln konnte, sprang Hell hinter ihm her und schnappte erneut nach seinem Schwanz. In diesem Augenblick erschien Chui und beendete das Spiel der beiden, und sie gingen anschließend mit ihr über den Hügelkamm.

In der Nacht führte Chui die Jungen zur Dikdik-Lugga zurück. Sie hatte die Paviane gesehen und gehört, wie sie sich von dem Feigenbaum im Osten näherten, und verspürte wahrscheinlich keine große Lust, sich am nächsten Morgen wieder mit ihnen auseinandersetzen zu müssen. Später ließ sie die Jungen allein und ging auf die Jagd.

Hell wurde als erster wach und kletterte auf einen der Felsblöcke, um mit großen Augen über die Lugga zu blicken, wo Vögel um einen Termitenhügel herumflatterten und emsig die Insekten fraßen. Aber schon bald kehrte er zu der Stelle zurück, wo sein Bruder noch schlief, packte mit den Pfoten dessen Schwanz und biß hinein. Zwischendurch wurde seine Aufmerksamkeit vorübergehend von einem überhängenden Ast abgelenkt, also biß er den auch. Doch Schwänze waren besser, vor allen die anderer Leoparden, denn sie bewegten sich von selbst, und vor allem dieser hier zuckte und ringelte sich zwischen seinen Vorderpfoten. Zunächst reagierte Dunkel nicht, sondern tat so, als hätte er gar keinen Schwanz, aber schließlich gab er dann doch nach, Hell hatte endlich wieder einen Spielkameraden.

Dann vertrieben sie sich die Zeit mit Putzen, Flöhesuchen und Ästebeißen, bis ein Hammerkopf fünfzehn Meter von der Stelle, an der Dunkel gerade lag, auftauchte. Diese schmucklosen braunen Vögel sind für ihre außergewöhnlich großen Reisignester bekannt, die sie in einer geeigneten Astgabel in Wassernähe bauen. Diese riesigen Konstruktionen werden oft auch von anderen Vögeln mit Beschlag belegt: von Raubadlern, Turmfalken und Nilgänsen weiß man, daß sie diese komplizierten Nestbauten in Besitz nehmen. Am häufigsten konnte man jedoch beobachten, wie die riesigen Blaßuhus die alten Nester entlang der Leoparden-Lugga besetzten.

Der Hammerkopf flog mit langsamen Flügelschlägen und gab dabei schwache Pieptöne von sich – piep, piep, piep –, bevor er sich ein paar Meter neben Dunkel auf einen kleinen Felsbrocken setzte. Dann begann er zu fressen und suchte am Rand eines der von Gras umgebenen Tümpel, die sich in der Lugga gebildet hatten, eifrig nach Fröschen. Sobald der Vogel Dunkel den Rücken gekehrt hatte, schlich sich der Leopard ein paar Zentimeter nach vorn, und nur ein winziges Segment seines Schwanzes zuckte vor Erregung.

Dunkel duckte sich ganz dicht an den Boden, zitterte, reckte den Hals, hob eine Pfote halb hoch, bewegte sich so, als wolle er sich noch weiter anpirschen, blieb jedoch wie festgenagelt stehen. Plötzlich kam Wind auf, die Wasseroberfläche kräuselte sich, und die Crotonbüsche am Rand der Lugga raschelten. Aber Dunkel ließ das seltsame Objekt, das geduckt vor ihm stand, nicht aus den Augen.

Hell, der seinen Bruder und den Hammerkopf in aller Ruhe beobachtet hatte, kam jetzt lässig an den Rand des Tümpels. Er legte sich auf den Bauch und schlappte so geräuchvoll Wasser, daß der Hammerkopf davonflatterte und Dunkels Jagd zu Ende war.

Es war fast sechs Uhr, als Chui zu den Jungen zurückkehrte. Ihre Ankunft löste bei einem Perlhuhnschwarm, der dort eifrig Futter suchte, sofort Panik aus. Beim Anblick des Leoparden rannten die Vögel in alle Himmelsrichtungen, stießen heisere Warnrufe aus und liefen bunten motorisierten Teewärmern gleich, davon. Sie sammelten sich aber bald wieder und folgten Chui. Dabei schimpften sie wie eine Horde brütender alter Hennen.

Die Jungen gingen der Mutter entgegen, um sie zu begrüßen. Aber bevor sie sich hinlegen konnten, um zu saugen, entdeckte Chui ein Antilopenmännchen, das allein zwischen den Akazienbüschen in etwa fünfzig Meter Entfernung graste. Der Leopard duckte sich und rannte mit nach vorn gestrecktem Kopf und eingezogenen Schultern los, sein Bauch berührte dabei fast den Boden. Doch das war zwecklos – die Antilope hob den Kopf, und der Leopard blieb sofort wie angewurzelt stehen. Einen Augenblick lang rührten sich beide Tiere nicht vom Fleck; sie sahen sich einfach nur an. Dann stieß die Antilope ihren nasalen Warnruf aus. Wie so oft hatten auch dieses Mal seine wachen Sinne dem Beutetier das Leben gerettet und die außergewöhnlichen Fähigkeiten des Raubtiers, sich anzupirschen, wirkungslos werden lassen. Die Evolution hat dafür gesorgt, daß das Rennen zwischen den Raubtieren und den Beutetieren immer sehr knapp ausgeht, und garantiert auf diese Weise beide Arten das Überleben, damit das natürliche Gleichgewicht gewahrt bleibt.

Die Jungen folgten zwar der Mutter, wenn sie mit ihnen irgendwo hingehen wollte, aber sie hatten bisher noch nie den Versuch unternommen, ihr auf die Jagd zu folgen. Sie saßen am Rand der Lugga und beobachteten aufmerksam jede Bewegung, die Chui machte, als sie sich wie eine Schlange an das Beutetier anschlich. Aber als die Antilope ihre Warnung schrie und Chui sich aufrichtete und die Pirsch aufgab, rannten die Jungen zu ihr.

Später untersuchte Chui das Gebiet sorgfältig, ging im Kreis herum und schnupperte an allen Felsen und Büschen. Sie suchte wahrscheinlich einen Hasen, ein Antilopenkitz oder ein Gazellenjunges, die an einer solchen Stelle versteckt sein konnten. Es kam häufig vor, daß Leoparden ihren Geruchssinn benützten, um kleinere Beutetiere aufzuspüren, deren Überlebensstrategie allein darin bestand, sich zu verstecken.

Am nächsten Morgen wirkte Chui gut genährt, obwohl nirgendwo eine Beute in einem Baum zu entdecken war. Es kam wahrscheinlich häufig vor, daß sie kleinere Beutetiere oder Vögel tötete und im Schutz der Dunkelheit auf der Stelle verzehrte, ohne sich auf einen Baum zurückzuziehen. Obwohl die Mara-Büffel-Jungen, die schon größer waren, ihren Speisezettel durch kleine Beutetiere bereicherten, die sie selbst jagten, glaube ich, daß Chui und die anderen ausgewachsenen Mara-Leoparden sich hauptsächlich von mittelgroßen Antilopen ernährten – vor allem von Schwarzfersenantilopen und Thomsongazellen – und keine Zeit damit verschwendeten, kleinere Tiere wie Hasen, Dikdiks und Klippschliefer zu jagen. Das Nahrungsangebot wechselt allerdings von Gebiet zu Gebiet.

Wieder einmal zog Chui mit den Jungen von der Dikdik-Lugga nach Osten an den Hügeln entlang, wobei Hell von Fels zu Fels sprang und versuchte, mit der Mutter Schritt zu halten. Aber die Leoparden befanden sich an diesem Morgen auf Kollisonskurs, denn von Osten kam ihnen ein großes Pavianmännchen entgegen. Chui sah es als erste, bewegte sich jedoch erst, als sie sicher war, daß auch sie gesehen worden war. Die Jungen paßten genau auf und ließen den Pavian, der südlich ihren Standort passierte, nicht aus den Augen.

Der Pavian blieb stehen, setzte sich hin und sah sich die Katzen genau an, bevor er seinen Artgenossen ihre Anwesenheit durch laute bellende Warnrufe mitteilte. Dann gab er ein murmelndes Geräusch von sich, bellte noch einmal und bewegte sich auf Chui zu. Mehr brauchten die Jungen nicht zu sehen oder zu hören; sie flohen nach Westen zur Dikdik-Lugga zurück. Aber es tauchte kein anderes Mitglied der Horde auf, und nach kurzer Zeit verschwand das Männchen wieder in die Richtung, aus der es gekommen war.

Chui machte keinen Versuch, den Pavian anzugreifen, und ich habe es weder bei ihr noch bei der Mara-Büffel-Leopardin erlebt, daß sie sich Pavianen so genähert hätten, als seien sie Beutetiere. Die Leoparden, die ich beobachtet habe, taten alles, um den Kontakt oder eine Auseinandersetzung mit diesen furchterregenden Primaten zu vermeiden. Als Chuis Junge noch kleiner waren, war es nur selten zu einer unerwarteten Begegnung mit einem Pavianmännchen gekommen. Sie reagierte auf derartige Zusammentreffen mit einem blitzschnellen Angriff, nahm dem Pavian dadurch den Überraschungseffekt und verschaffte den Jungen Gelegenheit, sich in den Höhlen in Sicherheit zu bringen. Aber der Pavian erholte sich in der Regel schnell von dem Schock und griff seinerseits Chui an, wozu er gewöhnlich andere Mitglieder der Horde zur Hilfe rief. Selbst wenn ausgewachsene Leoparden ohne ihre Jungen unterwegs waren und einen Pavian hätten angreifen können, taten sie es nicht – zumindest nicht am hellichten Tag.

Paviane bewegen sich fast ausschließlich in Gruppen und bieten einem einzelnen Leoparden kaum eine Chance, sie anzugreifen. Zweifellos töten Leoparden gelegentlich Paviane – das ist eine Tatsache –, aber in einem Revier wie der Mara gab es dafür keinen Grund, da hier genug Beutetiere lebten, die leichter zu jagen waren.

Chui ging langsam zur Dikdik-Lugga zurück, rief ihre Jungen und schnupperte, um Spuren von ihnen zu entdecken. Aber Hell und Dunkel beachteten die Rufe der Mutter nicht, sie blieben lieber auf ihrem vertrauten Felsen im Bett der Lugga. Als Chui die Jungen aufgespürt hatte, kam sie aus dem Crotondickicht heraus und legte sich in den Schatten eines Akazienbuschs, der am Rand der Lugga wuchs. Obwohl das plötzliche Auftauchen des Pavians ihre Pläne vorübergehend durchkreuzt hatte, schien Chui jetzt wieder bereit zu sein, die Reise fortzusetzen.

Noch bevor sie ihren Entschluß in die Tat umsetzen konnte, kam allerdings ein großes Warzenschwein frohgemut aus östlicher Richtung angetrottet und steuerte geradewegs auf die Dikdik-Lugga zu. Den Schwanz reckte es wie eine Fahnenstange in die Luft, ohne zu merken, daß es von der Leopardin und ihren Jungen aus dem Busch heraus beobachtet wurde. Chui rührte sich nicht vom Fleck und behielt das Warzenschwein im Auge, obwohl sie es offensichtlich nicht als mögliches Futter betrachtete. Ausgewachsene Warzenschweine werden in der Mara selten von Leoparden getötet, obgleich ich einmal gesehen habe, wie ein großer männlicher Leopard einen Eber angegriffen, erdrosselt und anschließend auf einen Baum geschleppt hat.

Chui putzte sich den Hals in Höhe der Kehle und ignorierte das Warzenschwein, bis es plötzlich stehenblieb, sich umdrehte und in ihre Richtung blickte. Es stand wie versteinert da, so als wäre es soeben vom Blitz getroffen worden.

Man sagt, daß Warzenschweine schlecht sehen, aber sie besitzen in jedem Fall einen hochentwickelten Geruchssinn, und dieses spezielle Warzenschwein roch jetzt die Leopardin. Als es sich nach Chui umdrehte, hob es die Nase noch höher in die Luft. Der Schwanz sank auf Halbmast und fiel dann völlig nach unten. Jetzt konnte es auch sehen, was es roch, und das Schönste war: Das Schwein war kein bißchen eingeschüchtert.

Als es näher kam, fauchte Chui und bleckte ihre langen Eckzähne. Aber das Warzenschwein verfügte über genauso furchterregende Verteidigungswaffen wie der Leopard. Seine riesigen oberen Stoßzähne waren zwar beeindruckend, aber nicht wirklich gefährlich. Die rasiermesserscharfen unteren Stoßzähne, die schlank wie ein Dolch waren, verursachten jene klaffenden Schnittwunden an Gesicht und Schulter, wie sie ein unvorsichtiger oder unerfahrener Löwe manchmal davontrug, wenn er einen ausgewachsenen Eber angriff.

Die Jungen rannten zum nächsten Baum. Hell erreichte ihn als erster, aber Dunkel war direkt hinter ihm. Die Jungen saßen praktisch aufeinander, so sehr beeilten sie sich, auf die höchsten Äste zu kommen. Chui fauchte noch einmal, obwohl sie nicht vorhatte, das streitlustige Warzenschwein anzugreifen, das inzwischen um sie herumgelaufen war und jetzt die Witterung direkt in der Nase hatte.

Wie so oft fühlten sich die Jungen oben auf ihrem Baum schutzlos ausgeliefert, obwohl sie dort in Wirklichkeit ziemlich sicher waren. Während das Warzenschwein sich mit Chui auseinandersetzte, versuchte Dunkel unauffällig an dem Baumstamm herunterzurutschen. Er war lieber in der Lugga, wo man ihn nicht sehen konnte. Aber er rutschte aus, verlor den Halt und stürzte den letzten Meter auf die Erde.

Das Warzenschwein fuhr blitzschnell herum und stieß einen Schrei aus, der einem das Blut in den Adern gerinnen lassen konnte. In der darauffolgenden Verwirrung floh Hell, der hinter seinem Bruder gestanden hatte, und verschwand in der Lugga. Dunkel reichte der Anblick von hundertfünfzig Pfund Schwein aus der Froschperspektive: Er kletterte blitzschnell wieder auf den Baum.

Das Warzenschwein wandte sich wieder Chui zu. Von den jungen Leoparden drohte ihm keine Gefahr. Es trottete auf Chui zu; die Grannenhaare seiner Mähne sträubten sich und bildeten eine stachelige Mähne, die das Tier größer und wilder aussehen ließ. Chui lag vor ihm auf dem Bauch und war nicht bereit zurückzuweichen, sondern fauchte und knurrte das Schwein an. Hätte sie sich umgedreht, um wegzulaufen, so wäre das Warzenschwein möglicherweise hinter ihr hergerannt. Aber solange sie zeigte, daß sie sich nicht einschüchtern ließ, steckte hinter dem Verhalten des Warzenschweins mehr Angeberei als ernste Absicht. In diesem Fall endete die Begegnung unentschieden. Dem Warzenschwein war nicht klar gewesen, daß dieser Leopard nicht vorgehabt hatte, es in einen Hinterhalt zu locken.

Das Problem wurde schließlich durch die Ankunft eines Wagens gelöst, der das Warzenschwein verscheuchte. Es war kaum verschwunden, da tauchte Hell auch schon wieder am Rand der Lugga auf, wo er sich versteckt hatte. Chui gab aggressive, hustende Laute von sich, als er sich reckte, um an ihre Zitzen zu gelangen. Dunkel kam von dem Baum herunter und schlich sich vorsichtig zu seiner Mutter.

Chui gab klugerweise jeden weiteren Versuch auf, den verhältnismäßig sicheren Platz in der Lugga zu verlassen. Nach einiger Zeit ging sie allein weg, um sich irgendwo auszuruhen, wo sie nicht von ihren lästigen hungrigen Jungen gestört wurde. Sie überließ sie auf der Felseninsel ihrem Schicksal.

Wieder ging ein Tag zu Ende, und ich bereitete mich auf die Rückreise ins Camp vor. Noch eine letzte Tasse Kaffee, und dann würde es losgehen. Es fiel mir immer sehr schwer, die Leoparden zu verlassen. Trotzdem war es richtig. In gewisser Weise war die Nacht für sie ihr Tag. Chui war zwar häufig auch tagsüber aktiv, aber sie fühlte sich doch ganz offensichtlich viel wohler, sobald die Dämmerung anbrach. Alles sehen zu wollen, wäre mir fast unanständig vorgekommen. Und vor allem konnten sich die Leoparden nur des Nachts von den vielen Autos mit all den Leuten erholen, die sie verständlicherweise alle unbedingt sehen wollten. Und ob mir das nun gefiel oder nicht, ich gehörte auch zu diesen Leuten. Der Versuch, den Schleier des Geheimnisses, der die Leoparden umgab, zu lüften, deprimierte mich. Ich kannte Chui nun seit sechs Jahren und hatte in der Zeit zusammen mit den anderen dafür gesorgt, daß sie sich an die Autos gewöhnt hatte. Aber jetzt hatte das Ganze überhand genommen. Manchmal hatte ich das Gefühl, Chuis

Vertrauen mißbraucht zu haben. Aber ich konnte mich trotzdem nicht der Faszination ihrer Gegenwart entziehen, zumal ich sie so leicht finden konnte. Leoparden leben zurückgezogen, weil sie auf diese Weise am ehesten überleben können. Sie verstecken sich, weil sie sich verstecken müssen. Sie haben keine andere Wahl. Die Evolution hat sie zu Tieren gemacht, die in der Wildnis leben und jagen und erfolgreich neben Löwen, Hyänen und anderen Tieren bestehen können, die ihnen ihre Beute oder gar das Leben nehmen könnten. Da ihr geflecktes Fell eine so ideale Tarnung ist, sind sie in der Lage, fast alles, was sie in ihrem Leben tun, vor den Augen der Menschen und der anderen Tiere zu verbergen. Aus diesem Grund habe ich auch immer eine grausame Ironie in der Tatsache gesehen, daß ausgerechnet das gefleckte Fell des Leoparden, das ihn vor seinen Feinden und seiner Beute verbergen soll, als Kleidungsstück geschätzt und in der Öffentlichkeit stolz zur Schau gestellt wird, um die Aufmerksamkeit auf den Träger zu lenken. Aber kein Mensch kann es mit der gleichen Anmut tragen wie sein rechtmäßiger Besitzer.

Mitunter wird behauptet, die Leoparden könnten trotz der Jagd auf sie und trotz der Wilderer überleben. Die Leoparden, die in einem bestimmten Revier getötet würden, würden sehr schnell durch wandernde Tiere ersetzt, die nur darauf warteten, das freigewordene Revier in Besitz zu nehmen. Aber woher stammen diese Leoparden? Stammen sie nicht immer von den gleichen kleinen Würfen, die weibliche Leoparden wie Chui auf die Welt bringen und mit großer Mühe wider aller Wahrscheinlichkeit bis zur Reife aufziehen? Nur wenn die Jagd auf Leoparden einer strengen Kontrolle unterworfen wird, können sie mit den

Interessen der Rancher außerhalb der Parks und Reservate konkurrieren. Aber diese Probleme müssen mit größter Umsicht gelöst werden, das hat die Regierung Kenias bewiesen.

Am nächsten Morgen waren Chui und die Jungen spurlos verschwunden, also fuhr ich in östlicher Richtung durch die Schlucht, um nachzusehen, wie es den Mara-Büffel-Leoparden ging. Der Weg hatte sich gelohnt, denn sowohl die Leopardin als auch ihr großes weibliches Junges waren zu Hause, von dem männlichen Jungen war allerdings nichts zu sehen.

Als ich die beiden Jungen das letzte Mal zusammen angetroffen hatte, hatten sie mager und hungrig ausgesehen. Zu dem Zeitpunkt waren sie fast elf Monate alt gewesen, und ihre Mutter hatte zunehmend Schwierigkeiten, die Familie ausreichend mit Nahrung zu versorgen, obwohl sie manchmal Tiere von der Größe eines Zebrafohlens oder eines jungen Gnus tötete. Aus diesem Grund waren die Jungen inzwischen auch immer länger von der Mutter getrennt, wenn sie auf Nahrungssuche war.

Als die Jungen ein Jahr alt geworden waren, hatte das junge Männchen den Ruheplatz an den Mara-Büffel-Felsen verlassen. Er war schon bedeutend selbständiger als seine Schwester, die eine engere Bindung an die Mutter zu haben schien. Das Männchen war größer, stärker und schneller und aus diesem Grund wahrscheinlich eher in der Lage, sich selbst zu versorgen, obwohl es auch noch immer von der Beute der Mutter etwas abbekam. Aber dieser Leopard tötete selbst schon kleinere Beutetiere. Möglicherweise kann ein einzelnes männliches Junges die Bindung an die Mutter länger aufrechterhalten. Doch unter diesen speziellen Umständen war einfach nicht genug Nahrung für alle da.

Eines Nachmittags beobachtete ich das einjährige weibliche Junge, wie es durch ein Wäldchen am Rand des Felsmassivs wanderte, auf dem die Mutter in ihrem Versteck lag. Einmal schlich sich das junge Weibchen an ein riesiges Warzenschwein an, das in dem Gebiet seinen Bau hatte. Die beiden Tiere waren inzwischen schon alte Bekannte und verhielten sich manchmal fast so, als handle es sich bei ihren Begegnungen um ein Spiel. Obwohl das junge Leopardenweibchen für das ältere Warzenschwein kaum mehr als eine lästige Störung war, konnte es ihm doch manchmal noch einen richtigen Schrecken einjagen, wenn es sich heimlich von hinten anschlich. Hatte das Warzenschwein allerdings den Bluff einmal durchschaut, so endete das Spiel unweigerlich damit, daß das Leopardenweibchen wieder oben auf dem Baum saß.

Kurz nach sechs Uhr tauchte die Mara-Büffel-Leopardin aus der Höhle auf, in der sie den ganzen Tag über geruht hatte. Vorsichtig bewegte sie sich in die Richtung, in der ihre Tochter verschwunden war, und blieb nur einmal stehen, um einen niedrigen Busch mit einer Duftmarke zu versehen.

Als ich später dort saß und in die Dunkelheit lauschte, wurde die Stille der Nacht plötzlich durch drei laute, rasselnde, hustende Laute durchbrochen, die dem vertrauten Ruf eines ausgewachsenen Leoparden vorausgehen und klingen, als ob jemand Holz sägt. Der Ruf wurde nicht beantwortet, aber als ich die Scheinwerfer meines Wagens anschaltete, starrten mich zwei Leoparden aus dem Dunkel mit ihren leuchtende Nachtaugen an. Mutter und Tochter hatten sich wiedergefunden und standen vor dem Baum, auf dem das ausgewachsene Weibchen seine Beute, eine Antilope, gelagert hatte.

Auf dem Heimweg gingen plötzlich meine Autoscheinwerfer aus. Ich kam mir völlig hilflos vor, für nächtliche Aktivitäten denkbar schlecht ausgerüstet. Leoparden verfügen über eine spezielle Zellschicht, dem Tapetum, im Augenhintergrund. Sie reflektiert das Licht durch die Netzhaut, so daß die Leoparden nur ein Sechstel der Helligkeit benötigen, die das menschliche Auge braucht. Durch diese Reflektion wird auch der ›Katzenaugeneffekt‹ erzeugt, den ich kurz zuvor erlebt hatte. Glückliche Leoparden.

Die Wolken waren teilweise aufgerissen, und der Himmel sah wie ein blau-weißer Flickenteppich aus. Ich fand Hell und Dunkel am nächsten Morgen unter dem Pappea-Baum bei den Zwergenfelsen, doch die Mutter war nirgends zu sehen. Die Jungen lagen ein paar Meter voneinander entfernt im Gras und dösten vor sich hin. Immer wenn die Sonne zu heiß wurde, krochen sie ein Stückchen weiter in den Schatten.

Ich weiß nicht mehr genau, wann die Schildkröte auftauchte oder wann die Jungen sie zuerst entdeckt hatten. Zunächst sah es so aus, als hätten die Leoparden sie gar nicht bemerkt. Aber das gehörte womöglich schon zum Spiel. Sie lag neben Dunkel auf einem flachen Stein, ziemlich auf der Kippe, aber es war Hell, der aufblickte, als sie langsam den Kopf unter dem Panzer hervorstreckte. Er pirschte sich an sie heran und stupste sie mit einer weichen Pfote, so daß sie zu seinem Bruder hinüberrutschte. Dunkel schreckte hoch, als die Schildkröte fast in seinem Schoß landete, faßte sich aber schnell wieder und beteiligte sich mit Begeisterung an dem vergnüglichen

Spiel. Hell packte die Schildkröte, rollte sich auf den Rücken und stemmte die Hinterläufe gegen den Panzer. Dann biß er mit seinen scharfen, weißen Zähnen in die knochenharte Oberfläche und versuchte darauf herumzukauen.

Die Leopardenjungen und diese spezielle Schildkröte waren sich schon öfter begegnet, aber was Hell und Dunkel anbetraf, tat das dem Vergnügen keinen Abbruch. Das konnte man allerdings von der Schildkröte kaum behaupten. Die jungen Leoparden betatschten das unglückliche Reptil, schubsten es hin und her und beschnupperten die Schildkröte hinten und vorne, wobei ihnen schnell klar wurde, welches das weniger attraktive Ende war. Aber ihr Intersse ließ bald nach. Schließlich ist eine Schildkröte nicht gerade das lebendigste Spielzeug für Tiere, die so übermütig sind wie junge Leoparden. Sobald die Schildkröte sich also wieder in ihren Panzer zurückgezogen hatte, wandten die Jungen sich erneut einander zu, rollten sich im Gras, verprügelten und bissen sich. Endlich konnte sie ihre Zähne wieder in etwas Weicherem vergraben.

Manchmal setzte sich eins der Jungen dann noch einmal neben die Schildkröte und wartete darauf, daß sie sich bewegte. Aber es gibt nichts Geduldigeres als eine Schildkröte. Dunkel entfernte sich langsam wieder, blickte sich aber ständig um, ob diese Kreatur mit ihrem Haus nicht doch ein Lebenszeichen von sich gab. In dem Augenblick, als sie sich bewegte, lief Dunkel zu ihr zurück und schlich behutsam hinter ihr her. Dann streckte er eine seiner großen Pfoten aus, klopfte ihr damit auf den Panzer und zwang sie auf diese Weise, den Kopf wieder einzuziehen. Sofort kam Hell zu seinem Bruder gerannt und drehte die

Schildkröte mit einer geschickten Bewegung seiner Pfote auf den Rücken.

Ausgewachsene Löwen und Hyänen betatschen Schildkröten auf die gleiche Weise und nagen an ihnen. Man kann tatsächlich beobachten, daß fast alle größeren Exemplare in der Mara die Abdrücke der schraubstockähnlichen Zähne auf ihrem Panzer tragen. Aber das sind zumindest die Glücklichen, die überlebt haben, denn einige der kleineren Schildkröten werden von den Hyänen und Löwen geknackt und aufgefressen oder sogar von Nashornvögeln zu Tode gepickt, die dann den Panzer aufstemmen. Vielen dieser urzeitlichen Reptilien gelingt es, sich zu tarnen. Die anderen müssen sich auf die Stärke ihrer Panzer verlassen, die ihr verletzliches Inneres schützen und ihren beschwerlichen langsamen Lebensrhythmus etwas ausgleichen.

Schließlich unternahm die Schildkröte einen entschlossenen Fluchtversuch, um ihre Freiheit wieder zu erlangen. Während Hell und Dunkel in den Bäumen herumturnten, nützte sie das sprunghafte Wesen der Jungen aus und machte sich davon, so schnell sie ihre Füße trugen. Als die Jungen wieder an ihren ursprünglichen Standort zurückkamen, lag sie bereits an einem anderen Platz auf dem Hügel und war von den grauen Steinen nicht mehr zu unterscheiden.

Es war Sonntag, der achte Januar. Während der letzten beiden Wochen war Chui fast jeden Tag mit ihrem Nachwuchs zwischen der Dikdik-Lugga und den Höhlen der Jungen hin und her gependelt. Die Zwergenfelsen waren zu einer Art Zwischenstation geworden, falls Chui aus irgendeinem Grund beschließen sollte, nicht bis zum Feigenbaum zu laufen. Diese Entscheidung hing davon ab, ob die Paviane dort waren.

Hell und Dunkel konnten die Paviane von ihrem Platz auf dem Zwergenfelsen hören. Hell reckte sich und schaute in die Richtung, aus der sich die Feigenbaumhorde näherte, um in den hundert Meter südlich gelegenen Akazienbüschen Nahrung zu suchen. Als sie näher kamen, zog sich das größere Junge in ein Gebüsch zurück und ließ Dunkel allein auf dem Felsen liegen.

Im Norden begann ein Schakalpärchen zu bellen. Hell öffnete die Augen und starrte in ihre Richtung, und ich fragte mich, ob wir beide dieses Geräusch mit der möglichen Rückkehr der Mutter in Verbindung brachten.

Kurz nach acht tauchte Chui nördlich des Hügelkamms auf. Sie kam häufig morgens um diese Zeit von ihren nächtlichen Wanderungen zurück. Sie blieb stehen, schnupperte am Stamm des Pappea-Baums, setzte sich dann hin und wartete, bis der letzte Pavian der Feigenbaumhorde verschwunden war. Erst dann lockte sie ihre Jungen und zog mit ihnen nach Osten, wobei die beiden Kleinen vor ihr herliefen und auf dem felsigen Boden schon so sicher waren wie ihre Mutter. Manchmal legte Dunkel sich geduckt auf einen Felsen, und wenn Chui dann kam, sprang er der Mutter über den Rücken. Gelegentlich vollführten die Jungen Luftsprünge oder akrobatische Kunststückchen, wie ich sie noch nie von einer anderen Großkatze gesehen hatte.

Chui blieb hundert Meter westlich des Feigenbaums stehen, obwohl sie zweifellos dorthin wollte. Ein Raubadler flog über sie hinweg und beoabachtete die Leoparden. Er war der Grund, warum Chui stehengeblieben war und wütend mit dem Schwanz peitschte. Der Adler setzte sich auf einen kahlen Baum, der vierzig Meter von Chui entfernt war, und verführte Hell dazu, sich schnell an ihn heranzupirschen.

Der Adler legte den Kopf auf die Seite und betrachtete die Katze neugierig. Hell kletterte schnell auf den Baum und zwang den Adler auf diese Weise, sich mit schwerfälligen Flügelschlägen ein paar Meter in die Luft zu erheben. Sobald der Vogel sich wieder niedergesetzt hatte, stieg Hell bis in die Spitze des Baums und ließ sich durch den Adler überhaupt nicht einschüchtern, obwohl dieser aggressiv zischte, bevor er wegflog, um sich einen ruhigeren Platz zu suchen.

Während Dunkel schnell hinter seinem Bruder herrannte, lief Chui weiter zu dem Feigenbaum, auf dem sie vor der Hitze geschützt war und sich ausruhen konnte. Es dauerte nicht lange, bis die Kleinen zu den Höhlen der Jungen rannten und auf dem Weg dorthin aufs neue in ihrem Kletterbaum ihre Späße trieben. Später kletterten sie dann zu ihrer Mutter auf den Feigenbaum, die sie diesmal ausnahmsweise sogar dazu ermunterte und sie lockte, während sie zu ihr hinaufstiegen. Möglicherweise traute sie den beiden inzwischen zu, daß sie auf sich selbst aufpassen könnten, wenn sie ungeschützt und ohne Deckung waren.

Im Laufe des Nachmittags hoben die Meerkatzen ihre stotternden Rufe an, mit denen sie die anderen Tiere vor den beiden jungen Leoparden warnen wollten, die eifrig um den Top Rock herumtobten und scharenweise Eidechsen jagten. Sie hielten inne, hörten den aufgeregten Affen zu und setzten dann ihre eigenen Aktivitäten fort. Aber die Feigenbaumhorde war bereits wieder auf dem Weg zu ihren Schlafbäumen.

Diesmal wartete Chui nicht, bis die Paviane sich um sie herum versammelt hatten. Als die ersten jungen Männchen zu ihr in den Feigenbaum kletterten, drehte sich Chui um, und glitt wie der Blitz am Stamm nach unten und ließ eine Schar erschreckter Paviane zurück. Ihr plötzlicher Abgang löste bei den Pavinanen eine Welle von Grunzlauten und Bellen aus. Sie hangelten sich blitzschnell an den Ästen nach unten und folgten Chui, die sich in der vertikalen Höhle in Sicherheit brachte.

Als Chui später ihre Jungen über den Hügelkamm zurückführte, hörte man von weitem dort Donner grollen. An der Stelle, an der die Jungen mit der Schildkröte gespielt hatten, blieb sie stehen und rief sie zu sich, bevor sie sich selbst hinlegte. Beide begannen sofort zu saugen, aber es war kaum eine Minute vergangen, da gingen sie schon wieder weiter.

Hell und Dunkel rasten den Wolfmilchbaum hinauf und wieder herunter, während Chui ihnen von unten zusah. Sie rief die beiden ganz leise, und jedesmal wenn sie zu ihr kamen, wälzte sie sich mit ihnen mit ausgestreckten Pfoten entgegen und lud sie so ein, Körperkontakt mit ihr aufzunehmen. Die Jungen kugelten übereinander, so sehr beeilten sie sich, zu ihr zu gelangen.

Dann lösten sie sich vorübergehend von der Mutter und veranstalteten einen kurzen Ringkampf, bei dem beide von dem Felsen purzelten. Sie kämpften spielerisch miteinander und versetzten mit zurückgelegten Köpfen sich gegenseitig Boxhiebe. Sie vollführten alle möglichen Täuschungsmanöver und verhielten sich genau wie Boxer, die einen Sparringskampf bestritten, jeder versuchte, eine Lücke in der Deckung des anderen zu finden. Wenn ihm das gelang, zwickte er den

Gegner in den Hals oder in den Nacken. Manchmal wurde Hell besonders grob, so daß Dunkel sich hin und wieder vor den Angriffen des Bruders in Sicherheit bringen mußte. Hell war ihm zudem an Geschwindigkeit leicht überlegen. Er jagte hinter Dunkel her, holte ihn ein und brachte ihn zu Fall oder schlug seinem fliehenden Bruder mit den Pfoten auf die Sohlen der Hinterläufe.

Gelegentlich probierte Hell die gleiche Taktik bei seiner Mutter aus und zwang sie so, die Augen zu schließen, wenn er ihr ins Gesicht schlug. Hatte er sie getroffen, langte Chui plötzlich mit offenem Maul zu und biß das übermütige Junge, woraufhin es dann vorübergehend etwas ruhiger wurde.

Und so ging es weiter, Chui war entspannt und verspielt, und die Jungen stürmten selbstbewußt mal hierhin, mal dorthin. Chui und ihre Jungen sahen schlank aus; sie würde bald wieder für sie Beute schlagen müssen, denn die sechs Monate alten Jungen waren inzwischen praktisch schon entwöhnt. Chui trottete mit ausgelassenem, schwankendem Gang los, und die Jungen jagten übermütig vor ihr her. Als sie sie eingeholt hatte, lief sie schneller, und die Jungen rannten ihr in einer wilden Jagd über die Felsen und durch Dornbüsche nach.

Die jungen Leoparden – jetzt sahen sie tatsächlich wie junge Leoparden aus, nicht mehr wie Jungtiere – kletterten auf einen anderen Baum und saßen nun über dem verschwommenen Schatten des Siria-Abhanges. Sie wurden von dunklen Wolken eingerahmt, eine Silhouette vor dem letzten Schein der Abenddämmerung. Ein Blitz zuckte am Himmel und illuminierte das goldene Fell der Leoparden. Chui saß unten vor dem Baum und rief – *aaouu* – und noch einmal – *aaaouounuuou* – ganz langgezogen. Dann drehte sie sich um und verschwand in der Dunkelheit.

Als Chui weg war, konnte ich das vertraute Geräusch hören, das die Pfoten eines Leoparden machen, wenn er von einem Baum herunterspringt. Es waren die Jungen, die hinter ihrer Mutter herliefen. Ich lauschte angestrengt und bekam mit, wie sie noch einmal rief. Es war ein langgezogener, klagender Ruf, der schwächer wurde, je weiter die Leoparden in der Dunkelheit verschwanden.

Die Zukunft der Leoparden

Bis jetzt hatte Chui ihre Jungen nur in dem verhältnismäßig schmalen Landstreifen gehalten, wo sie sicher waren und in dem sie genügend Nahrung für sie finden konnte. Aber es kam häufig vor, daß sie sich allein bedeutend weiter hinauswagte und sich dabei viele Kilometer von ihren Jungen entfernte. Nahrung war mit Sicherheit nicht der einzige Grund für diese ausgedehnten Streifzüge, denn Chui ging oft weg, obwohl die Gegend, in der sich die Jungen befanden, von Beutetieren geradezu wimmelte. Sie wollte sich vermutlich nur einmal wieder in den Teilen ihres Reviers sehen lassen, die sie wegen der Jungen vernachlässigt hatte, und ihre Ansprüche erneut geltend machen. Das war wahrscheinlich sehr wichtig, denn wenn ein Revier lange Zeit unbenützt blieb, wurde es unter Umständen von einem anderen weiblichen Leopard annektiert.

In der zweiten Januarwoche 1984 waren die Leoparden dann endgültig verschwunden. Zunächst war ich ziemlich sicher, daß ich Chui und ihre Jungen irgendwo in den Crotonbüschen der Dikdik-Lugga oder in den Höhlen des Feigenbaumhügels finden würde. Aber je intensiver ich suchte, um so aussichtsloser schien die Aufgabe zu werden. Ich wußte nur zu gut, aus meinen bisherigen Erfahrungen mit Leoparden, wie schwer es war, sie aufzustöbern, wenn sie einmal auf Wanderschaft waren.

Überall fand ich Hinweise darauf, daß Chui nicht mehr da war. In der Lugga, dort wo Hell und Dunkel sich in den heißen Mittagsstunden ausgeruht hatten, wühlten jetzt Hyänen im Schlamm herum. Warzenschweine gruben die grünen Sprossen unter Chuis Feigenbaum aus, während Meerkatzen auf dem Baum saßen und die reifen Früchte fraßen. Klippschliefer lagen in Gruppen auf dem Felsvorsprung bei den Höhlen der Jungen, und der schlanke Mungo konnte sich jetzt in den Höhlen frei entfalten. Die Leoparden waren fort.

Obwohl Chui für einen Leoparden ziemlich zugänglich war, blieb auch sie manchmal monatelang spurlos verschollen. Nur wenn sie Junge hatte und für eine gewisse Zeit an einen bestimmten Ort gebunden war, konnte man sie öfter treffen. So gern ich sie auch wiedergesehen hätte, war ich doch erleichtert; ich fühlte mich, als wäre mir ein Stein vom Herzen gefallen. Endlich waren Chui und ihre Jungen frei, ganz gleich wie kurz die Zeit auch sein mochte.

Aus Hell und Dunkel waren inzwischen zwei sehr bewegliche junge Leoparden geworden, die auf die höchsten Bäume klettern konnten, um von der Beute zu fressen, die die Mutter gejagt hatte, oder um sich vor einer drohenden Gefahr in Sicherheit zu bringen. Sie benötigten die Sicherheit der Höhlen der Jungen mit ihren massiven Felswänden nicht mehr und hatten auch ihren Unterschlupf in den Felsen der Dikdik-Lugga aufgegeben. Jetzt konnten die Jungen Chui überallhin folgen, ihre Wanderungen waren nicht länger auf diesen kleinen Teil des Reviers begrenzt. Chui konnte wieder zu ihrem normalen Leben zurückkehren.

Ich unterbrach oft meine Suche und versuchte, mir vorzustellen, wo Chui und die Jungen in genau diesem Augenblick wohl stecken könnten, denn ich war überzeugt, daß ich mehr als einmal dicht an den dreien vorbeigefahren bin, ohne sie zu bemerken. Aus Tagen wurden Wochen, und die Leoparden blieben weiterhin spurlos verschwunden.

An einem Februartag, sechs Wochen nachdem ich Chui und ihren Jungen zum letzten Mal begegnet war, berichtete mir ein Fahrer aus dem Kichwa-Tembo-Camp, daß er eins der Jungen auf Chuis altem Feigenbaum gesehen hätte. Er erwähnte außerdem, daß das Junge erheblich gewachsen sei, seit er das letzte Mal auf Hell und Dunkel gestoßen war.

Ich konnte kaum erwarten herauszufinden, um welches von Chuis Jungen es sich dabei gehandelt hatte; wie groß es wohl geworden war, oder ob seine Augenfarbe sich inzwischen verändert hatte und nicht mehr dunkel, sondern wie bei einem erwachsenen Leoparden hellgrün – oder war es gelb? – geworden war.

Ich machte mich so schnell wie möglich auf den Weg zum Feigenbaumhügel und hielt nur kurz an, um mit Jock Anderson, einem alten Freund von Mara-Camp, zu sprechen. Jock hatte mir berichtet, er hätte zwei Tage zuvor in demselben Gebiet einen erwachsenen Leoparden mit einem einzelnen Jungen gesehen. Ich fragte mich, ob wohl einer von beiden, Hell oder Dunkel getötet worden waren. Anscheinend hatte das Junge die Reste einer toten Antilope gefressen, die auf einem Wolfsmilchbaum gehangen hatte, der an der Leoparden-Lugga steht, nicht weit von der Stelle entfernt, an der sie den Hügelkamm kreuzt. Davor hatte das Junge im Bett der Lugga nur ein paar Meter neben einer Hyäne gelegen, und damit wieder einmal bestätigt, wie ambivalent das Verhältnis zwischen diesen beiden Arten ist. Beide Tiere hatten offenbar nichts dagegen, ruhig nebeneinander zu liegen, so lange es nichts gab, um das sie konkurrieren mußten.

Als ich endlich Chuis Feigenbaum erreicht hatte, war er zu meinem Entsetzen leer. Ich fand nichts, was darauf hindeutete, daß sich hier noch vor nur einer Stunde ein Leopard elegant über einen der dicken Äste drapiert hätte. Enttäuscht durchsuchte ich den Teil der Leoparden-Lugga, in dem Jock die Leoparden zwei Tage vorher gesichtet hatte. Ein einzelner Hinterlauf, der hoch oben in dem Wolfsmilchbaum hing, war alles, was von der Antilope übriggeblieben war.

Nachdem ich das Gebiet sorgfältig durchsucht hatte, fuhr ich zu den Zwergenfelsen zurück und folgte den Reifenspuren in Richtung auf die Drei Bäume, wohin Chui oft verschwunden war, wenn sie ihren Feigenbaum verlassen hatte. Hier war wenigstens noch Vegetation vorhanden, die einem Leoparden Schutz bot, wenn er sich an eine Antilopenherde anpirschen wollte, die häufig den Rand des Akaziendickichts aufsuchte. Plötzlich hörte ich das warnende Schnauben einer Antilope, und gleich darauf die Antwort eines wachsamen Topi, das in der Nähe stand. Das mußte der Leopard sein. Aber wo war er?

In dem Augenblick, in dem ich das Gazellenweibchen sah, drehte es sich um und lief weg, und ihr Kalb rannte mit federnden Sprüngen hinter ihr her. Als ich genauer hinsah, um dahinterzukommen, was diese Störung veranlaßt hatte, kam ein Leopard zwischen den Dornbüschen und Felsblöcken herausgeschossen. Er lief schnell wie ein Gepard, ich konnte nur eine verschwommene Masse aus Flecken auf einem olivbraunen Hintergrund erkennen und einen Schwanz, der wie ein Höhenruder hinter ihm herflog. Die Geschwindigkeit dieser Verfolgungsjagd war atemberaubend. In Sekundenschnelle hatte der Leopard das Kalb erreicht. Als es versuchte, sich einen Weg zwischen den Felsen zu suchen, stolperte es. Sofort war die Raubkatze wie der Blitz auf ihm, stieß es nieder und biß es in den Nacken.

Die Antilopenmutter kam zurückgelaufen und schnaubte, als der Leopard das sich verzweifelt wehrende Kalb packte, um es auf dem nächsten Baum in Sicherheit zu bringen. Aber der Leopard war nicht allein. Eine Hyäne hatte das warnende Schnauben der Antilopen gehört und ihren Rastplatz unter einem verkrüppelten Gardenienbaum verlassen. Bevor der Leopard die letzten paar Meter zurücklegen konnte, stürzte sich die Hyäne mit angriffslustig aufgerichtetem Schwanz auf ihn und biß ihn in sein verwundbares Hinterteil. Das kleinere Raubtier hatte keine andere Wahl, es mußte die Beute fallen lassen, sonst wäre es ernstlich verletzt worden; ohne sich zu verteidigen, rannte der Leopard weg, überließ der Hyäne die tote Antilope und tauchte so schnell er konnte im Dornendickicht unter.

Als ich ein zweites Mal hinsah, war der Leopard im Dämmerlicht spurlos verschwunden. Dann, gerade als ich wegfahren wollte, entdeckte ich sie. Sie lag zusammengerollt zwischen den Felsen und gab sich keine besondere Mühe, sich zu verbergen. Sie hatte es nicht nötig. Ihr Fell verschmolz so perfekt mit den Felsen, daß ich sie völlig übersehen hätte, wenn sie nicht den Kopf nach mir gedreht hätte. Jetzt behielt sie ihre Lage bei, vielleicht nahm sie an, ich hätte sie nicht gesehen und würde meinen Weg fortsetzen.

Ich betrachtete die Leopardin aufmerksam durch mein Fernglas. Chui war es nicht, soviel hatte ich schon bemerkt. Diese Leopardin war größer und dunkler, fast so groß wie ein Männchen. Sie sah älter und wilder aus, Hals und Brust waren muskulöser, und am Unterkiefer zeigten sich die ersten weißen Haare. Das mächtige Maul und das tief eingerissene rechte Ohr bestätigten meine Vermutung. Es war das Mara-Büffel-Weibchen.

Warum war ich so enttäuscht, obwohl ich doch gerade einen Leoparden bei der Jagd beobachtet hatte, der kraftvoll und schnell mit geschmeidigen Bewegungen seiner Beute nachgesetzt war? Obwohl ich die Schönheit dieses großartigen Tieres aus nur fünfzig Metern Entfernung genießen durfte? Wieder einmal wurde mir klar, daß die lange Suche nach Chui und ihren Jungen noch nicht zu Ende war. Das fast erwachsene Junge, das man zufrieden in den Zweigen des Feigenbaums hatte liegen sehen, konnte mit Sicherheit weder Hell noch Dunkel sein, wie ich gehofft hatte. Wahrscheinlich war es das Junge der großen Leopardin, das sechs oder sieben Monate älter war als Chuis Junge.

Später lief das Leopardenweibchen in die gleiche Richtung, in die auch die Hyäne geflohen war, und schnupperte dabei auf dem Boden. Ihr Bauch spannte sich straff über den Eingeweiden: Sie war offensichtlich hungrig. Alles was von ihrer Beute übriggeblieben war, war ein Stück nasser Haut. Sie hob es auf und schüttelte es, dann verzog sie sich damit hinter einen Termitenhaufen. Aber nachdem sie ein paar winzige

Fleischfetzen von der Innenseite abgenagt und abgeleckt hatte, ließ sie es liegen.

Das Weibchen ging weiter über dem Hügelkamm und blieb öfter stehen, um den Boden zu beschnuppern. Als sie an ein dichtes Gebüsch kam, sprühte sie ihre Duftmarke über die Blätter, bevor sie den Weg zur Leopardenschlucht einschlug und in der Dunkelheit verschwand.

Ich fragte mich, was den Mara-Büffel-Leoparden wohl dazu bewegen mochte, so weit zu laufen. Ich hatte sie in diesem Gebiet noch nie zuvor gesehen, und die Entfernung von hier zu den Mara-Büffel-Felsen betrug mehr als sechs Kilometer. Leider hatte ich vorher keine Informationen über das Revier dieses speziellen Weibchens besessen, da ich erst nach der Geburt ihrer Jungen etwas von ihrer Existenz erfahren hatte. Ähnlich wie in Chuis Fall konzentrierten sich ihre wesentlichen Aktivitäten während dieser Zeit auf ein verhältnismäßig kleines Gebiet, obwohl ihr eigentliches Revier bedeutend größer war.

Möglicherweise überschnitten sich die Reviere der beiden Weibchen teilweise, wenn sie bisher auch sorgfältig vermieden hatten, einander ins Gehege zu kommen, da sie die Hinweise auf die Anwesenheit des anderen immer wahrgenommen und respektiert hatten. Auf diese Weise konnten Chui und das Mara-Büffel-Weibchen ihre Aktivitäten auf das vom anderen gerade nicht benutzte Gebiet verteilen.

Es wurde bald klar, daß dies nicht nur eine Stippvisite des Mara-Büffel-Weibchens und ihrer Jungen in diesem fremden Revier war. Für mich war es ein eigenartiges Erlebnis, zu sehen, wie diese anderen Leoparden in den Höhlen der Jungen verschwanden oder über die Felsen kletterten und in den gleichen Bäumen lagen, die Chui und ihre Jungen während der letzten paar Monate aufgesucht hatten. Das junge Weibchen, das jetzt beinahe vierzehn Monate alt war, verhielt sich sehr bald so, als habe es sein Leben lang hier gelebt. Es hatte sich sehr schnell mit allen Einzelheiten des Feigenbaumhügels und der Lugga vertraut gemacht. Tagsüber räkelte sie sich oft im Feigenbaum, während ihre Mutter sich – falls sie anwesend war – lieber in die Tiefe der vertikalen Höhle zurückzog, wo sie ihre Ruhe hatte.

Es war, als hätte sich für das Mara-Büffel-Weibchen eine Tür geöffnet, die zuvor immer verschlossen gewesen war. Da Chui nicht mehr da war und auch keine frischen Duftmarken in diesem Gebiet hinterlassen hatte, hatte Chui dem anderen Weibchen und seinen Jungen sozusagen den Hausschlüssel übergeben. Das beweist, wie wirkungsvoll diese Mechanismen bei den Leoparden sind, die den Zweck haben, für Abstand zwischen den einzelnen Tieren zu sorgen. Manchmal beobachtete ich das junge Weibchen, wie es die nördlichen Gebiete der Leoparden-Lugga erkundete oder sogar bis zur Dikdik-Lugga wanderte. Bei einer anderen Gelegenheit sah ich, wie sie Klippschliefer jagte oder an den Höhlen entlangschlich, die die Löwen verlassen hatten, weil ihre Jungen inzwischen alt genug waren, um sich etwas weiter hinauszuwagen. Die Mutter trieb sich gewöhnlich irgendwo im Revier herum, obwohl sie sich möglichst nicht sehen ließ und sich bei ihren Streifzügen weit von ihrer Tochter entfernte. Aber früher oder später fanden sich die beiden Leoparden immer wieder.

Das Mara-Büffel-Weibchen jagte sowohl in der Nähe ihres Jungen als auch in weiter entfernten Gebieten. Sie kehrte jedoch häufig von solchen Streifzügen zu ihrer Tochter zurück und blieb tagsüber in deren Nähe, wenn es ihr nicht gelungen war, eine Beute zu schlagen. Hatte sie ein Beutetier erlegt und dieses war zu weit entfernt oder zu groß, um sie dem Jungen zu bringen, lagerte sie es irgendwo, holte dann das Junge und ließ es davon fressen. Das junge Weibchen machte auch selbst Versuche zu jagen, wobei es zu der Zeit nur kleinere Wildtiere wie Eidechsen, Klippschliefer, Dikdiks und afrikanische Hasen tötete. Obwohl sie die Mutter ab und an auf ihren nächtlichen Streifzügen begleitete, hatte ich das Gefühl, daß die Jagderfahrungen des Jungen auf einer Versuch-Irrtum-Strategie basierten und sie das Jagen nicht direkt von der Mutter gelernt hatte. Ich entdeckte keine der Verhaltensweisen, die man bei Gepardenweibchen beobachten kann, die manchmal kleine oder verletzte Beutetiere wieder freilassen, damit ihre Jungen sie töten können. Es kann natürlich sein, daß die Leoparden so etwas in der Nacht machen.

Das Mara-Büffel-Weibchen bevorzugte zweifellos bestimmte sichere Gebiete in ihrem Revier, solange sie noch eine unselbständige Tochter hatte. Chui und das Mara-Büffel-Weibchen verhielten sich in der gleichen Weise. Die Dikdik-Lugga, die Höhlen der Jungen und die Leopardenschlucht schienen ideale Orientierungspunkte für jeden Leoparden darzustellen, der Junge hatte. Diese Stellen schienen im Gedächtnis der Leoparden einen besonderen Platz einzunehmen, denn wenn sie in der Nähe waren, kehrten sie immer wieder zu ihnen zurück. Sie waren für sie offensichtlich lebensnotwendig, ein Zufluchtsort für sie selbst und für die Jungen, die sie großzogen.

Es blieb noch ein Aspekt übrig, der mich an der Geschichte von dem Tag an faszinierte, an dem ich das Mara-Büffel-Weibchen zum ersten Mal gesehen hatte. Ich fragte mich, wie wohl ihr Verhältnis zu Chui sein mochte: Sahen sie sich gelegentlich? Kannten sie sich überhaupt? Waren sie sich schon einmal begegnet? Was hatten sie für eine Geschichte?

Zuerst war ich nicht einmal sicher, ob sie Nachbarn waren. Es war durchaus möglich, daß ein anderes unbekanntes Weibchen ein Gebiet in Besitz genommen und so die beiden Leoparden voneinander getrennt hatte. Aber wenn das Mara-Büffel-Weibchen in ein Gebiet kam, das Chui vorübergehend verlassen hatte, schien das Beweis genug, daß sie tatsächlich Nachbarn waren.

Aber es gab noch eine faszinierende Möglichkeit, eine interessante Wende in dieser Leoparden-Geschichte.

Wenn die weiblichen Jungen erst einmal unabhängig waren, blieben sie häufig in einem Gebiet, das sich teilweise mit dem Revier ihrer Mutter überschnitt. Da Reviere an weibliche Junge vererbt werden können, kann es sein, daß die zwei oder sogar drei Weibchen, die sich ein Revier oder Teile eines Reviers teilen, miteinander verwandt sind.

Chui wurde immer noch häufig in den Gebieten gesehen, in denen ich sie als Junges kennengelernt hatte: Sowohl die Dikdik-Lugga als auch die Leoparden-Lugga und die Leopardenschlucht waren Gebiete, in die Chui durch ihre Mutter eingeführt worden war, als sie noch nicht auf eigenen Füßen stand. Aber ich wußte nicht, wie groß das Revier von Chuis Mutter war. Ich war auf sie erst aufmerksam geworden, als die

Jungen aufgetaucht waren, und genau so war es bei dem Mara-Büffel-Weibchen gewesen.

Jetzt dachte ich darüber nach, ob das Mara-Büffel-Weibchen und Chui wohl verwandt sein könnten. Noch faszinierender war der Gedanke, daß sie womöglich Mutter und Tochter waren. Wenn es mir nur gelungen wäre, Chuis Mutter zu fotografieren, wäre das Rätsel schon vor langer Zeit gelöst worden. An den Flecken im Gesicht und an den Schwanzmarkierungen kann man Leoparden gut voneinander unterscheiden. Ein Problem ist natürlich, daß man sie dazu erst einmal vor die Linse bekommen muß.

Das Mara-Büffel-Weibchen war genau so groß, dunkel und scheu wie Chui, und es war mit Sicherheit älter als sie. Zumindest in dieser Hinsicht entsprach sie der Beschreibung. Ein weiblicher Leopard wird in Freiheit mindestens zwölf Jahre alt, womöglich sogar noch ein paar Jahre älter. Chui befand sich jetzt in ihrem siebten Lebensjahr, es gab also keinen Grund, warum ihre Mutter nicht noch am Leben sein sollte. Aber würde sie auch immer noch Junge kriegen?

Ich hatte nur ein einziges Mal Gelegenheit gehabt, einen kurzen Blick auf Chuis Mutter zu erhaschen, das war an dem Tag gewesen, an dem ich Chui und ihren Bruder zum ersten Mal als Junge gesehen hatte, da lagen sie unter einem Eleaodendronbaum oberhalb der Leopardenschlucht und fraßen gerade von einem Gnukadaver. Bevor Chuis Mutter in die Schlucht geflüchtet war, hatte sie sich noch einmal zu mir umgedreht und mich angeblickt. Dann war sie verschwunden.

Als ich jetzt nach sechs Jahren wieder einmal durch die Leopardenschlucht fuhr, kam mir wie immer der

Gedanke, was für ein perfekter Zufluchtsort diese Schlucht für die Leoparden war. Als ich mich dem westlichen Ende der Schlucht näherte, von dem aus man einen wunderbaren Ausblick auf das Land rund um den Feigenbaumhügel hat, begann ein Klippschliefer zu kreischen. Das war ein Geräusch, das ich schon sehr oft gehört hatte, trotzdem erzeugte es bei mir erneut dieses aufgeregte Kribbeln, denn ich wußte, daß die Klippschliefer so nur schrien, wenn sie entweder vor einem Raubvogel oder vor einem Leoparden warnen wollten. Ich hielt das Auto an. Vier oder fünf Klippschliefer liefen über den schmalen Felsvorsprung, der die riesige Höhle begrenzte, in der der alte Leopard mit dem trüben Auge manchmal lag. Der mächtige Feigenbaum, der einst stolz vom Grund der Höhle emporwuchs und ihren dunklen Eingang bewacht und kühlenden Schatten über das Dach der Höhle geworfen hatte, war umgestürzt. Nur ein verkohlter Stumpf war von ihm übriggeblieben. Die Höhle und ihre felsige Umgebung sahen jetzt irgendwie nackt aus.

Die Geräusche, die ich bei meiner Ankunft verursacht hatte, hatten zweifellos den Leoparden veranlaßt, sich davonzuschleichen. Seine Bewegungen hatten, ohne daß er das beabsichtigt hatte, die Aufmerksamkeit der immer wachsamen Klippschliefer erregt. Jetzt brauchte ich nur ihren Blicken zu folgen, um die Stelle zu finden, an der der Leopard verschwunden war. Ich ließ meine Blicke über die Felsen gegenüber der Höhle wandern und betrachtete vor allem ganz genau alle Plätze, an denen ein Leopard sich verstekken konnte.

Ich suchte die mit Flechten bewachsenen Vorsprünge ab, die teilweise im Schatten unter einem Dach aus Schlingpflanzen und Laub lagen. Das war ein Platz, an dem schon Generationen von Leoparden Schutz gesucht hatten, weil dahinter der verborgene Eingang zu einem System von Höhlen und Tunneln lag. Das Männchen mit dem trüben Augen hatte einmal dort auf dem Felsvorsprung gelegen, aber auch Chui und das Junge aus ihrem ersten Wurf, das überlebt hatte, und genauso der männliche Leopard, der der Herr dieses Reviers war, und das junge Weibchen des Mara-Büffel-Weibchens – alle hatten sie schon an der gleichen Stelle gelegen.

Das war außerdem der Platz, wo Chuis Mutter an dem Tag, an dem ich Chui und ihren Bruder zum erstenmal gesehen hatte, verschwunden war. Plötzlich bemerkte ich, wie langsam ein dunkel gefleckter Kopf mit angelegten Ohren über der Felskante auftauchte, bis die blaß-grünen Augen, die Nasenlöcher, die wie Pistolenmündungen aussahen, und die Schnauze mit den weißen Schnurrhaaren zu sehen waren. Es war das Mara-Büffel-Weibchen.

Vielleicht war sie tatsächlich Chuis Mutter, eine Überlebende aus einer längst vergangenen Zeit, von der ich hoffte, wir würden sie nie wieder erleben. Am meisten aber freute ich mich darüber, daß trotz aller Probleme, denen die Leoparden in der Vergangenheit ausgesetzt gewesen waren, die Leopardenschlucht wieder ein Zufluchtsort geworden war.

Und was war mit Chui und ihren Jungen? Die Leoparden blieben spurlos verschwunden, nachdem wir sie Anfang Januar zum letzten Mal gesehen hatten. Im September wurde Chui dann mit Hell und Dunkel am westlichen Ende des Feigenbaumhügels, nicht weit vom Kampi ya Chui gesichtet. Zu diesem Zeitpunkt war das Mara-Büffel-Weibchen schon längst wieder verschwunden. Ihre Tochter und ihr auf Selbständigkeit erpichter Sohn wurden hin und wieder voneinander getrennt in der Nähe der Mara-Büffelfelsen entdeckt.

Im Dezember 1984 stattete ich Chuis alten Jagdgründen einen kurzen Besuch ab. Die Mara glänzte frisch und grün und war durch die schweren Regenfälle, die endlich der Dürre ein Ende gemacht hatten, neu belebt worden. Einer der Fahrer aus dem Kichwa-Tambo-Camp führte mich zu einem Platz an den Feigenbaumhügeln, wo die Überreste einer Thomsongazelle an einem Pappea-Baum hingen, an dem Chui oft ihre Markierung hinterlassen und ihre Krallen gewetzt hatte, wenn sie in der Gegend war. Der Kadaver war kaum eine Woche alt, und dort in der weichen Rinde waren die beredten Markierungen des Eigentümers. Neben den tiefen Krallenabdrücken eines ausgewachsenen Leoparden befanden sich Spuren von flacheren Kratzern, die von kleineren Leoparden stammten. Und im Schlamm unter dem Baum war ein Durcheinander von Pfotenspuren zu erkennen, manche groß, andere kleiner. Chui, Hell und Dunkel waren zurückgekehrt.

Vielleicht wird eines Tages viele Kilometer vom Feigenbaumhügel entfernt ein Auto anhalten, und die Insassen werden einen männlichen Leoparden beobachten, der sich auf einem Felsvorsprung oder in einem Laubbaum ausruht. Die Leute werden sich wundern, weil der Leopard offenbar keine Angst vor ihnen hat, und ihnen erlaubt, mehr als nur einen flüchtigen Blick auf eine Kreatur zu werfen, die noch immer zu den schönsten Tieren Afrikas zählt. Nach einer gewissen Zeit wird sich der Leopard dann ruhig zu seinem verborgenen Ruheplatz begeben – und Hell oder Dunkel werden sich wieder einmal gezeigt haben.

Anmerkungen des Autors

The Leopard's Tale basiert auf persönlichen Beobachtungen und auf den Informationen, die mir Jagdaufseher, Fahrer, Kuriere und Campmanager mitgeteilt haben. Dadurch wußte ich häufig, was an drei oder vier verschiedenen Plätzen gleichzeitig passierte. Ereignisse, die nachts stattgefunden hatten, konnten manchmal mit Hilfe von Spuren rekonstruiert werden, die ich am nächsten Tag vorfand, obwohl man derartige Spekulationen hinterfragen sollte. Bei dem Bericht über die beiden wichtigen Vorfälle, an denen Leoparden und Autos beteiligt waren, habe ich mich bemüht, so genau wie möglich zu sein, und stützte mich dabei auf die Aussagen der Leute, die dabei waren.

Die ausgezeichneten Untersuchungen über Leoparden von Patrick Hamilton in Kenia und Brian Bertram und Georg Scheller in Tansania haben mir die Möglichkeit gegeben, bestimmte Aspekte des Verhaltens der Leoparden in einem neuen Licht zu sehen. Es gibt aber immer noch große Lücken in unserem Verständnis dieser faszinierenden Tiere, was im wesentlichen auf das zurückgezogene Leben dieser hauptsächlich nachts aktiven Jäger zurückzuführen ist. Da die Mara-Leoparden so zugänglich waren, hatte ich die einmalige Gelegenheit, die Entwicklung der Jungen während ihres ersten Lebensjahres zu beobachten. Obwohl ich das Alter der kleinen Leoparden nicht genau kannte, hoffe ich doch, daß meine Schätzung nicht mehr als einen Monat von ihrem tatsächlichen Alter abweicht. Die Jungen haben jeden Tag mehrmals gesaugt, gespielt oder einfach nichts getan – diese Aspekte ihres Verhaltens konnten nicht immer wieder neu auf jeder Seite beschrieben werden, doch sie sollten andererseits doch auch nicht durch die dramatischeren Augenblicke (die in der Regel nur sehr kurz waren!) in den Hintergrund gedrängt werden.

Es ging mir vor allem darum, das Verhalten der Leoparden zu beobachten, und nicht so sehr darum zu fotografieren, was sie gerade taten. Wenn ich meinen Wagen ständig in die richtige Schußposition gebracht hätte, wären die Leoparden gestört worden, und ich hätte letzten Endes wahrscheinlich weniger Informationen und weniger Bilder bekommen. Ein Teleobjektiv hat mir bei der Lösung dieses Problems gute Dienste geleistet. Wenn die Leoparden auf der Jagd waren, habe ich sie durch ein Fernglas beobachtet. Auch in diesen Fällen wären die Leoparden durch meinen Versuch, in eine günstige Schußposition zu kommen, zweifellos gestört worden.

Ich kann die verwendbaren Leopardenfotos, die mir von 1976 bis 1982 gelungen sind, praktisch an den Fingern einer Hand abzählen. Der größte Teil der Fotos, die in diesem Buch enthalten sind, wurde zwischen September 1983 und März 1984 aufgenommen. Leider waren die Lichtverhältnisse bei den aktionsreichen Vorfällen, an denen Leoparden, Paviane, Hyänen und Löwen beteiligt waren, so extrem schlecht – entweder regnete es, es war Morgen- oder Abenddämmerung, oder die Entfernung war zu groß –, daß man einfach nicht fotografieren konnte. Aber so ist das nun einmal mit Leoparden.

Ironischerweise führt ein ›gutes‹ Leopardenfoto häufig zu Fehlinterpretationen: Ein Leopard, den man in voller Größe ungeschützt bei gutem Licht zum Beispiel auf dem Ast eines kahlen Baums fotografiert hat, mag ja durch den Sucher fantastisch aussehen, aber vermittelt er ein wahres Bild von der Welt der Leoparden? Ich werde den Verdacht nicht los, daß die in einem Koffer verstauten aussortierten Dias, die sich bei mir im Laufe der Jahre angesammelt haben, der Wahrheit näherkommen – sie zeigen eine Welt voller Schatten und teilweise nicht zu erkennender Motive.

Ich habe Canon-A1 und F1-Kameras verwendet und habe dabei ständig auf eines der beiden folgenden Canonobjektive zurückgegriffen: Ein 300 mm f2.8 oder ein 500 mm f4.5. Nach meiner Erfahrung ist ihre Leistungsfähigkeit mit nichts anderem zu vergleichen, und ihre Geschwindigkeit ermöglichte es mir, meinen Lieblingsfilm – Kodachrom 64 – auch dann zu benützen, wenn kaum Licht vorhanden war. Alle Filme sind in der Schweiz entwickelt worden.

Die Zeichnungen wurden ursprünglich als Bleistiftzeichnungen gefertigt und dann mit Rotringstiften mit O.1- und O.2- Federn eingefärbt.

Danksagung

Ich betrachte es als ganz besonderes Privileg, die Möglichkeit gehabt zu haben, in einem der schönsten Wildreservate der Welt zu leben und zu arbeiten. Meine Dankbarkeit der Regierung von Kenia gegenüber, die mir ermöglicht hat, meinen Traum zu verwirklichen, ist kaum in Worten auszudrücken.

Jock Anderson war derjenige, der mir als erster die Gelegenheit gegeben hat, in der Mara zu leben, und ich habe viele glückliche Jahre im Mara-River-Camp verbracht. Er ist immer noch ein guter Freund und läßt mich sein Büro in Nairobi benutzen, wo Sarah Trench und Stephen Mesika in mannigfacher Weise eine große Hilfe waren. Die großzügige Gastfreundschaft von Geoff Kent und Jorie Butler-Kent hat mir in den letzten Jahren den Aufenthalt in Kichwa Tembo, ihrem luxuriösen Zeltlager, ermöglicht. Das Personal dieses Lagers und das in den Abercrombie- und Kent-Büros in Nairobi und London, hat Nachrichten übermittelt, Filme und Briefe befördert und sich um meinen chronisch kranken Wagen gekümmert – und das alles, ohne sich jemals zu beschweren. Roy Wallace und Nigel Arensen in Kichwa Tembo, Murray Levet im Governors Camp, Alistair Dawson und seine Frau im Mara-River-Camp waren immer sehr hilfreich und außerordentlich gastfreundlich. Chris, seine Frau und Herbie im Mara-Buffalo-Camp waren genauso hilfsbereit und versorgten mich mit unschätzbaren Informationen über die Leoparden.

Kay Turner und ihr verstorbener Mann Myles brachten eine ganz besondere Wärme in die Mara. Beide opferten großzügig ihre Zeit – beruflich und privat – und sorgten dafür, daß sich ihre Gäste, die Wissenschaftler und Freunde, die sie besuchten, wie zu Hause fühlten. Ich denke gern an die Gespräche mit Myles zurück – sein Tod ist ein großer Verlust für uns alle.

Colonel T.S. Connor, D.S.O., (Distinguished Service Order) K.P.M. (King's Police Medal) verdanke ich, daß ich ständig eine Basis in Nairobi hatte. Er hat sich unermüdlich für mich eingesetzt und war allen, die das Glück hatten, ihn zu kennen, ein leuchtendes Vorbild. Und immer noch ist eine Safari, die von Joseph Rotich begleitet wird, ein riesiges Vergnügen. Er ist als Führer und Fahrer unübertroffen, und viele täten gut daran, sich an ihm ein Beispiel zu nehmen. Das Personal des East African Herbarium innerhalb des Nairobi-Museums haben mir sehr geholfen, die Pflanzenproben zu identifizieren. David Goodnow war in diesen Jahren eine große Hilfe, wenn es um Filme, Fotoausrüstung und praktische Fototips ging. Dr. Warren Garst stellte mir seine erstklassige Bibliothek in Chicago mit Büchern und Artikeln über Wildtiere zur Verfügung. Er hat freundlicherweise auch einen Teil des Manuskripts gelesen und wertvolle kritische Hinweise gegeben.

In England hat meine Mutter – immer mit einem Lächeln – wahre Wunder vollbracht und an einem Tag mehr gearbeitet als die meisten von uns in einer Woche. Meine Schwerster Caroline hat großzügig ihre

Schreibmaschine zur Verfügung gestellt, auf der meine Kusine Pauline How tapfer mit einer Flut von ungeordneten Wörtern gekämpft hat, die an allen möglichen und unmöglichen Stellen auf dem Papier standen. Trotzdem hat sie daraus ein makelloses professionelles Manuskript gezaubert. Pippa Millard war unglaublich nachsichtig, wenn ich sie zu den unmöglichsten Zeiten in ihrer Londoner Wohnung besuchte. Chris Elworthy von Canon (g.B.) war sehr großzügig, sowohl was seine Zeit anbetraf als auch im Hinblick auf die Fotoausrüstung. Kyle Cathie von Elm Tree Books hat nie den Glauben an mich verloren und erheblichen Mut bewiesen, indem er das Projekt akzeptiert hat. Caroline Taggard ist es irgendwie gelungen, meine Abschweifungen in Grenzen zu halten und eine gewisse Ordnung in das Manuskript zu bringen. Mike Shaw, mein Agent bei Curtis Brown, hat sehr zu meinem Wohlbefinden beigetragen und mir in kritischen Augenblicken Mut gemacht. Ich danke euch allen.

Geheimnisvolle Tierwelt

Als Band mit der Bestellnummer 63201 erschien:

Helmut P. Heft hat zwölf Jahre lang mit Grizzlies und Schwarzbären gearbeitet. Aus unzähligen Begegnungen mit diesen Tieren hat er gelernt, mit ihnen umzugehen und sie zu verstehen.

BASTEI LÜBBE

Geheimnisvolle Tierwelt

Wissenswertes über eine gefährdete Tierart

Als Band mit der Bestellnummer 63 207 erschien:

Der Engländer Les Stocker hat ein Tierkrankenhaus mit einer in der Welt einzigartigen Igelabteilung aufgebaut. In diesem Buch gibt er sein umfassendes Wissen über das putzige Stacheltier weiter.

BASTEI LÜBBE

Geheimnisvolle Tierwelt

Als Band mit der Bestellnummer 63202 erschien:

In diesem fesselnden Buch schildert der Duisburger Zoodirektor Dr. Wolfgang Gewalt die Abenteuer, die er beim Fang von Walen, Delphinen und Riesenfröschen erlebt hat. Von der Arktis bis Kap Hoorn, von Venezuela bis zu den Regenwäldern Kameruns, vom Rhein bis zum Yangtze-Kiang spannt sich der Bogen seiner Schilderungen.

BASTEI LÜBBE

Geheimnisvolle Tierwelt

**Hautnaher Kontakt
zu den bedrohten Dickhäutern**

Als Band mit der Bestellnummer 63206 erschien:

Fast fünf Jahre lang hat der schottische Zoologe Iain Douglas-Hamilton mit seiner Frau unter den großen Elefantenherden im Lake-Manyara-Nationalpark in Tansania gelebt.

BASTEI LÜBBE